I0124126

LETTRES

ÉDIFIANTES ET CURIEUSES

SUR

L'ALGÉRIE.

LETTRES

ÉDIFIANTES ET CURIEUSES

SUR

L'ALGÉRIE,

PAR

M. l'Abbé Suchet,

VICAIRE GÉNÉRAL D'ALGER.

TOURS,

A^d MAME ET Cie, IMPRIMEURS-LIBRAIRES.

1840.

LETTRES

ÉDIFIANTES ET CURIEUSES

SUR

L'ALGÉRIE.

Alger, 8 février 1839.

Mon cher ami,

Je suis arrivé sur la terre d'Afrique, mercredi 6 courant, à 4 heures et demie du matin. Le bâtiment à vapeur l'*Achéron*, sur lequel je montai joyeusement, le dimanche, à 9 heures, après avoir célébré la sainte messe, se mit en marche vers les dix heures et demie. Il y avait à bord près de 100 militaires et quelques colons.

Bientôt le bâtiment dépassa la belle rade de Toulon, et se lança en pleine mer; une demi-heure après, nous fûmes accueillis par un temps affreux, le bâtiment ne pouvait presque pas marcher, il faisait à peine une lieue à l'heure. Tout l'équipage tomba malade; de vieux marins eux-mêmes ne purent résister à ce qu'on appelle le mal de mer: tout le monde se retira dans les cabines pour se coucher, il était impossible de se tenir debout, tant on était malade. Les militaires se couchèrent sur le pont, enveloppés dans de grosses couvertures.

Le commandant du navire eut un soin tout particulier de moi, il me donna son domestique qui ne me quitta pas; il m'avait fait préparer une chambre très-propre à côté de la sienne. Il venait de temps en temps me demander de mes nouvelles, me dire que le temps devenait toujours plus affreux. Mais j'étais tellement malade que je n'avais pas même le sentiment de la peur. Je faisais quelques prières dans le fond de mon cœur, qui est toujours dans le calme le plus parfait. Ce mauvais temps nous accompagna jusqu'aux îles Baléares, devant lesquelles nous passâmes dans la nuit du lundi au mardi. La matinée du mardi fut belle; la mer devint très-calme: le bâtiment regagna bientôt par sa vitesse le temps qu'il avait perdu le jour précédent, et le mercredi, à 4 heures du matin, par un beau clair de lune, on aperçut la terre d'Afrique; une demi-heure après, nous étions sous les murs d'Alger, qui offraient l'aspect d'une carrière de pierres blanches. Nous ne débarquâmes que sur les huit heures. J'allai de suite à la cathédrale remercier le bon Dieu de mon heureux voyage, et le prier de bénir mon ministère sur cette terre étrangère.

Je ne vous dirai pas l'impression que j'ai éprouvée en mettant le pied sur cette terre infidèle; elle est indéfinissable. Je sentis surtout mon cœur se serrer, en voyant pour la première fois ces indigènes de toutes les couleurs, bizarrement vêtus, encombrant le port et les rues étroites de la ville, qui ne ressemble à aucune ville de France.

Plus tard je vous donnerai quelques détails sur cette ville si étrange par l'agglomération de tout ce que les nations ont produit de plus singulier, au physique comme au moral.

Monseigneur l'Evêque me reçut comme un vieil ami. Le premier jour, il me fit faire une promenade en voiture à *Mustapha*, magnifique campagne sur les bords de la mer, aux portes d'Alger, et nous fîmes ensuite le tour de la ville à pied et au dehors, dans des chemins bordés d'orangers aussi gros que les plus beaux arbres de la Touraine, de palmiers et de bananiers magnifiques. Les haies sont partout formées d'aloës et de lauriers-roses; il fait maintenant ici aussi chaud qu'aux beaux jours de mai en Europe.

Ce pays a vraiment l'aspect d'un paradis terrestre, mais il n'est pas cultivé; nous étions arrêtés souvent dans notre route par des caravanes de chameaux, conduites par des Arabes en guenilles qui viennent approvisionner la ville.

Hier, Monseigneur me conduisit en visite chez les notabilités françaises. M. Valée, maréchal gouverneur, me reçut de la manière la plus aimable; c'est un homme profond, consciencieux, habile surtout; il gouverne l'Algérie comme le roi le plus absolu; c'est l'homme qu'il faut à la colonie; il désire surtout que la religion s'établisse, et soit res pectée partout ; il veut multiplier les croix et les chapelles à Alger. Monseigneur peut faire tout ce qu'il voudra avec un tel homme ; il vient de faire choisir la plus belle mosquée de Constantine, pour en faire la plus belle église catholique de la colonie ; il a demandé à Monseigneur de m'envoyer pour fonder cette nouvelle Eglise.

La chose va se décider incessamment. Je crains seulement que Monseigneur n'ait besoin de moi pour un ministère plus urgent. J'attends donc la volonté du bon Dieu. Je suis on ne peut plus heureux. La mission de l'Algérie se présente à moi sous l'aspect le plus magnifique ; elle est pourtant hérissée de difficultés dont on ne peut se faire l'idée que sur les lieux. Car tout est extraordinaire ici : tout étonne, tout bouleverse les idées ; c'est une mission comme il n'en a peut-être jamais existé. L'Algérie est, dans ce moment, dans une *situation exceptionnelle*, il n'y a que Dieu qui puisse débrouiller ce chaos, et, au premier coup d'œil, on reconnaît l'insuffisance des raisonnements, des moyens humains: c'est ce qui ranime la confiance de celui qui ne s'appuie que sur Dieu seul.

Aujourd'hui, nous avons été visiter la fameuse Casbah, dernière habitation du Dey. C'est un composé de grandiose et de mesquinerie, comme tous les édifices publics de la ville. Plus tard, si je le puis, je vous ferai la description de ces édifices, qui du reste se ressemblent tous. Le palais de l'évêché que nous habitons est un des plus beaux palais de la ville. On y voit des pavés, des escaliers, des colonnes torses, en marbre blanc. Les murs sont revêtus en carreaux de faïence de diverses couleurs, avec quelques sentences du Coran écrites en arabe. La cathédrale est une assez belle mosquée. La première nuit, je fus éveillé à trois heures du matin par les cris d'un marabout qui appelait ses pauvres musulmans à la prière, du haut de son minaret, vis-à-vis de la fenêtre de ma chambre..... Mon cœur se serra douloureusement..... Et moi aussi je me mis à prier, pour que ces infortunés s'éveillent de ce long et profond sommeil de l'infidélité et du fanatisme où ils dorment depuis si longtemps. Unissez vos prières aux miennes, pour que Dieu, par l'intercession de sa divine Mère, la douce et miséricordieuse Marie, bénisse nos travaux sur cette terre inculte; qu'il nous éclaire, qu'il nous soutienne et nous console.

Constantine, 27 février 1839.

Mon cher ami,

Monseigneur s'est décidé à m'envoyer à Constantine, comme la ville la plus importante de la colonie après Alger, et où aucun prêtre n'avait encore paru depuis plus de 1400 ans. C'est une ville tout à fait africaine, située dans l'intérieur des terres, au delà du petit Atlas, entre la mer et le grand désert Sahara qui fait partie de ma juridiction. Le grand

Cheik qui commande les nombreuses et vaillantes tribus du désert et la grande tribu des Moabites, est venu très-humblement me demander l'amitié du grand marabout des Français; il m'a protesté, en prenant ma main et la pressant sur son cœur, qu'il m'aimait beaucoup, et qu'il serait bien content de me voir dans son désert. Je lui ai répondu qu'étant le ministre du Dieu qui est le père de tous les hommes, j'aimais tous les Arabes comme mes enfants. Je suis allé le lendemain faire visite au *hakeur* ou gouverneur de la ville de Constantine, qui m'avait déjà prévenu en venant me voir le jour même de mon arrivée, avec le kalife Ben-à-Issa, le commandant en chef des armées d'Achmet-Bey. C'est lui qui défendait Constantine, quand les Français l'ont prise. Ces deux grands personnages m'ont témoigné la plus vive satisfaction de me voir au milieu de leurs peuples; ils veulent aussi à tout prix être de mes amis. Le *hakeur*, *Sidi hamonda*, voulut m'accompagner lui-même à pied, chez son père, vieillard de plus de 80 ans, qui est le chef *suprême* de la religion de Mahomet dans ce pays. Ce respectable vieillard me reçut aussi très-cordialement, et voulut me faire prendre avec lui du café et des confitures; il me fit asseoir sur un tabouret: car il n'y a point de chaise chez les Musulmans. Il était assis lui-même sur un tapis, à la manière des Turcs, à terre; devant lui une espèce de cassolette pour faire brûler des parfums, autour de lui des livres de toute grandeur. Il me parla de Jésus-

Christ, qu'ils regardent comme un grand prophète. Ils pensent que c'est la religion de J.-C. qui domine maintenant celle de Mahomet, et ils se résignent.

J'ai dîné hier avec tous les grands personnages de la vaste province de Constantine, que le général avait invités chez lui ; ce sont les chefs de toutes les tribus, et les gouverneurs des villes. J'ai été enchanté de leur attachement, de leur dévouement pour la France. Ce sont vraiment nos amis : seulement les peuples qu'ils commandent ne sont pas toujours aussi faciles à gouverner que des peuples civilisés ; pourtant, c'est le point le plus important que la soumission et l'amitié même de ces fiers et nobles chefs.

Je vais reprendre ma narration depuis que je vous ai écrit d'Alger, le 8 courant. J'en suis parti deux jours après pour Constantine. On ne peut pas y aller d'Alger par terre, le pays n'étant pas assez sûr, et manquant totalement de route. Je m'embarquai donc encore sur *l'Achéron* : nous prîmes terre à Bougie, qui est une petite ville avec un joli port; les Arabes l'ont abandonnée aux Français qui, lors de sa prise, avaient massacré une partie des habitants, et brûlé ou démoli une partie des maisons, de sorte que cette ville n'est presque plus qu'un monceau de ruines. J'y ai remarqué quelques antiquités romaines. On en trouve à chaque pas sur le littoral d'Afrique et dans l'intérieur des terres. De Bougie à Stora et Philippeville, il y a à peu près trente lieues. Nous débarquâmes à Stora qui est le *Sinus Numidicus* des Romains. On remarque sur le rivage, absolument désert, de magnifiques ruines romaines qui attestent que Stora était autrefois un port considérable. De Stora à Philippeville il y a une petite demi-lieue, en côtoyant la mer sur le flanc de montagnes presque taillées à pic, et pourtant couvertes d'orangers, de myrthes, qui sont ici de gros arbustes, et d'arbres à liége. Philippeville n'est qu'un amas de cabanes en bois, construites par l'armée française qui a là un camp considérable, et par les colons qui sont à peine cinq cents, tous marchands de comestibles ou de vin. A Philippeville on croit être dans une ville romaine qui vient d'être détruite par quelque tremblement de terre. Vous savez que c'est *l'ancienne Rusicada* des Romains. Cette ville a dû être considérable, à en juger par les ruines immenses qui couvrent le sol. Ce sont des pans de muraille, des voûtes, des fûts de colonnes renversées, de belles citernes très-bien conservées, des aqueducs, un cirque presque entier, des arènes, etc. La situation de cette ville est charmante : je ne doute pas qu'elle ne devienne par la suite la plus belle ville Franco-Africaine de toute la régence d'Alger.

Le jour de mon arrivée à Bône, le général de Guingré, qui est gouverneur de cette ville, voulut m'accompagner lui-même à Hyppone, avec son aide-de-camp M. Gay, et un détachement de chasseurs d'Afrique, tous à cheval. On me fit monter un cheval arabe, et je traversai ainsi, en soutane et chapeau tricorne, toute la ville de Bône, au milieu de cette honorable et brillante escorte environnée d'une foule de curieux tant Européens qu'Indigènes, qui étaient tous ébahis de l'honneur qu'on rendait au *Marabout* ou *Muphti Francés* : c'est ainsi qu'on m'appelle.

Il y a à Bône, depuis quelques années, un prêtre catholique : j'en ai amené avec moi un second pour lui servir de vicaire.

Revenons à Constantine. C'est une ville qui compte 25,000 indigènes et une garnison française de trois mille hommes ; il y a à peine quatre cents colons. Mais cette ville est appelée à devenir par la suite la plus importante de la colonie. Elle est bâtie sur un énorme rocher, et ressemble à un nid d'aigle. Aussi bien les aigles, les vautours sont aussi communs ici que les corbeaux en France. Il y a également beaucoup de cigognes qui font leur nid sur les toits des maisons de Constantine, comme nos hirondelles à la grande fenêtre de l'église des Carmes, sur la rue Paul-Louis-Courrier.

C'est de Philippeville qu'on part pour se rendre à Constantine, mais je devais aller à Bône auparavant, à vingt-cinq lieues de là par mer. Ce qui m'attirait puissamment dans cette ville, c'était *Hyppone*, la ville du grand s. Augustin, dont les ruines sont à un petit quart de lieue de Bône, à l'embouchure de la Seybouse, qui offrait un beau port dans le temps que cette ville existait. La mer s'est un peu retirée, et le port est maintenant à Bône, ville de 8,000 âmes, tant indigènes que colons. Je ne saurais vous dire le saisissement et la sainte émotion que j'éprouvai, en embrassant cette terre que le grand s. Augustin avait arrosée de ses larmes et de ses sueurs. Monseigneur d'Alger m'avait confié la relique de ce grand Saint, que le pape lui a donnée : c'est la seule qu'il y ait en Afrique : je la plaçai sur un monceau de ruines, là où les indigènes mahométans vont, tous les mercredis, prier le grand *Roumi* ou *Chrétien* qui leur apparaît, disent-ils, souvent avec sa grande tunique blanche, et qu'ils regardent comme le protecteur de leurs biens, de leurs enfants, etc. J'ai trouvé là des fleurs, de petites branches de lauriers-roses, et des charbons éteints placés dans un plat de terre, que ces pauvres gens avaient déposés dans cet endroit pour honorer le grand *Roumi*. J'ai pensé que ces ruines étaient peut-être celles de son église ou de son modeste palais épiscopal. J'ai pris un peu de cette terre, et j'ai aussi cueilli une feuille d'acanthe qui s'élevait au milieu d'une crevasse de mur renversé. Je vous envoie une partie de cette feuille d'acanthe dans cette lettre. Je restai trois jours à Bône, et, tous les jours, j'allais prier et me promener pendant plus de deux heures sur les ruines de ma chère Hyppone. Je la quittai en pleurant, un soir par un beau clair de lune : et de la mer, sur cette frêle barque qui m'éloignait d'elle, je lui disais adieu comme à un ami qu'on quitte après avoir lié avec lui une première et vive amitié. Nous eûmes bientôt atteint notre bâtiment qui nous attendait en pleine mer, et le lendemain matin je débarquai à Philippeville, d'où je repartis, à dos de mulet, et escorté de deux cents soldats, pour Constantine qui est à trois jours de marche de là, et au milieu de hautes montagnes. Je vais mettre mon église de Constantine sous le vocable de Marie, notre bonne et tendre mère, et je vais avoir le bonheur d'y célébrer la première messe après demain, dimanche 3 mars. Ce sera une messe militaire à grand orchestre. Nous chanterons le *Veni Creator* avant de commencer, et nous terminerons par un *Te Deum* solennel et un *Sub tuum*. Quelle messe que celle-là!.... depuis peut-être plus de quatorze cents ans la victime immolée pour le salut du monde n'est pas descendue à Constantine. Que de grâces à demander! que de réflexions, que de sentiments se pressent en foule, à la pensée de cette touchante cérémonie!.... O mon Dieu, soyez béni!.... Marie! oh Marie, venez à notre secours!.... mon cœur bat bien fort! mes larmes coulent! je ne peux vous en dire davantage.

Adieu, toujours votre dévoué ami.

Constantine, 1er mars 1839.

Mon bien cher ami,

. . . . Je fais arranger dans ce moment la grande et belle mosquée du palais d'Achmet-Bey, souverain détrôné de la province de Constantine, pour en faire une première église paroissiale dont je serai le premier curé. C'est après demain dimanche que j'aurai le bonheur de bénir cette mosquée, d'en faire un temple catholique, et d'y célébrer la première messe, d'offrir la précieuse victime de notre salut. Ce soleil divin qui éclaire tout homme venant au monde, va descendre pour la première fois depuis 1400 ans au milieu d'un peuple qui ne le connaît plus, et qui est bien profondément plongé dans les ténèbres et les ombres de la mort. Puisse le Sauveur du monde éclairer et sauver ces infortunés enfants d'Ismaël et de Mahomet!

Le général, baron de Galbois, gouverneur de la province de Constantine et de Bône m'a reçu avec la plus franche cordialité; il a voulu que je partageasse sa table et son logement, qui est le palais de l'ancien Achmet-Bey; je loge dans la chambre même du Bey, meublée telle qu'elle était quand il l'habitait, je couche dans son lit même; rien de plus magnifique que ce palais : c'est le plus beau de toute l'Afrique; il ne le cède même, dit-on, qu'à celui du grand sultan à Constantinople ; on se perd dans cette forêt de colonnes en marbre blanc, dans ces jardins d'orangers où l'on voit de tous côtés jaillir des fontaines qui retombent dans de beaux bassins en marbre : tous les murs et tous les appartements du palais sont revêtus de carreaux en faïence peints de toutes les couleurs, tous les pavés sont en marbre blanc, etc... Je vous donnerai plus tard d'autres descriptions du pays, des mœurs, des habitudes, etc... Les maisons de la ville sont généralement laides, mal bâties ; elles n'ont point de galeries ni de terrasses comme à Alger, elles sont couvertes en tuiles ; les rues sont malpropres et mal pavées ; la ville est située sur le haut d'une montagne et entourée de montagnes encore plus élevées, et couvertes de neiges en ce moment, en sorte qu'à Constantine il fait maintenant froid comme en France.

Les campagnes sont belles, mais point cultivées. De Philippeville à Constantine, dans un espace de 22 lieues, on ne trouve pas une maison ; il en est ainsi de presque toute l'Afrique : il n'y a que quelques petites villes éparses çà et là ; c'est un pays vraiment sauvage. On aperçoit à des distances fort éloignées, sur quelques versants de montagnes, quelques Douhairs ou tribus, logeant sous des tentes couvertes en peaux de chameau. Pour aller de la mer à Constantine, il m'a fallu trois jours de marche à dos de mulet, dans les montagnes, couchant le soir sur la terre sous les camps français échelonnés sur la route. (J'avais pris la précaution de porter un matelas et une couverture, de sorte que je n'étais pas trop mal couché.) Dès les premiers jours de mon arrivée à Constantine, j'ai fait des visites aux notabilités indigènes, au gouverneur de la ville, *Sidi hamonda*, et aux chefs des différentes tribus de la province, qui ont tous leur palais en ville; ils m'ont tous reçu avec des démonstrations de joie, des protestations d'amitié extraordinaires. Dans tout cela il y a bien de l'exagération orientale.

Hier le général les a invités à dîner, au nombre de neuf. A leur tête se trouvait le *akem sidi hamonda*, gouverneur de Constantine, dont les ancêtres ont gouverné depuis plus de 1300 ans; on les appelle les Montmorency de l'Afrique. Rien de plus noble que la figure de ce *akem*, âgé de 32 ans, et celle du Califfa *ben cissa*, gouverneur de Sahal, ancien généralissime des armées d'Achmet-Bey, etc. etc., Leur costume était de la plus grande richesse. Dans ce dîner, ils n'ont bu que de l'eau, en fidèles observateurs de la loi de Mahomet, qui leur interdit le vin. (Quelle leçon pour les catholiques!) Le général avait fait faire une tour en sucrerie, dont les créneaux étaient des croissants et le milieu une belle croix. Il distribua tous ces croissants aux Arabes, qui les croquèrent pieusement. La croix seule, ce signe du salut du monde, resta debout.... et nous tous catholiques qui étions à la table, nous nous écriâmes spontanément : *honneur à la Croix !* et moi, tout ému et pieusement crédule, je tirai de ce jeu du hasard, un heureux augure pour l'avenir de notre sainte religion dans ce pays.

Je vous écris dans la nuit, tout harassé des fatigues de la journée. Je ne sais pas trop ce que je vous dis. Je me porte à merveille : il paraît que l'air de l'Afrique, surtout le climat de Constantine, m'est fort bon.

Constantine, 22 avril 1839.

Monsieur et bien cher ami,

Beaucoup de choses se sont passées depuis trois mois que j'ai quitté Tours ; je voudrais pouvoir vous les dire toutes et épancher mon cœur dans le vôtre ; avec quelle effusion, avec quelle confiance je le ferais ! J'en ai tant de besoin ! tant de sentiments divers ont rempli mon âme depuis que je suis en Afrique (le pays des contrastes les plus extraordinaires, pays de merveilles et de désenchantements) ! En France, on n'a pas d'idées justes sur l'Algérie ; je n'essaierai pas de les rectifier, la tâche serait trop difficile. Je ne vous parlerai donc que de ce qui me concerne.

Je me hâte de vous dire que je suis fort heureux, malgré les petites épreuves que le bon Dieu m'a fait subir. D'abord, j'ai ressenti une grande peine en quittant une paroisse que je chérissais du fond de l'âme, et que je chérirai toujours. Dieu seul sait le bouleversement étrange qui se fit dans mon cœur, en m'arrachant à cette ville de Tours qui était devenue ma seconde patrie; un déchirement plus grand encore m'attendait à Lyon, lorsque je mis le pied dans le bateau qui devait m'éloigner du berceau de mon enfance, de mes vieux amis et de ma chère famille; mais j'étais calme et même joyeux en montant à bord du bâtiment qui devait me transporter de la terre de France en Afrique. J'arrivai à Alger après trois jours d'une heureuse traversée. En débarquant j'étais triste; je sentis mon cœur se resserrer sans savoir pourquoi. Monseigneur d'Alger me reçut amicalement.

Dans une visite que nous fîmes au maréchal Valée, la Providence voulut qu'on parlât de Constantine. Aussitôt je dis au maréchal que si Constantine avait besoin de prêtre, j'irais volontiers: il me répondit que je lui ferais plaisir si je voulais y aller; mais qu'il y avait peu de colons dans cette ville, qui était tout à fait arabe; que j'y manquerais de tout, et qu'il fallait y porter jusqu'à mon lit, et surtout beaucoup d'argent, parce qu'il y faisait très-cher vivre, et que le gouvernement ne me donnerait rien qu'un logement et une mosquée pour la transformer en église. Je me résignai à tout, et j'insistai pour partir dès le lendemain, si Monseigneur le permettait. Monseigneur n'était pas d'abord de cet avis; pourtant il céda aux instances du maréchal et aux miennes, et le lendemain je m'embarquai pour Bône. . . . .

...Je viens de faire un second voyage à Hyppone avec Monseigneur que je suis allé prendre à *Stora* ou Philippeville, pour le ramener ensuite à Constantine. Monseigneur a eu le bonheur de célébrer la sainte messe sur ces ruines précieuses d'Hyppone, et moi j'ai eu l'insigne faveur d'y communier avec les sœurs de la Charité, dites de Saint-Joseph, que je viens d'établir à Constantine.

Monseigneur a écrit, sur les ruines mêmes d'Hyppone, une lettre qu'il doit adresser à tous les évêques de France, pour les engager à souscrire pour chacun *cent francs*, afin d'élever sur ces lieux une chapelle en l'honneur du grand saint Augustin. Je pense que tous les prélats français s'empresseront de répondre à cet appel.

Vous voyez déjà que le bon Dieu m'a consolé; il a daigné m'envoyer à Constantine pour relever les ruines de cette antique Eglise ; mais il a voulu que je vinsse ici comme un apôtre; je ne reçois aucun traitement ni du gouvernement, ni de personne. Monseigneur n'a, pour toute l'Algérie, que le traitement, de *neuf prêtres* sans aucuns titres personnels, que celui de *trois chanoines* et de six prêtres desservants. Les trois chanoines sont MM. Pelletan, vic. gén., Dagret, secrétaire, et Montérat, curé. Les six autres prêtres sont : un *vicaire* de la cathédrale d'Alger, un aumônier des hôpitaux, un *curé* et un *vicaire* à Oran, et un *curé* et un *vicaire* à Bône.

Tous les autres prêtres, et nous sommes encore six ou sept, ne sont pas payés, et le gouvernement ne paraît pas disposé à venir à notre secours, malgré les demandes réitérées de Monseigneur à ce sujet. Aussi Sa Grandeur a eu recours à la Propagation de la foi. Ces messieurs du conseil lui ont répondu que nous ne serions compris que l'année prochaine dans la répartition des fonds; parce que la distribution de cette année était faite. Nous voilà donc, dans l'Algérie, réduits à la condition des missionnaires de la Chine ou des déserts de l'Amérique. Je réclame en particulier votre haute et puissante protection pour notre pauvre église naissante de Constantine. Je n'ai de linge et d'ornements que ceux que j'ai apportés de France, point de croix, point de chandeliers, point d'ostensoir ni de bénitiers, etc.... C'est ma belle croix et mon beau christ d'ivoire que j'ai placés sur l'autel, et ma jolie petite statuette de la sainte Vierge, que les bonnes dames du Refuge m'avaient donnée, et que j'ai placée sur un petit tronçon de colonne en marbre blanc, qui font le plus bel ornement de notre pauvre église. J'ai désiré que cette nouvelle et première église de Constantine fût sous le vocable de la sainte Vierge, de *Notre Dame des sept-douleurs*. Monseigneur l'a bien voulu, et il vient de la consacrer sous cet aimable nom de Marie!.... Oh! que nous serons puissants avec une si grande protectrice, une si bonne patronne!.... J'ai déjà établi la récitation du chapelet, tous les dimanches après vêpres. Puis nous chantons des cantiques avec nos bonnes religieuses, quelques pieux militaires et quelques excellentes dames d'officiers. Les Arabes viennent en foule à nos cérémonies, et ils paraissent stupéfaits de tout ce qu'ils voient, de tout ce qu'ils entendent; ils prennent de l'eau bénite et se mettent à genoux comme nous, et remuent aussi les lèvres quand ils nous voient prier. Ils sont très-curieux, ils veulent que nous leur rendions raison de tout ce qu'il y a dans l'église. Le dimanche de Pâques, les grands personnages du pays et de toute la vaste province de Constantine, avec les chefs du grand désert de Sahara, s'étaient donné rendez-vous dans notre église. Ils furent émerveillés de la tenue de nos militaires, de la musique et surtout des ornements dont j'étais revêtu en disant la sainte messe. Ils écoutèrent avec la plus grande attention le petit discours que je fis, comme s'ils l'avaient compris. Je parlai beaucoup d'eux, et les interprètes leur rendirent parfaitement mes paroles; ils s'épuisaient en remercîments après la messe, et versaient des larmes de joie en me baisant les mains. Ils voulurent que je leur expliquasse ce que c'était que cette croix de *Sidnaïssa* (Jésus-Christ); cette petite statue de *Leha Mariem* (la sainte Vierge); puis le confessionnal, les fonts baptismaux, l'autel, etc. A toutes les explications que je leur faisais, ils répondaient : *Melih Bezzef* (c'est très-bon) *Allah iazekoum* (que Dieu nous aime!....)

Il n'y a que quelques jours que les bonnes religieuses sont à Constantine, et tous ces bons indigènes se les arrachent; ils les emmènent dans leurs maisons pour qu'elles voient leurs femmes malades; car vous savez que nul homme, excepté le mari, ne peut voir une femme arabe. Elles sont toujours enfermées dans leur maison, et quand elles sortent, ce qui arrive rarement, elles ont le visage enveloppé d'un linge blanc; on leur voit à peine les yeux. Les hommes et les enfants viennent se faire traiter chez nos bonnes sœurs. Le grand Cheik du désert y vient tous les jours; il a, m'a-t-il dit, plus de confiance aux *marabotes francis* (c'est ainsi qu'ils appellent les religieuses, *saintes françaises*), qu'à tous les médecins du monde.

Vraiment les dispositions de ces bons Arabes, le respect, l'affection qu'ils portent aux prêtres et aux religieuses, nous étonnent et nous remplissent d'admiration.

Monseigneur, qui vient de nous quitter pour retourner à Alger, en est dans l'enchantement; il me disait qu'il s'imaginait rêver, tant les choses qu'il voyait lui paraissaient incroyables. Nous ne savons pas les desseins de l'adorable Providence sur ces peuples; mais, en vérité, nous croirions facilement que le temps de sa miséricorde pour eux approche.... Les religieuses surtout sont appelées à faire un bien immense à ces peuples. La différence du langage est un grand obstacle au bien qu'on pourrait opérer dans ces contrées. Que n'avons-nous, comme les Apôtres, le don des langues, et surtout que n'avons-nous leur sainteté!........ Priez, je vous en conjure, et faites prier pour nous et pour ces pauvres habitants de l'Algérie.

Nous nous préparons à célébrer pompeusement et, par-dessus tout, saintement, le mois de Marie à Constantine. Nos beaux cantiques de France retentiront sous les voûtes de notre mosquée catholique; la musique des régiments viendra se joindre à nous. Nous aurons prières, salut, bénédiction; rien n'y manquera, pas même le concours de nos Arabes, de nos Juifs, qui s'en retourneront *bénis*, sinon *sanctifiés*. Si vos bonnes âmes de Tours étaient bien aimables, elles se cotiseraient pour nous envoyer *une statue de la Sainte Vierge* et *un Chemin de la croix*; le petit nombre de chrétiens de la pauvre Eglise naissante de Constantine, ainsi que leur pauvre pasteur, en seraient on ne peut plus reconnaissants!

Si vous pouviez vous-même, Monsieur et bien cher ami, m'envoyer à Constantine, sous l'adresse *du lieutenant-général, baron de Galbois, commandant supérieur des provinces de Constantine et de Bône*, la caisse de livres que vous m'aviez dit d'offrir de votre part à Monseigneur d'Alger, vous nous rendriez le plus important service : nous n'avons absolument aucun livre de piété ni de prières, pas même un seul catéchisme. Il a fallu que j'en composasse un pour nos enfants et pour les Arabes; ni croix, ni chapelets, ni médailles, etc. Je vous en prie, venez, venez donc à notre secours......

Je dois vous dire que, quoique je ne touche aucun traitement de personne, je n'ai pourtant manqué de rien depuis que j'ai quitté Tours. D'abord, j'avais de l'argent pour faire ma route, et il m'en reste encore un peu. Ensuite, j'ai été reçu et traité avec honneur et cordialité joyeuse dans tous les camps français que j'ai traversés pour arriver à Constantine, et ici je suis jusqu'à présent hébergé et logé chez le général de Galbois, dans le magnifique palais d'Achmet-bey. Puis, Monseigneur m'a confié, quelque indigne que j'en sois, comme vous le savez, le titre et la charge de vicaire général; et il parle de me faire revenir bientôt auprès de lui, à Alger. Je vous avoue que j'aimerais mieux rester à Constantine. Je suis si bien ici avec mes vingt-cinq mille Arabes et mes quatre à cinq cents colons, dont le nombre, à la vérité, s'accroît tous les jours. J'ai encore dans la province de Constantine, à Philippeville, près de mille colons de tous les États européens; puis plusieurs camps français où il faut de temps en temps aller exercer le ministère, et puis encore j'aime bien mes bons Arabes. Nous n'avons point de familles mores, qui forment, presque seules, la population de la province d'Alger. Ces Mores sont une nation corrompue, mauvaise, tandis que nos Arabes sont les vrais descendants d'Ismaël; ils ont les mœurs pures et toutes patriarcales. Nous sommes ici tout à fait au centre de la Numidie, dont Cyrta (Constantine) était la capitale; elle est remplie de ruines romaines très-bien conservées; nous avons découvert dernièrement celles d'un magnifique temple chrétien, détruit par les

Vandales. Les bases des colonnes ont vingt pieds de circonférence, et ce temple avait cinquante-deux colonnes. Il était bâti dans la partie la plus élevée de la ville ; aussi un ancien historien de ces temps-là dit qu'on voyait de très-loin le temple de Constantine. Le Rumel ou *Oued el kabit*, entoure presque toute la ville en s'engouffrant dans des rochers au sommet desquels la ville est bâtie. Je m'arrête : je n'en finirais pas, si je voulais vous parler de l'aspect du pays, des costumes bizarres de ses habitants, etc. Je vous écrirai plus tard les remarques que j'aurai faites, et je vous donnerai une description détaillée de tout ce qu'il y a de plus intéressant dans ces contrées si singulières. On n'a jamais bien connu l'Afrique : c'était pourtant, après l'Italie, le pays le plus fréquenté par les Romains, ce peuple géant qui a laissé à chaque pas dans ce pays des traces de sa grandeur et de sa puissance ; je veux seulement vous dire que je ne suis ici qu'à *huit lieues* de Milève, si célèbre par saint Optat, son évêque, et à *dix lieues* de *Tagaste*, la patrie du grand saint Augustin. La première, que les Arabes appellent Milah, est habitée par 4,000 Arabes, et une garnison française de 300 hommes, et Tagaste, que les Arabes nomment *Tagsa* n'est plus qu'un monceau de belles ruines sur lesquelles s'élèvent quelques tentes arabes en peaux de chameau. Je ne puis m'empêcher, avant de terminer mon long journal, de vous raconter un fait qui vous montrera quelles sont les bonnes dispositions des Arabes envers nous et notre sainte religion. On m'avait dit qu'il y avait dans une mosquée, dite la *Sainte*, une chaire de Mahomet, qui était un chef-d'œuvre de sculpture arabe; la tentation me prit de la demander pour notre église catholique. J'allai donc un jour trouver *Sidi hamonda*, le *hakem* ou gouverneur de Constantine, et son vieux père, le grand *Cheik* ou chef de la religion de toute la province de Constantine et du grand désert. J'ai le bonheur d'être très-lié avec ces deux puissants personnages; je leur demandai de me céder cette chaire remarquable, et leur dis que le grand *Sidnaïssa* (Jésus-Christ) les bénirait. A l'instant ils me l'accordèrent avec des démonstrations de joie et de bonheur, d'avoir pu faire quelque chose en faveur de notre sainte religion. Ils me donnèrent aussitôt soixante Arabes pour que je fisse transporter moi-même ce magnifique objet dans notre église catholique. J'entrai avec eux dans leur *sainte* mosquée, pour faire prendre cette chaire qui fut portée pompeusement par ces bons Arabes, dans les rues de Constantine, avec l'applaudissement général de tous les habitants, colons et indigènes.

Je recommande d'une manière toute particulière l'Eglise naissante de Constantine et son pauvre pasteur aux prières des associés de la Propagation de la foi et du Rosaire-Vivant. Je vais m'occuper à établir ces deux saintes associations dans la province de Constantine, dont je suis spécialement chargé.

Votre bien honoré et dévoué ami,

Constantine, le 18 Mai 1839.

Mon bien cher ami,

Votre lettre du 11 avril dernier s'est bien fait attendre. C'est la seule que j'aie reçue de vous depuis que je suis en Afrique. Nous ne recevons ici le courrier de France que tous les quinze jours, et, lorsqu'un courrier arrive sans nous apporter des lettres de la patrie, et surtout d'amis tels que vous, nous trouvons cela bien pénible, nous autres pauvres exilés. Je vous remercie des détails que vous me donnez sur mes petites affaires, dont vous avez bien voulu vous charger. Je ne sais pas si vous avez reçu toutes mes lettres, mais dans la dernière je vous disais qu'un missionnaire, comme je désire l'être, ne doit point avoir de demeure permanente..... A Constantine, on manque de tout comme au fond des déserts de l'Amérique. Le nombre des colons n'augmente pas, cela n'est pas même possible dans l'état où en sont les choses, et nous sommes forcés de convenir que ce n'est pas un mal; car, jusqu'à présent, les colons qui sont venus s'établir sur quelque point de l'Afrique que ce soit, gâtent et paralysent tout le bien qu'on pourrait faire aux indigènes, et reculeraient plutôt qu'ils n'avanceraient leur civilisation; et si la province de Constantine est la meilleure de toute la colonie, c'est parce qu'elle a moins de colons, et que le gouvernement y est tout à fait militaire.

Puisque vous voulez bien prendre quelque intérêt à ce que je fais ici en Afrique, je vais vous dire que j'ai fait venir à Constantine, quatre sœurs de la Charité, dites religieuses de Saint-Joseph, dont madame la baronne de Vialart est supérieure générale. Cette dame, qui jouit de la plus haute considération dans toute l'Algérie, où elle est depuis 4 ans avec des religieuses, et où elle a fait et fait encore un bien immense en se chargeant de tous les genres de bonnes œuvres; cette dame, dis-je, peut, par son concours, m'aider puissamment dans mon ministère. Ces bonnes sœurs qu'elle m'a amenées elle-même, avec Mgr d'Alger qui est venu les installer, ont été un véritable événement pour Constantine et pour toute la province. Leur arrivée ici a même, en ce moment, un grand retentissement dans le désert. Le Cheik-el-Arab qui se trouvait ces jours derniers à Constantine, voulait emmener ces bonnes sœurs dans le désert de Sahara dont il est le grand chef, pour y soigner les malades et y instruire les enfants. Il leur protestait qu'elles seraient chéries dans le désert, comme dans les grandes villes de France, qu'elles y seraient comme des souveraines. Ces bonnes sœurs viennent de guérir ce grand et terrible chef d'une indisposition assez grave; il allait se faire soigner chez elles, deux fois par jour, comme un enfant. Depuis qu'elles sont ici, il y a foule, du matin au soir, de malades indigènes de toutes les couleurs, et deux d'entre elles sont continuellement occupées à visiter les malades à domicile; partout on se les arrache, surtout les dames arabes les plus notables de la ville, qui ont pour elles l'affection la plus tendre; comme ces pauvres dames arabes ne sortent jamais, elles sont enchantées, enthousiasmées de voir auprès d'elles des religieuses françaises, et comme ces religieuses savent parler arabe, elles causent beaucoup avec elles. Elles ne les quittent jamais sans que ces pauvres musulmanes demandent elles-mêmes à baiser *Sîdnaïssa Allah* (ou le Christ que les religieuses portent sur leur poitrine). C'est vraiment étonnant, la vénération et la confiance qu'elles ont inspirées dans la ville et dans toute la province, car des malades des tribus éloignées viennent aussi se faire soigner par elles. Leur présence ici produira, je n'en doute pas, un effet prodigieux et hâtera singulièrement la civilisation, si ce n'est la conversion, de ces pauvres peuples.

Au premier mai, jour de la Saint-Philippe, nous avons eu une importante et bien touchante cérémonie. C'est le saint sacrifice de la messe que j'ai eu le bonheur de célébrer, en plein air, sous la voûte du ciel, sur les bords du *Rumel*, au milieu d'une vaste plaine entourée de petits mamelons qui étaient couverts d'Arabes. Toute la ville s'y était rendue en masse, et toute la province et le grand désert étaient représentés par les chefs des tribus et les notables des familles. Jamais une aussi nombreuse et aussi singulière réunion n'avait eu lieu en Afrique. Au milieu d'un carré immense formé par les troupes françaises, s'élevait un autel de gazon qu'on avait parsemé de fleurs, et couvert de couronnes et de lauriers que je dois bénir pour être distribués plus tard aux vainqueurs des jeux. Au-dessus de cet autel s'élevait un magnifique trophée d'armes, ombragé par le drapeau du prophète Mahomet, par celui de la province, et par le drapeau français. Au-dessus de ce trophée singulier s'élevait majestueusement la croix de notre divin Sauveur, qui était en effet le seul vainqueur à qui on décernait ce beau triomphe. Tous les grands dignitaires indigènes et les notables de la ville et de la province, voulurent accompagner le général et son état-major dans le carré des troupes, tout auprès de l'autel; ils assistèrent à la célébration de la sainte messe avec une espèce d'étonnement qui ressemblait à l'admiration; tous s'inclinèrent comme les Français au moment de l'élévation, et leurs peuples, témoins des hommages que leurs chefs rendaient au Dieu des chrétiens, firent comme eux. Jamais pareil spectacle, ce me semble, n'a été donné à la terre d'Afrique; mon émotion était à son comble. Avant la messe, je ne pus m'empêcher de me retourner vers cette immense et si extraordinaire assemblée, et de lui faire part des sentiments qui remplissaient mon cœur. Les interprètes arabes rendirent tout aussitôt et fidèlement mes paroles, et, à la fin de la cérémonie, tous vinrent me complimenter et me baiser la main. Je ne vous parle pas maintenant des jeux, des luttes, des carrousels qui ter-

inèrent la journée ; on avait fait dresser une
nte pour les religieuses et pour moi ; nous fûmes
'moins de ces jeux , et les religieuses furent choi-
es pour couronner les vainqueurs. Jamais rien de
lus bizarre et de plus touchant en même temps que
e voir ces Africains noirs , cuivrés ou blancs ,
agenouiller devant des religieuses françaises, et
ecevoir sur leurs têtes, eux , ces farouches enfants
u désert, des couronnes de la main timide et trem-
lante d'humbles sœurs de la Charité.

Puisque j'ai commencé à vous parler des céré-
onies religieuses , je vous dirai deux mots de celle
ui a eu lieu à Hyppone, dans un second voyage
ue je viens de faire sur ses ruines célèbres, avec
Igr l'évêque d'Alger. Ce bon prélat eut le bon-
eur d'offrir les saints mystères sur les ruines
'Hyppone, le jour où l'Eglise célébrait la fête de
Annonciation. Le lundi 8 avril, nous parcou-
ions tous deux ces saintes ruines, le livre des Con-
ssions et des Soliloques de saint Augustin à la
ain ; et, au moment où nous demandions avec
motion en quel endroit pouvaient être l'église et le
odeste palais de ce grand saint, Mgr ouvrit le
ivre des confessions, et ses yeux tombèrent sur le
ıassage isolé, *et ecce ipse est antè nos* : le voici,
l est devant nous. Ces mots nous frappèrent et
ıous remplirent de joie, et nous décidâmes que la
ainte messe serait célébrée dans cet endroit. Auparavant, je demandai à me confesser pour communier à la messe ; et surtout pour pleurer mes

péchés et en recevoir le pardon, là où le grand saint Augustin avait tant pleuré les siens, et où il avait sans doute écrit le livre admirable de ses Confessions. Mgr voulut aussi recevoir de son indigne serviteur le sacrement de pénitence.... Nous pleurions tous deux... Comme nos larmes coulaient douces sur cette terre que saint Augustin avait arrosée des siennes!...... Nos cœurs étaient comme dans une sainte ivresse. J'ouvris le livre des Soliloques, et je tombai sur une page qui renfermait les plus beaux sentiments d'actions de grâces, que S. Augustin ait pu jamais écrire. Mgr. en fut ému et résolut de réciter à haute voix ces prières d'actions de grâces, après la messe. Ce fut un pan de mur qui nous servit d'autel; les sœurs religieuses qui nous avaient accompagnés et quelques pauvres Maltais cueillirent des fleurs sur ces ruines pour en parer notre saint autel. Les religieuses communièrent avec moi à la messe. Monseigneur adressa quelques mots à ce petit nombre de fidèles qui nous avait accompagnés ; il y avait quelques Arabes et un seul Français.

Je ne relis pas ma lettre, vous me pardonnerez ses inexactitudes; je l'ai écrite un peu en courant : le courrier me presse, je crains même qu'il ne soit parti.

Adieu, pour toujours et plus que jamais, votre vrai ami.

Constantine, 2 juin 1839.

Monsieur et bien cher ami,

Je viens de recevoir avec un indicible plaisir votre aimable lettre. J'ai seulement été un peu confus de voir imprimées celles que j'avais adressées à Tours; mais, puisqu'elles donnent l'occasion à une aumône pour notre pauvre église de Constantine, je supporterai avec joie cette confusion, et je vais continuer à vous donner quelques détails sur ce pays et sur les choses vraiment extraordinaires qui s'y passent en faveur de notre sainte religion. Je ne vous écris aujourd'hui qu'à la hâte; le courrier arrive à l'instant et repart presque aussitôt pour la France.

Je crois avoir donné à M.***, dans ma dernière lettre du 22 mai, une petite description de notre cérémonie de la Saint-Philippe, et une relation plus détaillée de mon dernier voyage à Hyppone. Je vais donc vous dire simplement et sans ordre, tout ce que je pense devoir vous intéresser.

Nous nous préparons à célébrer la Fête-Dieu, dimanche prochain. Les Arabes et les Juifs, qui étaient aujourd'hui, comme de coutume, en grand nombre à la messe, ont été dans le ravissement, quand je leur ai annoncé cette sainte solennité. Je suis allé ce soir chez le *hakem* (le gouverneur de Constantine), lui demander de nous prêter quelques belles tapisseries, quelques vases de fleurs, etc., pour la grande fête de notre Dieu fait homme, *Sidnaïssa*. Aussitôt il me conduisit dans un appartement magnifiquement décoré a la manière orientale, et me dit avec beaucoup de vivacité, d'émotion même : *Tout cela est au service du grand Sidnaïssa* (Jésus-Christ) ; *puisque vous me dites que c'est dimanche sa grande fête, prenez tout ce que vous voyez. Je suis trop heureux de contribuer à embellir le lieu où vous me dites qu'il va reposer....; pour lui je donnerais tout, jusqu'à mon burnous* (son beau manteau), *s'il le fallait.* Ainsi je prévois que l'unique reposoir que nous allons dresser à Constantine, va l'emporter sur les plus beaux reposoirs de Tours.... C'est pourtant quelque chose de bien consolant, que de voir les enfants de Mahomet offrir eux-mêmes avec ardeur ce qu'ils ont de plus précieux pour orner l'autel de Jésus-Christ.

Une de nos bonnes sœurs, qui a parlé aussi à quelques dames arabes notables de la ville, de notre solennité de dimanche prochain, vient de me dire que ces dames veulent rivaliser de zèle avec leurs maris, et qu'elles donneront pour le *bon Dieu* tout ce qu'elles ont de plus beau. Elles ne regrettent qu'une chose, c'est de ne pouvoir pas être témoins de cette fête comme leurs maris, car vous savez qu'elles ne sortent jamais de leur maison.

Notre procession ne sera pas bien brillante : point de bannières, point de congréganistes, point de clergé, presque point d'enfants de chœur. Mais ce [ui sera le plus pénible, c'est que je serai obligé le porter Notre-Seigneur dans un petit ciboire en uivre, dont la coupe seule est argentée.

Les bonnes sœurs continuent à visiter les malales à domicile, et à les recevoir dans une espèce l'infirmerie improvisée; c'est la salle du grand onseil des *ulemas* et des *muphtis*, qui fait partie le la mosquée catholique, que j'ai fait arranger oour cet usage, et tous les jours il s'y présente plus le 80 à 100 malades pour se faire soigner..... Toute la ville vient voir un spectacle si nouveau, car vous savez que les Arabes n'ont point d'hôpiaux, et, dans leurs maladies, point de médecins. ls s'en rapportent aux soins de la Providence; ils ıvaient jusqu'ici souffert avec résignation et mouaient de même; aussi la mortalité était effroyable... Maintenant qu'ils ont des *sœurs médecins* qui les oignent et les guérissent, l'amour de la vie et surout de la santé leur est revenu, et ils se font soigner comme nos chrétiens.... Mais l'effet moral que a tendre charité de ces bonnes sœurs produit sur es Arabes est vraiment prodigieux. On voit se manifester en eux des sentiments de piété, de reconnaissance, d'admiration, qu'ils avaient semblé ignorer jusqu'à présent. Surtout ils ne peuvent se lasser de bénir ce Dieu, cette religion qui a inspiré à ces saintes religieuses de leur faire tant de bien... Que penser de tout cela?... Mais il faut que je vous dise quelque chose de plus admirable encore, c'est que tous ces malades, riches ou pauvres, demandent des médailles ou de petites statuettes de la sainte Vierge, qu'ils suspendent avec respect à leur cou, et quand ils se rencontrent dans les rues, ils se les montrent avec orgueil et satisfaction.... Ils ont vraiment une tendance particulière à la dévotion envers la sainte Vierge.... Aussi je me suis empressé de faire construire un bel autel à cette bonne mère. Pour piquer leur curiosité et exciter leur dévotion, nous avons orné cet autel avec des branches de palmier d'une hauteur prodigieuse; nous avons fait aussi, tant bien que mal, une Vierge en cire, un peu plus grande que celle dont je vous ai parlé; nous l'avons habillée magnifiquement..... Tous ces bons Arabes se portent en foule maintenant à la chapelle de Madame Marie, *lélé Mariem*. Ils la regardent avec un étonnement mêlé de respect, et la prient spontanément à leur manière, c'est-à-dire par un mouvement des mains qu'ils tiennent jointes et ouvertes, la paume tournée vers le ciel, les élevant et les abaissant sans cesse, et faisant le même mouvement avec le corps et la tête, en prononçant, avec vivacité et onction, des paroles de confiance et d'amour. Puis ils se tournent avec satisfaction vers nous et disent en leur langue, que nous commençons un peu à comprendre: *Madame Marie, c'est la mère de Dieu. C'est aussi notre mère, puisque vous nous l'avez dit. Elle est bien bonne, puisque c'est elle qui vous a inspiré de venir vers nous, nous faire tant de bien*. Ils finissent toujours leurs éloges à Marie par ces mots : *Kif-kif soa-soa cutsa, hahana, achouq lélé Mariem.* Tous ensemble, vous et nous, nous aimons beaucoup madame Marie..... O Marie! vous les avez entendus! vous les éclairerez, vous les prendrez aussi pour vos enfants.

Les femmes des principaux habitants de la ville (et il faut vous dire qu'à Constantine, les notables de la ville et tous ceux même qui se respectent un peu n'ont qu'*une seule femme* comme les catholiques) ont demandé aussi des médailles et de petites statuettes de la sainte Vierge, qu'elles portent à leur cou comme leur plus belle parure, et qu'elles baisent avec dévotion trois fois par jour, en priant cette mère de miséricorde de les éclairer et de les protéger.

Quand ces Arabes ou Juifs voient nos bonnes religieuses, ils demandent comme une grande faveur la permission de baiser la croix qu'elles portent sur leur poitrine; et les mères disent à leurs petits enfants : *Baise Sidnaïssa, il te portera bonheur.* On accable partout les bonnes religieuses de questions sur notre religion. On leur demande aussi comment elles ont pu quitter leur pays, leur famille; comment elles ont pu renoncer au mariage et aux plaisirs du monde, pour se consacrer avec tant de joie au service des malades et à l'éducation des enfants, et cela pour l'amour de Dieu seul, sans intérêt humain... Ils en croient à peine tout ce qu'ils voient et tout ce qu'ils entendent.

Aussi, quand une sœur entre dans leur maison, c'est une fête pour tous ceux qui l'habitent. On rassemble tous les esclaves, tous les enfants, toute la famille. Tous jettent des cris de joie ; le mari et la femme la prennent chacun par une main qu'ils baisent avec respect, les enfants lui baisent les bras, et les esclaves le bas de sa robe : elle est conduite ainsi comme en triomphe dans le plus bel appartement de la maison. On entasse des coussins (car il n'y a pas de chaises chez les Arabes) sur lesquels on la fait asseoir, et là, elle reçoit une espèce de culte : on lui sert les mets les plus exquis, on lui offre les essences les plus odorantes. La pauvre religieuse, toute couverte de confusion, refuse tout. Alors l'admiration est à son comble ; on lui dit : *Mais tu es donc Marabotha* (une sainte).

On est tellement attaché à ces religieuses, que quand elles restent deux jours sans faire visite, on pleure comme des enfants.... On envoie à chaque instant les esclaves pour les chercher, on se fait malade pour les forcer à venir. La femme du *hakem* (du gouverneur de Constantine) disait hier à la sœur : *Vois-tu, je t'aime plus que Mahomet. Si tu t'en vas, je mourrai; je sais bien comme on fait pour mourir !....* Cette sœur entend et parle assez bien l'arabe, en sorte que tous les indigènes sont enchantés de pouvoir communiquer leurs pensées à une personne si bonne, si douce, si sainte, et surtout à une Française.

Il y a quelques jours, une députation des notables du désert, ayant à leur tête le *Cheik el arab* (le grand chef du désert) et le jeune neveu d'Achmet-Bey, s'est présentée chez moi pour me prier avec les plus vives instances d'aller au désert soigner les malades, pour faire parmi eux ce que nous faisons ici, à Constantine; me disant que nous y serions reçus en triomphe et traités comme les souverains du pays; que l'oasis qu'ils habitent est un véritable paradis; que nous aurions aussi une mosquée pour notre Dieu, et qu'ils le prieraient avec nous. Ils nous ont amené des chameaux et des chevaux les plus superbement harnachés pour nous porter, et nous ont assuré que, si nous ne nous habituons pas avec eux, ils nous ramèneront à Constantine.... Je leur ai répondu que nous ne pouvions pas nous rendre à leurs désirs en ce moment; mais qu'aussitôt que nous le pourrions, nous irions vivre avec eux dans leur beau désert, et que nous les aimions aussi tendrement que les habitants de Constantine.... Ils ont ressenti la peine la plus vive de notre refus, et sont restés plus de huit jours à attendre si nous nous déciderions enfin à partir avec eux. Ils sont partis hier seulement en versant des larmes et en nous disant qu'ils reviendraient bientôt nous faire les mêmes instances, et que nous nous laisserions toucher.....

Je vous ai promis quelques détails sur Constantine. La ville n'a rien de remarquable. La ville romaine, dont il ne reste, comme je vous l'ai dit, que d'imposantes ruines, offrirait matière à des explorations curieuses et savantes qu'il n'est pas en mon pouvoir de faire. Comme je vous l'ai déjà dit, la rivière du *Rummel* entoure une partie de la ville en coulant ou plutôt se précipitant avec fracas dans un encaissement très-étroit et très-profond formé par d'énormes rochers, ensorte qu'on peut dire que la ville est entourée d'affreux précipices. Le pont *Del Kantara,* jeté sur ces précipices, est un chef-d'œuvre de construction romaine ; il a été restauré, dit-on, par des Espagnols. J'ai découvert, sur une des arcades de ce magnifique pont, un bas-relief, assez bien conservé, représentant *la Madone ;* c'est, je pense, une *Assomption de la Vierge*.... Il y a d'autres ponts formés par des rochers, dont un a plus de 300 pieds de hauteur. En quittant la ville, le *Rummel* forme la plus belle cascade qu'on puisse voir ; ses eaux tombent de plus de 100 mètres de hauteur, et sont divisées par d'énormes blocs de rochers. Les alentours de cette cascade imposante sont vraiment pittoresques. On y voit encore plusieurs autres chutes d'eau à travers des massifs de verdure et quelques roches dépouillées. Dans cet endroit tout à fait romantique se trouvent plusieurs fontaines d'eau chaude et des débris de bains romains qui ont dû être d'une grande magnificence, à en juger par des tronçons de colonnes cannelées, des voûtes assez bien conservées et des restes de mur d'une épaisseur prodigieuse. Il y a là plusieurs moulins arabes, ou plutôt plusieurs misérables masures bâties sur ces belles ruines, qui forment le contraste le plus frappant et le plus bizarre de ce magnifique tableau. Selon l'usage des Arabes, leur cimetière entoure la ville de tous les côtés; en sorte qu'on ne peut sortir de la ville sans fouler une tombe sous les pieds et sans se heurter contre les lits de brique qu'ils élèvent sur tous les tombeaux. J'ai été témoin, il y a quelques semaines, d'un enterrement arabe. Vous seriez peut-être bien aise de savoir comment se fait cette lugubre cérémonie. Le mort est placé, sans bière, sur un brancard porté sur les épaules par quatre hommes. Il est enseveli dans un drap neuf et très-blanc, et recouvert d'un tapis en soie rouge et jaune sur lequel sont brodés des croissants, des étoiles, un soleil et quelques caractères arabes. Arrivé près de la fosse, on dépose le brancard à terre; le marabout s'approche du cadavre et prie debout avec dévotion et ensilence; il impose les mains sur le défunt, puis, en finissant, il élève ses mains et ses yeux vers le ciel d'une manière très-expressive. Tous les assistants, rangés derrière le marabout, sur une seule ligne, font les mêmes cérémonies. La prière finie, quatre des assistants élèvent un peu, par les quatre coins, l'espèce de drap mortuaire, tandis que deux fossoyeurs se glissent dessous pour enlever le défunt et le placer avec la plus grande précaution dans la fosse, sur le côté droit, dans l'attitude d'un homme qui dort. Ceux qui portent le drap mortuaire le tiennent alors suspendu sur la fosse, de manière qu'il faut se coucher à terre pour voir ce que font les fossoyeurs. C'est ce que j'ai fait, et j'ai vu qu'ils avaient construit un petit mur en pierres sèches autour de la fosse, qu'ils recueillaient avec respect les ossements épars sur la terre et les plaçaient auprès du mort, la tête sous la tête, pour lui servir comme d'oreiller, et les autres ossements, devant lui et à ses pieds. On recouvrit ensuite la tombe de larges dalles en pierre brute, en sorte que la terre ne pût pas pénétrer jusqu'au cadavre.... Cette inhumation silencieuse, ces espèces de mystères du sépulcre ont quelque chose de triste et d'imposant. Avant de m'approcher, j'avais demandé au marabout si je pouvais assister à cette cérémonie : il me dit qu'il en était même très-satisfait. Quand tout fut fini, je lui fis quelques signes et balbutiai quelques mots pour lui faire comprendre que j'avais trouvé cette cérémonie très-touchante. Je lui montrai le ciel, puis la fosse qu'on venait de fermer, et lui dis comme je pus, que le corps tombait en poussière, mais que l'âme retournait à Dieu, qui la récompensait ou la punissait selon ses mérites....; que Dieu était le père de tous les hommes, mais que tous les hommes ne le connaissaient pas, et qu'ils ne le servaient pas comme il voulait être servi, etc. Il me comprit parfaitement et me dit : *kif-kif soœ-soœ*, qu'il pensait comme moi ; et, pour me montrer avec plus d'énergie qu'il me comprenait, il prit de la terre dans sa main, puis, de l'autre, il me montra le ciel, et, en élevant ses yeux humides de larmes, il dit :

la allaha ! ô mon Dieu ! baba, baba becoul radjel, vous êtes père de tous les hommes ! Puis il me fit comprendre que notre corps devenait poussière, mais que Dieu, qui avait eu soin de ce corps pendant la vie, le ressusciterait un jour pour qu'il fût heureux ou malheureux. Je lui dis que *les marabouts francis* enseignaient la même doctrine ; il me répondit qu'il le savait bien, et que notre religion était plus parfaite que la leur ; je lui dis : Alors, je vous l'apprendrai cette religion, et je suis sûr que vous l'aimerez.... Il se mit à sourire et me prit la main en me disant : *Semi, semi bezzef coulioum. Soyons toujours tous deux beaucoup amis.* Je lui fis la même invitation, et nous nous retirâmes très-satisfaits l'un de l'autre.

Avant de terminer ma longue lettre, je veux vous parler d'une fête singulière que les musulmans ont célébrée avec grande pompe la semaine dernière : c'est l'anniversaire de la naissance de *Mohammed* (Mahomet). C'est une fête des plus bruyantes et des plus touchantes. Ce jour-là, tous les petits enfants sont revêtus de leurs plus beaux habits et sont portés comme en triomphe dans les rues ; c'est, à proprement parler, la fête de l'enfance. Les petites mosquées sont ouvertes ce jour-là. On voit suspendue, au-dessus de la porte, une petite maison en bois ou en carton, représentant la maison où *Mohammed* vint au monde. Elle est entourée de brimborions, de coques d'œufs de toutes les couleurs. Sur le seuil de la porte de la mosquée est assis, à la manière arabe, sur un riche coussin, un gentil et gracieux petit enfant couronné de roses, ayant ses côtés un beau vieillard à barbe blanche (c'est le prêtre musulman), ses parents et ses domestiques ; devant lui est une coupe d'or pour recevoir l'offrande des passants. Je n'ai pas manqué de donner la mienne à un de ces charmants enfants, qui me demanda d'une manière très-gracieuse *quelque chose pour les pauvres bédouins*, et tous les bons musulmans d'applaudir à ma générosité, en s'écriant : *melih bezzet marabouth frances* (il est bien bon le marabout français). On entendait crier aussi à chaque instant une troupe de *Mudduis* (ceux qui annoncent la prière) réunis au haut de leur minaret. Joignez à cela la musique criarde et bruyante des Arabes qui parcourent les rues.... C'était à ne pouvoir s'entendre dans la ville. On pourrait aussi appeler cette fête la *Chandeleur* des Arabes, à cause de la quantité de cierges de toutes les couleurs qui se distribue à tous ces fervents musulmans, aux enfants surtout. Ceux-ci en ont chacun trois ou quatre qu'ils font pieusement brûler dans les mosquées ; les parents en conservent une certaine quantité pour les faire brûler en famille et pour en donner à leurs amis, en signe de joie. La bonne sœur qui visite les malades en a reçu dans toutes les maisons où elle est allée ce jour-là, et comme elle disait à ces bonnes gens, en recevant les cierges, *qu'elle les ferait brûler devant l'autel de Marie*, ils répondirent : *Eh bien, alors, puis-*

qu'ils sont pour Lélé Mariem, acceptez-en un de plus: il faut aussi qu'elle soit contente de nous. Ces cierges nous sont venus fort à propos pour la clôture du mois de Marie. Cette clôture a été pompeuse. Ce sont de petits musulmans qui voulaient porter les cierges pendant cette solennelle et touchante cérémonie qui m'a fait répandre de bien douces larmes.... Nous avions, le matin, fait notre méditation sur les souvenirs de cette même cérémonie en France, dans l'église des Carmes, quelques jours après mon installation comme curé de cette chère paroisse.... C'est vous, bien cher ami, qui présidiez à cette mémorable cérémonie.... Que de larmes aussi ce souvenir me fit répandre! ainsi qu'à tous ceux à qui je communiquai mes sentiments....

Vous ne vous feriez pas d'idée comme le souvenir de nos cérémonies, de nos fêtes, de nos solennités de France fait impression sur nous, quand on se les rappelle, qu'on se les raconte, pour ainsi dire, sur une terre étrangère!....Le chant de nos hymnes, de nos cantiques, fait sur nous l'impression la plus vive.... Moi, surtout, je ne puis pas les chanter sans être ému, et je m'aperçois que les militaires mêmes, en France si indifférents, partagent mes sensations. Ils aiment beaucoup à entendre prêcher; aussi, tous les dimanches, je les régale d'une instruction de ma façon... Mais, enfin, ils s'en contentent.

J'ai su que les journaux vous avaient parlé du

voyage de Mgr dans ces contrées, de sa visite à Bône, à Hyppone, à Constantine, à Philippeville : je ne vous en parlerai pas cette fois ; je pourrai plus tard vous donner quelques détails sur ce voyage, qui n'est pas sans intérêt. Je vous ferai part aussi de ce que j'aurai remarqué dans les mœurs, les usages des habitants de ces pays, du sol, du climat, des animaux, etc. J'aurai aussi quelques anecdotes, quelques épisodes parfois tragiques à vous raconter, mais en voilà bien assez pour aujourd'hui ; je ne sais si vous aurez même le courage de lire jusqu'au bout une lettre qui me paraît si insignifiante, si fastidieuse.

J'aurais dû commencer cette lettre par vous remercier de tout le zèle que vous avez mis à venir au secours de notre pauvre Église naissante de Constantine. Veuillez donc bien recevoir ici toute ma reconnaissance et celle de mon petit troupeau fidèle.., je pourrais dire même, sans crainte de me tromper, celle aussi de nos bons indigènes, musulmans et juifs, à qui nous ne pourrons continuer le bien commencé, sans que nos frères de France nous soutiennent. Jusqu'à présent, c'est par les fonds que le conseil municipal arabe a bien voulu nous voter, que les religieuses peuvent se livrer aux œuvres de charité ; mais nous n'avons pas encore une fondation établie : je pense qu'elle s'établira dans la suite, assez facilement, quand on verra de quelle utilité pour tout le pays sont ces bonnes religieuses.

Je vous prie de détromper toutes les personnes qui se présenteraient à vous, dans la pensée que je veux former ici une colonie... ; il n'en a jamais été question. Du reste, dans l'état actuel des choses cela n'est pas possible, puisque les colons venus de France sont obligés de s'en retourner tous les jours ; et ceux qui restent sont, pour la plupart, dans la plus affreuse misère...

Je dirai demain la sainte messe pour tous les associés de la Propagation de la foi et du Rosaire Vivant, pour toutes les personnes aussi qui veulent bien venir, par leur charité, au secours de notre pauvre Église naissante de Constantine, qu'elles auront vraiment l'honneur *d'avoir fondée*, plus que moi, par leurs ferventes prières et leurs abondantes aumônes. Je les conjure de prier toujours et pour le pauvre pasteur de Constantine et pour son troupeau..., surtout, ah ! surtout, pour ces pauvres brebis qui ne sont pas de la bergerie, et que le souverain pasteur lui a commandé d'aller chercher pour les ramener au bercail, afin qu'il n'y ait plus qu'un seul troupeau et qu'un seul pasteur !....

Continuez, je vous prie, à me donner des nouvelles de Tours.., de la chère et toujours bien-aimée paroisse de Saint-Saturnin ... Mes affectueux sentiments à son bon pasteur, mon ancien et cher confrère... Je n'ai pas besoin de lui recommander les pauvres, je sais qu'il les aime aussi, lui, et qu'ils seront pour lui ce qu'ils étaient pour moi, la partie la plus intéressante, la plus aimée de son troupeau.

Veuillez recevoir la nouvelle assurance de ma respectueuse et bien vive affection.

Votre bien honoré et bien dévoué ami,

SUCHET, *Vic. Gén.*

Je rouvre cette lettre que j'allais mettre à la poste, pour vous dire que le fameux *Hakem* vient de me rendre visite, monté sur un cheval tout caparaçonné d'or et avec une brillante escorte. Il est venu m'inviter à dîner chez lui demain, avec les bonnes religieuses... C'est un honneur qu'on n'a jamais accordé à aucun étranger dans ces pays, pas même aux princes... Cette innovation dans leurs usages, ce bon *hakem* m'a dit qu'il l'a faite en faveur de *notre sainte religion qu'il ne peut se lasser d'admirer, lui et son excellente épouse, ainsi que son vieux père*, qui est, comme je vous l'ai dit, le grand et seul chef de la religion musulmane, pour les provinces de Constantine, de Bône et du Grand-Désert.

Quand il a été sorti, nous nous sommes regardés avec étonnement, les sœurs et moi, et nous nous sommes écriés : *O mon Dieu ! quels sont donc vos desseins sur un peuple dont les chefs rendent un si éclatant témoignage à votre religion?*

Je voudrais bien que la poste ne partît que demain, pour pouvoir vous rendre compte de ce dîner si extraordinaire.... où ces grands personnages veulent bien qu'il n'y ait que *nous seuls*, point d'interprète : la sœur qui sait l'arabe nous en servira.

Ne manquez pas, je vous en prie, de nous envoyer au plus tôt, à l'adresse du lieutenant général, baron de Galbois, commandant supérieur des provinces de Constantine et Bône, votre caisse de livres avec tous les objets de piété que vous pourriez y joindre, surtout des croix et des médailles et de petites statuettes de Marie, notre bonne mère. Je ne doute pas que ce ne soit sa puissante intercession qui a obtenu de Dieu ces heureuses dispositions dans nos Arabes.

Constantine, le 4 septembre 1839.

MONSIEUR ET BIEN CHER AMI,

Il y a aujourd'hui un mois que j'ai reçu votre lettre si désirée. Des courses dans les différents camps, des visites fréquentes aux hôpitaux militaires qui sont encombrés de malades depuis plus de deux mois, les soins que je me suis mis à donner aussi tous les jours aux malades et aux pauvres indigènes, etc., tout cela absorbe tellement mon temps que je n'ai réellement pu vous répondre plus tôt.

Veuillez bien être l'interprète de nos sentiments de reconnaissance auprès des élèves des séminaires d'Orléans et d'Angers, pour les chapelets qu'ils envoient à notre mission de Constantine : ces objets nous seront bien plus précieux, faits par les mains des pieux et saints élèves du sanctuaire. Ces messieurs n'auront pas manqué, en les faisant, de prier pour la conversion des pauvres Musulmans à qui ils seront distribués : il semble qu'une plus grande vertu y sera attachée ; nous ne manquerons pas, au moins, de dire à ceux à qui nous les donnerons, par qui ils ont été faits ; que ces jeunes et zélés *Marabouts* de France ont prié pour eux, et que, peut-être, quelques-uns d'entre eux viendront un jour parmi eux pour se dévouer à leur bonheur.

J'ai lu avec attendrissement la relation lamentable des affreux désastres causés par les orages dans votre infortuné département ; plus d'une fois mes larmes ont coulé à la lecture de ce touchant et remarquable mémoire. Puis-je être indifférent aux malheurs d'un pays, d'un diocèse que j'ai regardé comme le mien, qui m'avait accueilli avec tant de bonté, qui a eu les prémices et peut-être les derniers jours de mon ministère en France?....

Je regrette bien que ma position actuelle ne me permette pas de joindre, dans cette circonstance, ma faible offrande à celle de tous les cœurs généreux, qu'on trouve (je le sais mieux que personne) en si grand nombre à Tours.

Je dois maintenant vous faire, comme je vous l'ai promis, la relation de notre singulier dîner chez le hakem.

D'abord vous vous rappelez que le hakem n'avait invité absolument que les religieuses et moi, parce que c'était *tout à fait un dîner de famille*: c'est ce que j'ai voulu dire quand je vous écrivais que *cette invitation extraordinaire était un honneur qu'on ne faisait pas même aux princes*. On nous reçut d'abord dans un magnifique salon, illuminé avec des lustres et décoré presque à la française, avec cette différence qu'au lieu de chaises et de fauteuils, il n'y avait que de riches coussins en damas et velours, tissus d'or. On avait pourtant préparé pour moi un magnifique fauteuil en velours à franges d'or, où il fallut m'asseoir comme un roi sur son trône. Les religieuses furent placées sur des coussins avec les maîtres de la maison. Je fus à peine assis, qu'une troupe d'esclaves, ayant à leur tête le secrétaire ou *taleb* du hakem, vinrent se ranger en ligne devant nous, les yeux fixés sur leur maître, et prêts à exécuter ses ordres au moindre signe. A un mouvement de main, un de ces esclaves apporta à son maître un flacon d'une eau très-odoriférante dont il nous fit à tous une copieuse aspersion. Après les compliments d'usage, d'une exagération orientale, le hakem se leva et nous fit visiter en détail toutes les richesses de son salon, en nous présentant avec une satisfaction marquée les objets qu'il avait fait venir de France. On nous fit passer ensuite à la salle à manger où, par extraordinaire, on avait dressé une table tout à fait à la française; car vous savez que les Arabes n'ont point de table, point de couvert : ils mangent assis à terre, en prenant avec les doigts les mets placés devant eux. Mais à ce dîner nous avions tous des couverts, nous étions assis autour de la table, sur des bancs recouverts de riches tapis de Turquie, et nous avions pour serviettes les plus beaux cachemires des Indes : nous n'osions vraiment nous en essuyer les doigts ni la bouche. La table était servie avec un luxe tout oriental. La vaisselle était en porcelaine de Chine. Je ne vous dis rien de la prodigieuse quantité de mets qui couvraient cette table, et que dix ou douze esclaves renouvelaient à chaque instant ; en sorte que les plats de différentes couleurs et de différentes formes passaient devant nous presque comme des ombres chinoises. Il fallait pourtant goûter de tous, et malgré toute notre sobriété, nos pauvres estomacs français en reçurent un terrible échec. Tout était parfumé, jusqu'à l'eau que nous buvions ; car, *en bons Musulmans*, on ne nous servit *ni vin*, *ni liqueur*. Au dessert, arriva un grand *Marabout* : il nous fit d'abord de la porte de grands *salamaleks*, puis il entonna un hymne à notre louange, auquel nous ne comprîmes rien. Pourtant, dans le refrain, nous avons pu entendre que, dans les éloges qu'il nous donnait, il ne s'oubliait pas lui-même. Ses grimaces finies, il s'approcha de la table, prit avec ses grands doigts maigres et très-blancs une bouchée de pain avec des mûres, qu'il voulut mettre lui-même dans la bouche de chacun de nous. Nous ne crûmes pas devoir nous refuser à cette singulière cérémonie, après nous être assurés, toutefois, que ce n'était pas un acte de la religion de Mahomet, mais simplement un insigne honneur que le Marabout voulait nous rendre. Après le dîner, on passa dans le salon pour prendre le café. On parla beaucoup de religion : on exaltait la nôtre ; on la trouvait sublime à cause des grandes vertus qu'elle commande, et qu'elle donne le courage de pratiquer.

J'avais apporté une belle feuille d'images, où étaient représentées les quatorze stations de la passion de J.-C., avec des explications et des prières derrière. On était très-attentif aux explications que je fis des souffrances du Sauveur de tous les hommes, et on me témoigna le désir de garder la feuille d'images... Vous pensez que je la donnai avec beaucoup de plaisir ; j'en ajoutai beaucoup d'autres qu'on reçut avec une grande joie, et qu'on me promit de conserver avec respect. Le hakem me fit aussi de petits cadeaux, entre autres la belle bourse qui lui servait habituellement : malheureusement elle était vide. Nous nous quittâmes tous satisfaits les uns des autres, après nous être promis mille fois que nous nous aimerions toujours comme des frères.

Puisque je suis en train de vous parler de dîners et de visites chez nos bons Arabes, je veux vous raconter encore une visite et un petit dîner tout à fait arabe, que nous sommes allés faire à la campagne, chez un des notables du pays qui nous a confié l'éducation de deux de ses fils. Cet homme très-riche est le fils d'un ancien bey de Constantine qui fut tué sous les murs de Tunis, où il était allé porter du secours au bey de cette ville, attaquée alors par les troupes du pacha d'Égypte. Nous allâmes donc, après plusieurs invitations réitérées, le voir dans sa jolie petite maison de campagne qu'on appelle le Jardin, située sur les bords du Rummel, dans un endroit tout à fait romantique. Il nous reçut avec les plus grands honneurs, et avec des démonstrations de la joie la plus franche et la plus vive. Il nous fit entrer aussi dans l'intérieur de sa maison, nous présenta son épouse qui tient aux familles les plus nobles du pays. C'est, dit-on, la femme la plus savante et la plus spirituelle de la contrée, elle était accompagnée de sa jeune fille *Fathma*, âgée de 15 ans; toutes deux étaient émerveillées, enthousiasmées de voir des *marabotes francès* (religieuses françaises) et le *marabout* des chrétiens. Ces pauvres musulmanes, comme vous le savez, ne peuvent jamais voir personne. On s'empressa de nous servir un petit dîner tout à fait arabe, que nous mangeâmes comme eux et avec eux, assis par terre, ou plutôt sur de riches coussins placés sur un beau tapis qui nous servait de table. Chacun prenait avec les doigts et au même plat ce qu'il voulait manger, et nous buvions tous dans la même coupe d'argent, remplie d'eau parfumée. Après le dîner, le mari et la femme voulurent que je leur parlasse de la religion chrétienne. Croyant d'abord que c'était par politesse pour nous (comme étant avec des religieuses et un prêtre), je ne m'empressais pas de satisfaire à leurs questions ; alors ils mirent entre mes mains un livre qu'on appelle Alphabet des Saints, dont chaque lettre sert d'initiale à un nom des Saints les plus illustres de l'Eglise catholique, et le mari me dit avec émotion : J'ai acheté moi-même ce livre à Alger pour m'apprendre la religion catholique que je veux connaître ; je veux que mon épouse et mes enfants la connaissent aussi, et c'est pour cela que je vous ai confié mes deux fils, pour qu'ils apprennent votre religion, en même temps qu'ils apprendront la langue française. Pendant qu'il me parlait ainsi, son épouse regardait fixement la croix que les religieuses portent sur leur poitrine. Elle demanda tout à coup à baiser *Sidnaïssa* (Jésus-Christ.) La sœur lui ayant présenté sa croix, elle la pressa vivement sur ses lèvres.., puis l'ayant retournée et voyant de l'autre côté l'effigie de la sainte Vierge, elle s'écria : *Ah! Lélé Mariem*!.. puis elle la baisa avec attendrissement... Après cette scène touchante et le langage du mari, je ne doutai plus de leur bonne foi. Alors je donnai une petite statuette de la sainte Vierge au mari, une médaille aussi de la sainte Vierge à son épouse et à sa fille. J'aurais bien voulu avoir une croix pour la leur donner. Ils suspendirent aussitôt ces médailles à leur cou. Je leur dis : Puisque vous aimez tant *Lélé Mariem*, il faut lui faire tous les jours, le matin, à midi et le soir, cette petite prière : *Sainte Marie, mère de Dieu, priez pour nous, pauvres pécheurs.*» Aussitôt ils voulurent que je leur répétasse plusieurs fois cette prière, et la femme alla chercher un stylet en roseau dont les Arabes se servent pour écrire, et elle écrivit sur un cahier cette prière, en arabe et en français. Les voyant si bien disposés, je leur récitai, ou plutôt je leur lus le *Pater*, l'*Ave* et le *Credo*, que j'avais fait traduire en arabe ; ils m'arrêtaient à chaque mot pour le leur expliquer ; ils écoutaient mes explications avec un grand respect mêlé d'admiration, et ils me disaient d'une manière très-expressive : » Qu'il est bon votre Dieu ! il est aussi le » nôtre, car nous n'en avons qu'un comme vous «. Ils comprirent assez bien qu'il y a deux natures en Jésus-Christ et une seule personne, et que c'est la nature humaine qui a souffert ; qu'il est mort comme homme et non comme Dieu ; qu'il est *ressuscité*, etc. Ils maudissaient de bon cœur les Juifs qui ont *fait mourir Sidnaïssa si bon*. Ils comprirent aussi assez bien le mystère de l'incarnation et le culte que nous rendons à Marie comme mère du fils de Dieu fait homme... Après cet entretien, qui me jetait dans le ravissement, ils me prièrent avec instance de revenir les voir souvent ; vous pouvez bien penser que je n'y manquerai pas.

Nous allâmes ensuite faire une promenade dans un bois d'orangers, de grenadiers et d'oliviers qui couvre cette campagne ; nous rencontrâmes dans ce bois quelques Kabyles qui travaillaient, d'autres qui dormaient couchés sous les arbres. Le bruit se répandit bientôt dans leur tribu, qui n'est pas loin de là, que le marabout français et les religieuses étaient dans ces parages. Dans quelques instants, nous vîmes arriver le chef de la tribu, gros vieillard à barbe blanche, tout réjoui et très-gracieux : il était accompagné d'une troupe d'autres Kabyles, qui nous apportaient du lait et des fruits. Ce bon vieillard fit mettre à terre ce lait et les fruits ; nous nous assîmes sur l'herbe et nous fîmes avec ces braves et fiers Kabyles un joyeux petit repas. Ces pauvres sauvages n'avaient jamais mangé en meilleure compagnie, aussi ils ne se possédaient pas de joie : je vous laisse à juger si nous étions heureux nous-mêmes.

Il faut vous dire que maintenant, en ma qualité de *marabout* français et sous le patronage des sœurs de Charité à qui je sers *d'aide-major* auprès des malades qu'elles vont visiter, je pénètre dans *l'intérieur* de toutes les maisons arabes, fermées jusqu'alors *à tout homme* quel qu'il soit, excepté au maître de la maison. Je suis reçu et fêté encore plus que les sœurs de Charité, parce qu'ils savent que le *marabout français* est beaucoup au-dessus d'elles ; aussi ils m'appellent tous *mon Père* : (*Babani*) ; je crois qu'il n'y a que ce moyen qui puisse mettre les prêtres en rapport intime avec les Musulmans, et leur donner auprès d'eux une grande influence. En conséquence, je m'applique en ce moment à faire un petit cours de médecine pratique.

Ce cours m'est d'autant plus facile à faire, que tous les jours nous recevons, comme je vous l'ai déjà dit, plus de 80 à 100 malades arabes qui viennent se faire panser et soigner à notre infirmerie. Deux médecins français viennent, tous les deux jours, donner leurs prescriptions que j'écris et fais exécuter moi-même, en me mettant aussi à l'œuvre, au besoin. Dieu a semblé bénir cette manière de faire le bien à ces pauvres indigènes; c'est du reste ce que faisaient les apôtres, excepté qu'ils n'avaient pas besoin de médecine, et que par une seule parole, ils guérissaient les malades, et ressuscitaient les morts. Encore une fois, que n'avons-nous leur sainteté!..... Le bras de Dieu n'est pas raccourci.., nous verrions sans doute se renouveler les mêmes prodiges... Enfin, Dieu n'a pas manqué pourtant de venir à notre secours. Monsieur le lieutenant général baron de Galbois, à qui la religion devra tous les succès qu'elle a obtenus jusqu'à présent dans ces contrées qu'il a su pacifier, et pour le bonheur desquelles il semble s'être dévoué tout entier, ce digne commandant supérieur de cette province vient d'être l'instrument dont Dieu s'est servi pour une œuvre de charité qui aura, je n'en doute pas, les plus heureux résultats. Depuis quelque temps je lui avais demandé s'il n'y aurait pas possibilité de régulariser davantage les soins que les sœurs donnent aux malades et aux pauvres, et de les étendre sur un plus grand nombre d'individus, et surtout de les rendre plus efficaces, en faisant allouer par les Arabes eux-mêmes, des fonds pour l'établissement d'un hospice pour les indigènes et d'une caisse de bienfaisance pour les aumônes qu'on pourrait distribuer plus régulièrement à leurs pauvres. Monsieur le général accueillit ma demande avec le plus grand empressement. Il proposa, dès le lendemain, aux notables indigènes de la ville, la fondation de ce double établissement. Cette proposition fut accueillie avec joie, et ces bons Arabes ont voté, séance tenante, des fonds pour l'établissement d'un hospice indigène et d'une caisse d'aumônes, sous la direction de nos bonnes sœurs de Charité. On mit aussitôt la main à l'œuvre, et une grande et belle salle, attenant à notre mosquée catholique, a été convertie, arrangée en salle de malades, et aux premiers jours du mois prochain, notre hospice sera en plein exercice. Ce sera, je crois, le premier hospice indigène fondé par les Arabes en Algérie. Monseigneur l'Evêque d'Alger, qui, dans cette circonstance comme dans toutes celles où il s'agit de charité, de gloire de Dieu, etc., n'est pas resté en arrière, a souscrit, à lui seul, pour une somme de *mille francs*, en faveur de cet hospice auquel il a voulu donner le nom de *Saint-Joseph*. Je crois que c'est par des établissements de charité que la religion pourra être connue et admirée dans ces pays... N'est-ce pas aussi de cette manière que Jésus-Christ, notre divin modèle, a commencé sa mission?.. Il guérissait les malades, il nourrissait les pauvres. C'est donc vers ces œuvres de charité que nous devons, je crois, diriger tous nos efforts. Le soulagement des pauvres et des malades, le dévouement pour tous les genres d'infortune, la charité chrétienne enfin, ici plus que partout ailleurs, voilà la prédication la plus éloquente, la plus persuasive. Ce ne sont pas des prédicateurs qu'il faut dans l'Algérie; des prêtres saints, d'un zèle actif et prudent, d'une charité sans bornes, des prêtres qui connaissent un peu la médecine et qui puissent soigner les malades et soulager les pauvres, peuvent seuls opérer un bien véritable parmi ces peuples si bien disposés.

Le jour de Saint-Augustin, Monseigneur d'Alger est venu poser la première pierre de la chapelle qu'il fait élever à ce grand Saint sur les ruines d'Hyppône, au nom de tous les évêques de France qui se sont tous empressés de répondre à l'appel que Monseigneur leur avait fait de venir l'aider dans cette pieuse entreprise. Cette fois, toutes les autorités militaires et civiles de Bône assistaient à cette touchante cérémonie. La messe fut célébrée par Monseigneur sur l'emplacement même de la chapelle, au bruit des fanfares et de la musique militaire. Monseigneur lui-même doit envoyer la relation de cette cérémonie à la Propagation de la foi; je ne vous en dirai pas plus long.

Je vous prie d'être l'interprète de tous mes sentiments envers tous ceux qui veulent bien encore parler de moi. Je me recommande bien à leurs prières, et leur recommande aussi mes bons Arabes.

Priez pour moi, et croyez-moi toujours votre bien honoré et votre plus tendrement attaché ami.

SUCHET, *Vic. Gén.*

Constantine, 23 septembre 1839.

MON CHER AMI,

J'ai un peu tardé à vous écrire, et depuis trois mois je n'ai presque écrit à personne, à cause d'un genre d'occupation que j'ai entrepris depuis ce temps-là, et dont l'apprentissage absorbait une grande partie de mon temps. C'est l'étude de la médecine pratique et le soin des malades et des pauvres indigents. Me voilà maintenant à l'œuvre comme une sœur de Charité, tâtant le pouls, pansant les plaies, soignant les malades dans notre infirmerie, et allant, comme les sœurs, les visiter à domicile. C'est à ce dernier genre de soins que j'attachais le plus d'importance, et qui me paraissait devoir obtenir les plus heureux résultats pour mon ministère. Je ne me suis pas trompé; maintenant, chose inouie, je suis reçu *dans l'intérieur* des maisons arabes; je puis maintenant, par mes œuvres, leur dire que notre religion et le ministère d'un prêtre, sont un ministère, une religion de charité; je puis enfin leur prouver que je les aime comme des frères.....

C'est, je crois, le seul moyen de leur prêcher notre religion, de la leur faire admirer, aimer peut-être.... et de l'amour au désir de la connaître, il n'y a qu'un pas.

Je vous dirai que j'ai été un peu humilié de la publicité qu'on a donnée à mes lettres. Je ne les avais pas écrites pour qu'on les fît imprimer. J'ai craint que l'œuvre de Dieu souffrît d'être ainsi divulguée. Mais le but excuse tout... Il est si beau !.... Le soutien, ou plutôt la formation de la pauvre Eglise naissante de Constantine qui ne peut, humainement parlant, se soutenir que par la charité, les aumônes de nos frères de France... Je suis si heureux de penser que ce sont les Tourangeaux, et surtout les bons et chers paroissiens de Saint-Saturnin, qui ont pris l'initiative... Je n'ai pas besoin de vous le répéter; colons et indigènes, catholiques et musulmans, tous sont reconnaissants de ce que les habitants de la *Bled el Tours* ont fait pour leur église naissante.

Encouragé, soutenu surtout par vos secours, je viens de faire faire un superbe confessionnal en *style arabe* pour servir de pendant à notre magnifique chaire de Mahomet, dont je vous ai parlé. Les connaisseurs le regardent comme un petit chef-d'œuvre en son genre. J'ai découvert dans les décombres d'un ancien palais, deux magnifiques coupes en marbre blanc, dont une nous sert de fonts baptismaux et l'autre de bénitier. Je viens de déterrer encore quatre jolies petites colonnes en marbre blanc et en marbre noir, que j'ai fait placer sur des gradins, aussi en marbre blanc, pour commencer notre autel de la sainte Vierge.

Une belle niche est préparée pour la statue que M. N..... a bien voulu nous faire confectionner à Lyon, au nom des bons Tourangeaux. M. l'abbé N..... vient de m'annoncer qu'elle vient de nous être expédiée... Quel bonheur de penser que cette belle statue est *un don de la paroisse de Saint-Saturnin de Tours à l'Eglise naissante de Constantine !*.... A combien de titres cette image de *Marie notre bonne mère*, va nous être chère !...

Puisque j'ai commencé à vous parler de moi, je vais vous dire quelles sont mes occupations ordinaires. D'abord l'administration de ma paroisse ne m'occupe pas beaucoup. J'ai dit qu'il y avait au moins 400 colons à Constantine, et il n'y en a, tout au plus, que 250 : voilà tous mes paroissiens catholiques... Mais, comme je mets au nombre de mes plus chers paroissiens les *vingt-cinq mille indigènes*, ma paroisse acquiert une certaine importance. Néanmoins les mariages, les baptêmes et les enterrements ne m'occupent pas beaucoup; je n'ai point non plus de longues séances au confessionnal. J'ai le bonheur de célébrer la sainte messe tous les jours; mais je n'ai presque personne qui y assiste. Le dimanche je la dis à neuf heures ; c'est une messe militaire à grand orchestre, à laquelle assistent très-régulièrement et pieusement, M. le lieutenant général, les principaux officiers de la garnison de

Constantine et un détachement de soldats. Nos *quelques colons* y viennent aussi, mais souvent nos Arabes et nos Juifs sont en majorité. Nous avons les vêpres à trois heures, puis le chant des cantiques et le chapelet; nous avons aussi à cet exercice quelques bons militaires et quelques Arabes. Je visite aussi souvent *les cinq* hôpitaux militaires de Constantine, qui ont, dans ce moment ci, près de *huit cents* malades; ce sont eux qui me donnent le plus d'enterrements à faire, quoique, grâces à Dieu, ils ne soient pas trop fréquents. Au premier enterrement que je fis, je ne saurais vous dire ce qui se passa dans mon âme: c'était ma *première cérémonie publique.*

C'était la première fois que la croix du Sauveur des hommes était portée dans les rues de Constantine.... La chose qui me frappa davantage, c'est que les enfants de chœur et moi, qu'on voyait pour la première fois en habit de chœur dans les rues; nos chants, l'imposante escorte de militaires qui accompagnait le convoi funèbre, ces roulements lugubres de tambours couverts d'un drap noir, ces décharges de fusils, etc., toute cette cérémonie enfin, si nouvelle et si extraordinaire pour ces bons Arabes, paraissait moins les surprendre, les toucher que la vue de la croix sur laquelle semblaient se porter tous leurs regards et toute leur attention... Oh! comme je priais de bon cœur et avec attendrissement en passant dans les rues de Constantine, au milieu de cette foule de peuple qui obstruait mon passage!.. Je priais, non-seulement pour le mort que j'accompagnais à sa dernière demeure, mais plus encore pour tous ces peuples mulsulmans et juifs que les ténèbres de l'erreur enveloppent comme dans un linceul et que l'ignorance et la corruption retiennent comme des morts dans leur sépulcre... Jamais les psaumes et les prières des morts ne m'avaient paru plus touchants que dans cette circonstance où je les appliquais à tous ces peuples infidèles de l'Afrique et surtout de Constantine. Tout le cortége semblait partager mes sentiments. MM. les sous-officiers firent placer sur la tombe du défunt cette inscription : *Ici repose le corps de Jean-Louis-Emile de la Morlière, sergent-major au 23e régiment de ligne, né le 22 août* 1815, *à Saint-Quentin (Aisne), décédé à Constantine le* 13 *juin* 1839. *Le premier, depuis* 1,400 *ans, inhumé à Constantine avec la pompe des cérémonies religieuses de l'Eglise Catholique.*

Je vous ai promis dans une précédente lettre de vous parler de l'aspect du pays que j'habite: Ce ne sera pas la plus belle page de mes descriptions.

L'Algérie en général, mais surtout la province de Constantine, ressemble, en ce *moment*, à un vaste désert. Point d'arbres, pas la moindre verdure, pas un brin d'herbe ; partout une terre desséchée, brûlée ; des montagnes dépouillées, des rochers nus, rien pour reposer, pour récréer la vue, pas même une seule masure qui annonce au moins que des hommes habitent ce désert : car vous savez que les tribus sont rares et éloignées les unes des autres. Et puis, la vue de ces quelques tentes en poils de chameaux, noires et déchirées, où se réfugient quelques Arabes de couleur cuivrée, couverts de haillons, n'est pas un spectacle bien ravissant. Quels contrastes frappants, nous disions-nous tous, pauvres exilés, quand, dimanche dernier, du haut du rocher où est située Constantine, nous jetions les yeux autour de nous, et que nous comparions cette triste contrée à nos belles campagnes de France, à ces arbres, à ces prairies, à ces rivières, à ces superbes maisons de campagne,.. *à cette vie* surtout qui anime tout ce sublime tableau... Ici, tout est silencieux, tout est mort.., on n'entend pas même le chant d'un oiseau; du reste, il n'y en a presque pas, on ne voit que quelques hirondelles qui nous viennent sans doute de France... (Peut-être de la grande fenêtre du fond de l'église des Carmes...) Puis quantité d'oiseaux de proie, des aigles, des vautours, des faucons, des cigognes, etc. Puisque j'en suis à la gent volatile, je vous dirai qu'elle n'est pas sauvage comme en France; des hirondelles sont si familières qu'elles nous deviennent même importunes dans nos maisons où elles entrent et s'établissent absolument comme chez elles. Les cigognes font leurs nids sur le toit des maisons qui sont naturellement basses; elles semblent prendre plaisir à amuser les passants par le claquement précipité et cadencé de leur bec, et en leur montrant, avec un orgueil de mère, comment elles soignent leurs petits dans leurs nids... Ce qui n'est pas aussi amusant de leur part, c'est qu'elles apportent sur nos toits d'énormes serpents vivants dont elles se nourrissent, elles et leurs petits, et ces serpents, qui leur échappent souvent, se glissent sous les tuiles et s'insinuent ainsi dans nos maisons, et nous font des peurs épouvantables. L'autre jour, j'entendis de l'église, crier une de nos sœurs de Charité qui était aux prises avec un de ces reptiles de plus de trois pieds de long, et gros, sans exagération, comme le bras d'un petit enfant : j'accourus à l'instant, et j'eus le bonheur de le tuer, et de finir ainsi un combat qui aurait pu devenir tragique pour la pauvre sœur. Pour garder le souvenir de cet événement mémorable, les sœurs ont voulu que l'énorme serpent fût empaillé et conservé, suspendu au plancher de leur salon. Quelques jours après, j'en tuai un autre de la même taille, au moment où il entrait comme moi dans notre église. Il y a aussi quantité de scorpions très-venimeux, mais il s'en trouve heureusement peu à Constantine. Pour les quadrupèdes, ils sont en général peu farouches, peu sauvages, excepté les lions, les hyènes, les tigres, etc. Je n'ai pas encore vu de lions, mais j'ai vu des hyènes, des tigres, etc. Ces animaux sauvages sont assez rares dans cette contrée dépourvue de bois; cependant on voit assez fréquemment des hyènes et des chacals, venir jusqu'aux portes de la ville enlever des bestiaux et déterrer les cadavres pour les dévorer. Nous avons ici quantité de chameaux dont vous connaissez l'usage. Le cheval arabe, si vif, si fougueux, si léger dans les courses et dans les combats, est d'un naturel très-doux, très-docile; il est intelligent, caressant même. Les autres animaux domestiques sont d'une docilité, d'une patience à toute épreuve; excepté le chien, qui n'est doux et familier qu'avec son maître. On voit aussi quelques gazelles: c'est bien le plus joli animal que j'aie pu voir; elles s'apprivoisent très-facilement. Il y avait, dit-on, quantité de singes dans les rochers et sur les montagnes de Stora et Philippeville; mais on n'en voit presque plus depuis que nos armées occupent ces parages.

Il semble que dans l'Algérie, quoique peu éloignée de la France, l'aspect du ciel n'est plus le même. Le ciel est constamment pur depuis près de six mois, et d'un bleu magnifique, surtout la nuit. Les astres, la lune surtout, nous semblent plus rapprochés de la terre. Peut-être que, la terre étant plus arrondie, à mesure qu'on s'avance vers l'équateur, nous paraissons plus élevés qu'en France. Les nuages, qui sont assez rares dans cette saison-ci, sont constamment très-bas. Les jours, en été, sont bien plus courts qu'en France, et diminuent plus rapidement. La chaleur est excessive depuis le mois de juin jusqu'à la fin d'août. Le thermomètre a marqué souvent alors 36 degrés, à l'ombre, et 45 ou 50, au soleil. Aussi, depuis le mois de juin jusque vers la fin de ce mois de septembre, le tambour bat la *retraite* à 10 heures du matin, et la *diane* à 2 heures du soir. De 10 à 2 heures, les soldats sont retirés dans leurs casernes pour dormir. Pendant ce temps-là, les rues de la ville sont presque désertes... Depuis plus de deux mois, nous avons eu à Constantine et dans toute la province un nombre prodigieux de malades, presque tous de la fièvre; c'est une espèce d'épidémie qui dure encore. Pour moi, grâces à Dieu, je ne me suis jamais mieux porté; seulement les chaleurs m'ont donné des espèces de lassitudes, pendant lesquelles il m'eût été impossible d'écrire. A présent la chaleur est plus supportable; son maximum, depuis quinze jours, n'a pas dépassé 25 degrés.

Je vous ai dit qu'il ne pleut pas, ou très-rarement, pendant au moins 6 mois de l'année. Quelquefois, assez rarement, il s'élève un vent qu'on appelle vent du désert ou *siroco*. Ce vent est accablant par l'excessive chaleur et la poussière extrêmement fine qu'il nous apporte du désert; il est quelquefois si véhément qu'il renverse et emporte tout, comme dans une tempête. Alors la poussière qu'il entraîne est tellement dense, que le ciel en est tout à fait obscurci, comme à l'approche d'un affreux orage; et quand il pleut un peu pendant que ce vent souffle, les gouttes de pluie, en traversant l'air, se mêlent avec cette poussière: alors il tombe une pluie de boue : j'ai déjà été plusieurs fois témoin de ce phénomène.

Je ne vous parlerai pas bien au long de notre vie matérielle. Nous autres Français et Européens, nous vivons à peu près comme en France, avec le pain et le vin que vous nous envoyez, mais que vous nous faites payer horriblement cher. Pour la viande, le pays en fournit, ainsi que le beurre et le lait, mais presque point de fruits : les chaleurs excessives les sèchent avant qu'ils arrivent en maturité. Nous n'avons que des figues, d'abord comme celles de France, puis d'autres qui ne leur ressemblent nullement, et qu'on appelle figues de Barbarie. Ce pays en produit une quantité énorme : elles sont le fruit de cette plante qu'on appelle en France *cactus*. Puis nous avons encore les fameuses et excellentes *dattes* du désert. Le *cheik-el-arab*, ou chef du grand désert, vient de m'en envoyer une prodigieuse quantité ; si je ne craignais pas que le transport fût trop cher, je vous en enverrais une grande caisse pour en régaler votre famille, et tous mes amis privilégiés des Carmes, parmi lesquels votre bon et excellent curé, Monsieur Voisine, tient le premier rang. J'ai reçu avec un indicible plaisir son aimable lettre. Les détails qu'il a bien voulu me donner sur sa paroisse qui me sera toujours si chère, m'ont fait verser de bien douces larmes...

ites-lui bien, en lui renouvelant mes très-affecueux sentiments, que je compte lui répondre e plus tôt possible.

Je viens de faire, sur le *Mansoura*, une proenade dont je veux vous rendre compte. Le *Iansoura* est une montagne très-près et à 'est de Constantine : au pied de cette montagne, t proche du pont *El Kantàra*, il y a une fonaine très-abondante qui fournit de l'eau à presue toute la ville. Les jeunes filles juives y vienent puiser de l'eau avec l'amphore ou cruche sur 'épaule, comme du temps de Rachel. Elles porent aussi le même costume ; elles sont telles enfin u'on nous les représente dans les anciennes graures ou tableaux. A mi-côte, et sur une assez elle et vaste plate-forme, se trouve notre cimetière, u cimetière des Chrétiens, au milieu duquel j'ai fait lanter une grande croix qu'on peut voir de tous les oints de la ville. C'est la première croix plantée exérieurement dans ce pays infidèle. Elle n'est là, ce emble, que pour protéger l'asile des morts... Hélas ! ous les peuples de ces contrées ne sont-ils pas omme ensevelis dans les ténèbres du tombeau !... spérons que, par la vertu de cette croix, ils se éveilleront enfin de ce sommeil de mort, et qu'ils ouvriront les yeux à la lumière de ce soleil de vérité, de justice et de miséricorde qui luit maintenant sur eux !.. Monseigneur l'évêque d'Alger a bien voulu bénir solennellement ce cimetière, lors de sa première visite à Constantine. Cette plate-forme est sans doute l'emplacement d'un superbe palais et de ses magnifiques jardins, à en juger par quelques restes de fortes murailles, de voûtes assez bien conservées, et de débris de mosaïques que j'y ai trouvés en me promenant avec Monseigneur. Arrivé presque sur le sommet de cette montagne, je fus surpris d'y trouver une belle fontaine, auprès de laquelle étaient accroupies deux pauvres négresses esclaves qui lavaient du linge. Quoique musulmanes, elles ne baissèrent pas leur voile en me voyant: elles m'avaient reconnu pour le *marabout francès;* elles parurent même fort contentes de me voir, et me firent un profond salut que je leur rendis; puis je continuai ma promenade. Arrivé au haut de la montagne, je trouvai une assez vaste plaine qui avait été ensemencée cette année. J'y remarquai aussi les restes des circonvallations improvisées par les Français, lorsqu'ils firent les deux siéges de Constantine. En suivant ces cimes, qui deviennent plus escarpées en avançant vers le Sud, j'admirai encore de beaux débris de fortifications romaines, génoises et espagnoles. En marchant toujours dans la même direction, je me trouvai au milieu d'énormes blocs de rochers qui paraissent comme suspendus, et qui semblent avoir été jetés là *par les géants, fils de la terre, quand ils faisaient la guerre aux enfants du ciel.* Je découvris avec surprise dans ces lieux-là quantité de cavernes qui m'ont donné une idée de ce que pouvaient être les antres de la Thébaïde, illustrés par tant de saints solitaires... Qui sait si, du temps de *Cyrta chrétienne*, alors que les Vandales persécutaient avec tant d'acharnement les chrétiens d'Afrique, et détruisaient leurs villes; qui sait si ces grottes n'ont pas servi de retraites aux chrétiens persécutés de Constantine, ou à quelques pieux anachorètes? Toujours est-il vrai que ces rochers, dont un grand nombre sont taillés par la main des hommes, en forme de maisons, ont été habités. J'ai remarqué une de ces cavernes, qui était plus vaste que la métropole de Lyon, d'une hauteur prodigieuse, et très-bien éclairée par le haut: elle a bien pu servir d'église aux chrétiens, dans les temps de persécution; elle sert maintenant à abriter les chameaux et les mulets des Bédouins et des Cabaïles qui viennent vendre leurs denrées à Constantine.

Du haut de ces rochers, la vue est magnifique: au Sud-est, et tout près de vous, la vue se repose sur les jolis jardins très-verts et très-bien cultivés des militaires de la garnison de Constantine. Ces jardins contrastent agréablement avec les collines et les champs secs et brûlés qui les avoisinent: ils sont entourés par la rivière du *Bou-mer-Soug* qui les arrose, et qu'on aperçoit au loin, dans l'enfoncement des montagnes. Tout à fait au Sud, on voit, dans un pays assez découvert, le *Rummel* (ou *Oued-el-kbii* la *grande rivière*), qui coule en serpentant jusqu'au pied du Mansoura où elle reçoit les eaux du *Bou-mer-Soug*.

Au confluent de ces deux rivières, se trouvent les restes assez bien conservés d'un aqueduc qui portait les eaux du *Bou-mer-Soug*, sans doute, dans un vaste château d'eau, dont on voit encore les immenses voûtes, aux portes de Constantine, sur le versant d'une petite colline qu'on appelle *Cou-dia-ta-ty*. C'est au bas des ruines de ce château d'eau, que le général Damrémont a été tué... Non loin de cet aqueduc dont je viens de parler, et en remontant la rive droite du *Rummel*, on voit une tribu avec ses tentes noires, sur un terrain absolument sec et brûlé, comme l'est, du reste, maintenant tout ce pays, depuis le désert de Sahara jusqu'à la mer. Plus loin, sur la rive gauche et sur le versant d'une colline, on aperçoit encore une autre tribu. Toutes ces tentes basses et noires, vues de loin, placées sans ordre sur une terre dépouillée, ne ressemblent pas mal (pardonnez-moi la comparaison) à ces tas de fumiers dispersés sur nos terres de France qu'on veut engraisser avant de les ensemencer; au couchant, Constantine se développe majestueusement et presque sous vos pieds; elle n'est séparée du *Mansoura* que par un affreux précipice, au fond duquel mugissent les eaux du Rummel. Cette ville est comme assise sur cet immense roc escarpé de tous côtés, et qui se penche un peu vers la rivière. Elle forme une espèce de carré long, aux deux extrémités, du côté du Mansoura; elle se termine par deux pointes qui s'avancent l'une au nord, l'autre au midi. Au pied de celle-ci, le Rummel s'engouffre avec fracas dans une masse de rochers très-resserrés; il poursuit son cours dans ce profond encaissement, autour de plus des deux tiers de la ville, du Sud au Nord-Ouest. En quittant la ville, il se précipite du haut des rochers, et forme cette belle cascade dont je vous ai déjà parlé.

A la pointe nord, on voit le pont surprenant d'*El-Kantara*, et la large crevasse de rochers à travers laquelle on découvre une vaste et magnifique campagne qu'on appelle, avec raison, *les Jardins*, *el-Djnem*, au milieu desquelles coulent les eaux du Rummel, devenues tranquilles et paisibles.

Dans le fond de cet imposant tableau et à 7 ou 8 lieues de là, s'élèvent de hautes montagnes qui forment autour de Constantine comme une énorme ceinture presque toujours blanchie par la neige, pendant près de quatre mois de l'année.

Que vous dirai-je maintenant de l'aspect de la ville, vue de cette montagne, de ses vingt-huit ou trente mosquées, de ses hauts minarets, qui, de là, apparaissent au milieu de cet amas de masures qu'on appelle maisons, et de cours étroites d'où s'élèvent d'énormes ifs d'un vert sombre, comme de superbes et blancs mausolées élevés à côté de modestes tombes couvertes de terre noire et ombragées de cyprès?.... C'est ainsi, ce me semble, que toute ville infidèle doit apparaître à des yeux chrétiens ; mais, pour Constantine, c'est la seule pensée, la seule impression qui vienne au cœur de tout homme réfléchissant, qui voit cette ville du haut du *Mansoura*. En redescendant cette montagne, je rencontrai une Bédouine avec ses deux jeunes filles, qui venaient en ville voir des parents. Avec le peu d'arabe que je sais, je me mis en rapport avec elles : je compris qu'elles étaient pauvres, et je leur donnai quelques pièces d'argent.... Elles se jetèrent aussitôt à mes pieds, embrassant le bas de ma soutane..., en me disant que c'était Dieu qui m'avait envoyé sur la terre pour leur faire du bien; que le *marabout françès* était un saint.., et que, si je voulais aller dans leur tribu, on me regarderait et on m'aimerait comme un père...... Ces naïves démonstrations m'arrachaient les larmes des yeux..., je leur donnai aussi quelques médailles, en leur disant que c'était Dieu, dont *Lélé Mariem* est la mère, qui me disait d'être leur ami et de leur faire du bien, et qu'il fallait bien l'aimer: elles me promirent de l'aimer et de le prier comme moi.... O mon Dieu ! vous les avez entendues !......

Tous les environs de Constantine, et plus encore l'endroit où est située la ville même, ont l'aspect d'un pays qui a été tourmenté, bouleversé par les volcans ou les tremblements de terre : rien n'est à sa place ; les rochers, les montagnes, les vallées mêmes ne semblent pas posées dans leur état naturel.

Ce désordre dans la nature du sol semble avoir passé dans la construction de la ville : à chaque pas ce ne sont que des ruines superposées, sans ordre.... Celles qui touchent le sol et qui s'élèvent en beaucoup d'endroits à la hauteur d'un mètre, sont évidemment les ruines de l'ancienne ville romaine, et paraissent indestructibles. Sur celles-là, on voit des blocs de pierres énormes déplacés ; des fûts de colonnes, des pans de chapiteaux renversés, des frises, des pierres tumulaires, des frontons, etc., jetés pêle-mêle et comme à la hâte, en forme de murs : c'est là sans doute la première reconstruction de la ville par les Romains, un instant vainqueurs des Vandales. Au nombre de ces *reconstructions*, j'ai remarqué une chapelle assez grande, bâtie dans l'intérieur d'un ancien et vaste temple détruit.... C'est sur cette première *reconstruction* que s'en élève une seconde. Les maisons actuelles des Arabes sont, comme vous le savez, bâties en terre qu'on pétrit et qu'on arrange à la façon de nos briques ; mais on ne les fait pas cuire ; en sorte que rien n'est moins solide que les maisons de Constantine : aussi il ne se passe pas de semaine qu'il ne s'en écroule quelques-unes..... Puisque j'en suis à la description de la ville de Constantine, vous ne seriez peut-être pas fâché de connaître ce qu'en a écrit un capitaine du génie, pour prouver que Constantine actuelle est bien l'ancienne Cyrta, capitale de la Numidie.

Cette notice complètera tout ce que j'ai pu vous dire sur cette ville, à laquelle semble se rattacher tout l'avenir de notre colonie en Afrique.

« Je vais, dit-il, rappeler dans cette Notice, » toutes les choses qui ne permettent pas de douter » que Constantine actuelle ait été la *Constantina* » du bas empire, et *la Cyrta* du haut empire et » des Numides.

» Le synonyme de Constantine du bas empire et » de *Keçonntina* des Arabes est établi par deux » inscriptions qui se trouvent gravées sur les pare- » ments de deux des trois arceaux qui existent » encore aujourd'hui de toutes pièces au carrefour, » formé par les rues *Combes* et *Cahoreau*. Ces » inscriptions nous apprennent que *Claudius Au-* » *relianus, chef de l'ordre des Patriciens de* » *Constantine, agissant au nom et pour les mem-* » *bres de cet ordre, a fait ajouter un Tétrapylum* » *et des portiques au lieu de réunion des sénateurs* » *de la ville de Constantine.* (Constantianam » Curiam), *et que le travail a été terminé par* » *Julius Damasius*. Chacune des deux inscriptions » contient en toutes lettres ces mots : *Constantiana* » *Curia*. Il reste de cette Curia, les trois côtés » du Tetrapylum, placés, comme nous l'avons » déjà dit, au carrefour des rues Combes et Caho- » reau; deux arcs, ayant dû appartenir au bâti- » timent avant l'adjonction du Tétrapylum et des

» portiques, l'un dans la rue Caraman, l'autre
» dans la rue Cahoreau, et quelques grands pans
» de murs, au moyen desquels il sera peut-être
» possible de retrouver le tracé de la *Curia*. Ces
» restes n'ont pas été touchés par les Arabes; cha-
» cune des deux inscriptions est bien en place; l'une
» occupe treize pierres, l'autre en occupe douze.
» Ce monument étant donc évidemment le lieu
» d'assemblée des décurions, ou sénateurs, ou
» patriciens de Constantine, il est clair que la
» ville de Constantine actuelle est la ville de *Con-*
» *stantina* du Bas-Empire.

» Quant à la synonymie de Cyrta et de Constan-
» tine, elle nous est donnée par *Aurélius Victor*,
» historien latin, originaire d'Afrique, et qui
» écrivait vers 378 de Jésus-Christ, environ
» 40 ans après Constantin. Aurélius Victor
» nous apprend qu'*Alexandre*, préfet du pré-
» toire, ayant refusé de reconnaître Maxence com-
» me empereur, se fit proclamer Auguste, à Car-
» thage, en 307 de Jésus-Christ. Maxence envoya
» contre lui une armée considérable, commandée
» par *Rufus Volusianus*, son préfet du prétoire.
» Rufus Volusianus défit Alexandre dans une pre-
» mière rencontre, et s'empara de Carthage qu'il
» pilla et ravagea. Alexandre se retira à Cyrta
» dont Rufus Volusianus vint faire le siége. Après
» une longue défense pendant laquelle la ville eut
» beaucoup à souffrir, Cyrta fut prise et ravagée
» comme l'avait été Carthage, et Alexandre, fait

» prisonnier, fut mis à mort en 311 de Jésus-Christ. » En 312, Maxence ayant été vaincu, et ayant eu » la tête tranchée, l'Afrique passa sous la domina- » tion de Constantin le Grand, qui, sentant de » quelle importance était pour l'empire la place de » *Cyrta*, la fit remettre en état, en y ajoutant » quelques monuments d'utilité publique. C'est » alors que le nom de *Cyrta* fut changé en celui de » *Constantina* que cette ville a conservé jusqu'au- » jourd'hui. Le texte *d'Aurelius Victor* est formel : » *Cyrtæ oppido, quod obsidione Alexandri cecide-* » *rat, reposito ornatuque nomen Constantinæ in-* » *ditum*. Et, comme nous l'avons dit, *Aurelius* » *Victor*, historien et antiquaire, était africain, et » n'écrivait que 66 ans après les événements qui » avaient amené ce changement de nom. »

(Suivent ici d'autres preuves tirées de la distance des villes de *Mila, Rusicada, Sigus* relativement à Constantine). Cette intéressante notice se termine ainsi :

» Cyrta, au temps de la domination des Numi- » des, ayant été la résidence royale, et, au temps » de la domination des Romains, ayant été la rési- » dence du personnage consulaire à qui étaient » confiés l'administration et le gouvernement de la » province de Numidie, a nécessairement contenu » un grand nombre d'édifices considérables. Aussi, » bien que Constantine n'ait jamais cessé d'être » habitée, y retrouve-t-on encore de grandes traces » de son ancienne splendeur.

» L'aqueduc qui traverse le Rummel, au con- » fluent de cette rivière avec le Bou-mer-Soug; » les ruines du pont sur le Rummel en amont de » cet aqueduc; les ruines d'un énorme château » d'eau sur le *Cou-dia-ta-ty*; les vestiges d'un » édifice en marbre, sur la rive droite du Rummel, » au-dessous du Bardo; les culées du grand pont » sur le Rummel, à *bab-el-kantara*; les traces » d'un cirque dont *Kasr-goula-de-Shair* était la » porte triomphale, et dans le mur d'enceinte du- » quel se trouvait la fontaine nommée aujourd'hui » *Ain-el-Mezzeb;* un théâtre dont la corde est » de 80 mètres; les culées de deux aqueducs tra- » versant le Rummel, entre *el-Kantara* et le ma- » rabout de *Sidi Bachid;* les citernes du jardin de » *Ben-aïssa;* les vingt citernes dont parle le savant » docteur *Shan*, situées à la *Kasbah;* l'enceinte » actuelle de la *Kasbah*, dont la construction date » de deux époques différentes; l'enceinte romaine » sur un tiers environ du pourtour de la ville, » avec ses grandes tours carrées et leur citernes; » la Curia dont restent encore quelques murs; le » Tetrapylum et deux arcs de portiques; les murs » d'une église chrétienne rebâtie par Constantin; » les fondations d'un ancien temple, dont les co- » lonnes ont 1 mètre 72 centimètres de diamètre » au fût, et 2 mètres 5 décimètres de diamètre à la » base; la voûte des bains chauds de *Sidi Mi-* » *mounn;* toutes les maisons de la ville établies sur » des murs romains, dont quelques-uns conservent

» encore jusqu'à 3 mètres hors de terre, et bâties » aux étages inférieurs avec des matériaux ro- » mains; partout des inscriptions dont quelques- » unes indiquent que les monuments auxquels elles » appartenaient, ont été élevés par les habitants de » *Sigus* ou par ceux de *Rusicada;* des fûts de colon- » nes de différentes grosseurs, qu'on rencontre à » chaque pas; des pierres tumulaires, etc.... Tels » sont les monuments qui nous attestent l'ancienne » importance de Constantine, et qui, comparés aux » vestiges que l'on retrouve dans les autres villes » de l'ancienne Numidie, ne nous permettent » pas de douter que nous sommes bien dans la ca- » pitale de cette province. »

J'ai reçu, il y a huit jours, les deux caisses que vous m'avez expédiées de Tours, par l'entremise du ministère de la guerre. Rien n'a été avarié; tout est arrivé très-frais, très-beau, tel enfin qu'on l'a déposé dans les caisses. Nous avons été agréablement surpris de voir cette quantité d'objets de votre charité pour notre pauvre église. Nous ne nous attendions pas à pareil envoi. Merci, merci, mille fois merci. Nous voilà maintenant montés comme une petite cathédrale; deux beaux ornements, un bel ostensoir, un magnifique ciboire, un beau christ, des vases de fleurs, un superbe tapis, etc., tout est ravissant pour nous. Mais ce qui est tout à fait providentiel, c'est que ces caisses nous sont arrivées justement quelques jours avant notre fête patronale, que nous avons célébrée solennellement hier, quatrième dimanche de septembre, jour avec lequel coïncidait cette année la fête de Notre-Dame-des-sept-douleurs, notre divine patronne. Nous avons donc, ce jour-là, étalé toutes nos richesses. Tout le monde en a été surpris, émerveillé : nos bons Arabes surtout, qui sont toujours empressés de venir voir nos cérémonies religieuses, ont été frappés, enchantés de tout ce qu'ils voyaient dans notre église... Ces pauvres ignorants, aux yeux desquels il faut parler, comprennent mieux la majesté, la grandeur du Dieu que nous servons, par la richesse, la beauté des ornements de notre culte et la pompe de nos cérémonies. Hélas! nous n'avions pas pu jusqu'à présent leur parler ce langage, puisque notre église manquait de tout. C'est donc à vous, cher ami, aux bons Tourangeaux, que nous devons ce genre de prédication. Mille actions de grâces, encore une fois, vous en soient rendues! Veuillez bien être auprès d'eux l'interprète de ma reconnaissance, de celle de mon petit troupeau fidèle, et aussi de celle de tous nos bons Arabes. Le jour de l'octave de notre fête patronale, je célèbrerai la sainte messe, et nos bonnes sœurs feront la sainte communion pour toutes les personnes qui ont contribué à ces pieux envois. La caisse de livres nous sera d'une utilité immense; dites-le bien au bon M. ***, qui a eu la charité de nous l'envoyer... J'ai déjà distribué bon nombre de christs, de statuettes, de médailles, de chapelets, d'images... Vous ne sauriez croire combien nos bons Arabes aiment tous ces objets pieux... Comme il les baisent avec respect!... Pauvres gens !... quand les baiseront-ils avec foi et amour comme nous!....

Toujours votre bien affectionné et tout dévoué ami, SUCHET, *Vic. Gén.*

Philippeville, 23 octobre 1839.

Monsieur et bien cher ami,

Je suis depuis quelques jours à Philippeville, en attendant le bâtiment qui doit me porter à Alger. Un ordre pressant de Monseigneur m'appelle pour exercer auprès de sa Grandeur ma charge de vicaire-général. Depuis longtemps j'étais menacé de cet ordre. Les entreprises commencées à Constantine pour l'intérêt de son église naissante avaient obligé Monseigneur à m'y laisser jusqu'à présent. Maintenant l'église est à peu près pourvue du nécessaire, et ornée même, grâce à votre généreuse charité. Le gouvernement a alloué une somme de 1,800 fr. pour le curé de Constantine. Nos bons Arabes ont voté une somme de 3,000 fr. pour l'entretien de quatre sœurs de Charité qui sont, outre cela, parfaitement logées; une école, tenue par ces bonnes sœurs est établie pour les enfants colons et indigènes. Un hospice de vingt lits *pour les indigènes*, convenablement doté par les Musulmans eux-mêmes, est maintenant en pleine activité, sous la *direction exclusive* de nos bonnes sœurs de la Charité. Pourtant ma mission, ce me semble, était loin d'être remplie!.. Elle ne faisait, pour ainsi dire, que commencer. J'étais reçu, comme je vous l'ai déjà dit, dans l'intérieur de toutes les maisons indigènes. Là, je pouvais exercer ces œuvres de charité qui me plaisent tant, le soin des pauvres et des malades... Ce moyen était, ce me semble, le plus puissant pour disposer ces bons Musulmans à recevoir plus tard les bienfaits du Christianisme. Ce qui me console, c'est que Monseigneur l'a compris et qu'il a envoyé, pour me remplacer, un excellent prêtre qui paraît beaucoup aimer les pauvres et les malades. Je prierai bien ardemment le bon Dieu de lui accorder tous les succès dans ce ministère que je quitte avec tant de regret...

Ce prêtre est M. l'abbé *Landemann*, Alsacien, l'auteur de ce gigantesque projet d'une colonisation chrétienne pour l'Afrique. Vous avez dû voir ce projet dans les journaux de l'année dernière. Ce projet est tombé... comme sont tombées jusqu'à présent toutes les belles théories qu'on a faites pour la colonisation et la civilisation de l'Algérie. Ce pays qu'on ne connaît nullement en France, déconcertera ongtemps encore nos rêveurs politiques et tous es philanthropes qui voudront suivre, pour la civilisation et le bonheur de l'Algérie, une autre marche que celle de Jésus-Christ et de ses Apôtres.

Pour en revenir à moi, je quitte donc Constantine avec les mêmes regrets, les mêmes déchirements qu'une mère éprouve, lorsqu'on l'arrache à un premier enfant qu'elle vient d'engendrer dans les douleurs. Mais Dieu l'a voulu; puisque mon évêque a parlé, je me soumets, et me voilà parti, sans trop savoir ce que je ferai dans un genre de ministère pour lequel je n'ai aucune aptitude, et qui est tout à fait contre mes goûts.

Je vous donnerai plus tard une petite relation de mes derniers jours passés à Constantine; de l'arrivée du Duc d'Orléans, et de sa gracieuse visite à notre église et à notre hospice indigène; de la messe que j'ai célébrée devant lui, et du *Te Deum* solennel qu'il a désiré que nous chantassions après la messe, pour célébrer le second anniversaire de la prise de Constantine, qui tombait justement ce jour-là (dimanche 13 octobre). Jamais concours plus admirable de circonstances ne s'était rencontré pour le chant d'un *Te Deum*: c'était à Constantine même, la ville conquise; c'était en présence du prince royal, dont le frère avait assisté à ce siége qui est regardé comme le plus beau fait d'armes de notre époque; à ce *Te Deum* assistait le maréchal Vallée, le héros de ce siége mémorable, accompagné d'un grand nombre de braves qui l'avaient si puissamment secondé par leur valeur. Et l'église, la première église catholique de la Numidie, était remplie d'indigènes, du peuple vaincu qui bénissait son vainqueur. Aussi, j'étais tout ému pendant les quelques mots que j'adressai, avant d'entonner le *Te Deum*, à cette imposante et si admirable assemblée. Le prince a décoré tous les chefs Arabes qui avaient le plus contribué à nos établissements de charité à Constantine, ainsi que le le fameux *Cheik-el-arab*, qui a renouvelé, auprès du prince et du maréchal les vives instances qu'il nous avait faites, pour nous emmener dans son désert de *Sahara*, faire ce que nous faisions à Constantine. Le neveu de ce monarque du désert logeait chez moi, avec les principaux chefs du Sahara. Le grand *Cheik-el-arab*, lui-même, venait tous les jours déjeuner avec moi. Il a voulu assister à la dernière messe que j'ai dite à Constantine, et m'a fait ses adieux, en me serrant fortement contre son cœur, et pleurant comme un enfant. Il m'a protesté que, si je ne venais pas dans son désert, dans trois ou quatre mois, il viendrait me chercher à Alger, et qu'aucune puissance ne pourrait l'empêcher de m'emmener avec lui.

Quels hommes je laisse!.. et pour qui? Mon cœur est bien serré, et de grosses larmes roulent dans mes yeux.

Je ne vous parlais pas de la bibliothèque que vous avez eu la charité de nous envoyer: elle fait un très-grand bien parmi les militaires et parmi les quelques colons de Constantine. Les Arabes, eux-mêmes, veulent aussi lire et traduire nos livres de religion. Je leur donne surtout des Doctrines Chrétiennes de Lhomond et de petits Catéchismes de Fleury. Je comptais faire traduire ce dernier en arabe, avec un petit catéchisme que j'aurais arrangé pour nos bons musulmans, et tous ces projets, quand s'exécuteront-ils maintenant?...

Je viens d'installer, en passant, le premier curé de Philippeville, M. l'abbé Lemauff, prêtre du diocèse de Vannes. C'est un jeune homme rempli de piété et de science, qui fera beaucoup de bien dans cette ville naissante, qui s'est élevée comme par enchantement. Quand j'y suis passé la première fois, il y a huit mois, il y avait à peine 150 colons, maintenant il y en a près de *deux mille*. Les maisons commencent à s'y bâtir en pierre. Le prince a donné aux colons à perpétuité le terrain sur lequel ils avaient bâti, et qui ne leur avait été concédé que pour un temps. Ces colons sont pour la plupart des Provençaux, des Maltais, des Sardes, des Italiens. On n'y voit d'Arabes que ceux qui viennent en petit nombre vendre quelques denrées. Les tribus qui avoisinent Philippeville, sont presque toutes des tribus hostiles à la France.

Puisque j'en suis à Philippeville, je vais vous en parler un peu plus au long... Hier, pour me distraire de mes chagrins, je suis allé me promener sur la route tout à fait pittoresqne qui mène de cette ville à Stora. Elle est sur les bords escarpés de la mer, et suit le versant d'une chaîne de petites montagnes toutes couvertes de bois de myrte, comme nos montagnes de France le sont, d'ordinaire, de taillis de bois de chêne. A chaque pas on trouve des ruines, soit de quelque grand palais, soit de quelque agréable *villa*. J'y ai découvert plusieurs tronçons de grosses colonnes en marbre blanc, dont quelques-unes *torses*, d'un travail achevé. L'une d'elles portait cette inscription : *Sabinis principilaris fecit*. Plus loin j'ai vu un beau reste de mosaïque assez bien conservé. Je parcourais de l'œil cet immense *sinus numidicus*, fermé à l'Ouest par la montagne des singes et par qnelques énormes rochers, jetés à quelques cents mètres de là dans la mer, et dont un porte, je crois, le nom de l'île *Texa*. De ces rochers, que j'appellerai pointe du *Cap* de l'Ouest, jusqu'à l'extrémité de la chaîne de montagnes qui s'avancent dans la mer du côté opposé et qu'on appelle le Cap de fer, ou pointe du *Nord-est*, le *sinus numidicus*, ou golfe de Numidie, peut avoir huit lieues de largeur sur une égale profondeur. Presqu'à l'extrémité du cap *Ouest*, au pied et derrière la montagne des singes est située *Stora*, où l'on trouve un reste de port romain et de vastes citernes; c'est là tout *Stora*, si célèbre dans les journaux. A demi-lieue de Stora, en suivant la mer et à l'entrée d'une gracieuse vallée, s'élève *Philippeville*, sur les ruines de l'ancienne *Rusicada*; à gauche, elle est dominée par un petit mamelon qu'on appelle le *Fort de France*, et à droite, par un autre mamelon un peu plus élevé et qu'on nomme le *Fort d'Orléans*. Les principales rues de la ville sont perpendiculaires à la mer; ce sont les rues Royale, de Marie-Amélie, d'Orléans, de Nemours, de Joinville, etc Dupuch; les places Royale, Hélène, etc. Il n'y a pas encore d'église proprement dite; on dit la messe provisoirement dans un vaste rez-de-chaussée qui servait de magasin, au bord de la mer. J'y ai célébré hier la messe au bruit des vagues qui venaient se briser presque à la porte. Rien n'est plus solennel, ce me semble, qu'une messe dite au bord de la mer. On va construire au centre de la ville une petite église de 25 mètres de long sur 12 de large; c'est Monseigneur qui doit en faire les frais, seulement le Roi lui a déjà envoyé 1,200 f. pour cela.

Parmi les nombreuses ruines de l'ancienne Rusicada, j'ai remarqué le cirque, dont quelques arcades sont encore debout, et dont la vaste enceinte se dessine assez bien sur le versant de la petite colline, à droite de la ville. A l'extrémité de la ville, du côté des terres et à l'entrée d'une belle plaine, j'ai vu les restes d'un vaste édifice qui paraît avoir été un beau temple, peut-être chrétien...! Du côté opposé et au pied d'une petite montagne, j'ai parcouru les restes assez bien conservé d'immenses arènes...

A chaque pas on rencontre des voûtes, des silos et des citernes. Mais les plus belles citernes de Rusicada, sont situées presque sur le sommet de la montagne Sud de la ville, dans un endroit tout à fait romantique; elles sont au nombre de sept qui se communiquent les unes aux autres. De ce sommet, la vue plonge au nord vers la mer, et s'étend très-loin, vers le midi, du côté de Constantine. De là, je découvris les deux cimes des montagnes qu'on appelle *Toumiettes,* c'est à moitié chemin de Constantine... A cette vue un soupir me vint au cœur, et des larmes involontaires coulèrent de mes yeux. Mais je me retournai du côté de la mer, vers le nord, et je me dis : Là, loin, bien loin, est la France... Mon cœur se trouvait alors tiraillé, déchiré entre Constantine et la France.

Le bâtiment part, je terminerai cette lettre à Alger. Adieu, belle terre de Numidie, j'espère pourtant te revoir bientôt!...

Alger, 25 octobre.

J'arrive à Alger, après une traversée de 48 heures, par une belle mer. Néanmoins j'ai été un peu malade. Il y a 75 lieues par mer, de Philippeville à Alger... Nous avons relâché quelques heures à *Giajelli*, ancienne ville romaine, habitée par les Cabyles, et prise depuis quelque temps par les Français; puis à Bougie. Dans ma prochaine lettre, je vous donnerai quelques détails sur ces deux villes. Je commence à respirer l'air contagieux de la *civilisation* d'Alger... Oh! j'aimais mieux l'air pur de ma sauvage Constantine. Je ne puis vous en écrire davantage, le courrier de France va partir, dit-on; vous m'adresserez donc le plus tôt possible votre réponse, à Alger, à l'Evêché. Dites au bon M.*** et à ceux qui voudront m'écrire, de me faire parvenir leurs lettres à cette même adresse.

Toujours et partout votre honoré et
bien affectionné ami,
SUCHET, *Ch.*, *Vic. gén.*

Je n'ai pas le temps de relire ma lettre, vous excuserez les négligences et les fautes.

Hyppone, ou Bône, 16 décembre 1839.

Monsieur et bien cher ami,

Béni soit le Dieu qui afflige et qui console! J'avais été bien vivement attristé de quitter Constantine, comme vous avez dû le remarquer dans ma dernière lettre. Et voilà qu'après un mois environ de séjour à Alger, Dieu me rappelle sur cette terre de Numidie que je ne croyais pas revoir si tôt. Monseigneur l'Evêque d'Alger vient de demander pour moi au gouvernement le titre officiel de vicaire-général, et le maréchal a appuyé vivement cette demande. Vous savez que, jusqu'à présent, il n'y a point eu à Alger de vicaires-généraux reconnus par le gouvernement. Il a été seulement convenu que, pendant deux ans, Monseigneur prendrait ses vicaires-généraux parmi ses trois chanoines tutilaires, au nombre desquels vous savez que Sa Grandeur avait eu la bonté de me placer. En attendant que le gouvernement confirme cette nouvelle nomination, Monseigneur vient de me donner la charge de visiter la chère province de Constantine et de Bône, voire même de Bougie, en qualité de chanoine vicaire-général, visiteur. Et, dès le lendemain de cette nomination, je me suis embarqué pour ma nouvelle et bien agréable mission. D'Alger à Bône, où je suis maintenant, nous avons eu la traversée la plus orageuse et la plus mauvaise qu'on puisse éprouver ; nous sommes restés cinq jours pour faire un trajet qu'on parcourt, d'ordinaire, en soixante heures. Nous avons été obligés de relâcher à tous les ports, c'est-à-dire à Bougie, Gidjelli et Stora.

La mer est excessivement mauvaise en cette saison. Quelques jours auparavant il y avait eu, dans les parages que nous suivions, trois vaisseaux naufragés, dont nous avons vu, en passant, les tristes débris sur la côte. J'ai été malade pendant ce voyage. Enfin, Dieu nous a gardés, et le mercredi, 4 courant, à neuf heures du soir, j'entends l'équipage se réveiller comme d'une profonde stupeur et crier : Le fanal, le fanal de Bône!.. je me traîne comme je peux sur le pont du bâtiment; la nuit était très-noire. Je priais saint Augustin de protéger notre débarquement sur cette terre illustrée par ses miracles et ses travaux. Je priais aussi Marie, cette étoile de la mer, que j'avais souvent invoquée pendant mon pénible voyage, afin qu'elle le rendît heureux (*iter para tutum....*), et voilà que tout à coup une douce brise s'élevant du côté d'Hyppone, écarte lentement les nuages et me laisse voir une brillante étoile, puis deux.... Enfin le ciel s'éclaircit ; je ne saurais vous dire la joie qui me vint au cœur en ce moment et les sentiments de reconnaissance qui pénétraient mon âme..... On parle de débarquer à l'instant même ; je me jette précipitamment dans une petite barque, et, après quelques instants, je sautais joyeux et guéri sur la terre de saint Augustin.

Voilà douze jours que je suis sur cette terre sacrée, presque dans le même ravissement où j'étais quand je la vis pour la première fois. Il fait ici un temps superbe, comme dans les beaux jours de printemps en France. Hier la chaleur était au vingt-unième degré. Tous les jours je vais passer une heure ou deux sur le beau mamelon d'Hyppone; c'est-à-dire que j'y vais dire mon bréviaire, réciter mon chapelet, faire ma lecture spirituelle sur les Soliloques ou Confessions de saint Augustin, et y étudier l'arabe que je brûle du désir d'apprendre. Il semble que là tout se fait mieux, et avec un recueillement tout naturel. Comme le temps hier était encore mauvais, je ne pus faire ma première visite à Hippône que deux jours après mon arrivée c'était le samedi, 2, jour de la fête de saint Ambroise qui a enfanté à Jésus-Christ le grand saint Augustin. Comme j'ai prié ardemment ces grands saints ce matin, à ma messe! je confondais leurs deux noms.... Malgré le mauvais temps, je m'acheminai joyeux vers Hyppône, à sept heures du soir; en m'arrêtant un peu à la porte de la ville en ruines, je jetai les yeux du côté de la mer, et je me dis : Saint Augustin voyait souvent de *là* cette même mer, ce beau *sinus hypporegius*. Il a parcouru souvent ces mêmes rivages; il s'est embarqué souvent *là*, à deux pas d'ici, pour les courses apostoliques qu'il faisait soit en Italie, soit à Carthage, soit sur le littoral de l'Algérie; car il est allé visiter les évêques de *Rusicada* et de *Julia Cæsarea*, (*Vacur*, près d'Alger)..... Arrivé à l'endroit de ces ruines où je m'étais confessé, comme je vous l'ai dit dans ma première lettre, lors de ma première visite, je me jetai à genoux, je m'excitai de nouveau à la douleur de mes péchés; je récitai le *Miserere* que saint Augustin a récité jusqu'à son dernier soupir dans ces mêmes lieux où j'étais prosterné. Je cueillis quelques brins d'herbe sèche qui étaient verts alors, un peu de mousse, sur laquelle nous nous étions agenouillés Monseigneur et moi, puis quelques herbes fraîches... Je coupai aussi à cet endroit une branche de l'olivier qui nous ombrageait. Je veux faire de cette branche d'olivier, de petites croix que je vous enverrai... j'allai ensuite dire mon bréviaire dans l'endroit où, pour la première fois, depuis 1,400 ans, avait été offert, par Monseigneur, le saint sacrifice de la messe, et où j'avais communié... Que de touchants souvenirs me vinrent alors! Que de douces larmes ils me firent répandre!

Avant de quitter ces lieux chéris, j'allai voir l'emplacement du monument que fait élever Monseigneur, au nom et aux frais des évêques de France. Il n'y a encore que les fondations d'établies.

Je n'oubliai pas non plus que ce jour-là était la veille du second dimanche de l'Avent, grande fête patronale de la paroisse de saint Saturnin!... il y a un an, j'y étais..; je la célébrai pour la dernière fois... J'y étais encore ce jour-là, d'esprit et de cœur, sur les ruines d'Hyppône.... J'ai prié... pour tous mes chers paroissiens de saint Saturnin, et surtout pour toutes les âmes que j'avais le bonheur de diriger à Tours. En m'en retournant je récitai le chapelet en l'honneur de Marie conçue sans péché, dont nous devions célébrer très-solennellement la fête le lendemain.

Avant-hier, comme on me voyait passer en descendant d'Hyppône, on m'appela pour aller visiter une jeune femme française qui se mourait, dans une guinguette, à laquelle on a donné le nom profane de Tivoli d'Hyppône, parce qu'elle est bâtie tout au pied du mamelon d'Hyppône, sur les ruines et dans l'enceinte de cette ville. J'eus le bonheur de la confesser et de lui donner l'Extrême-Onction. Car vous savez qu'en Afrique nous portons toujours sur nous les saintes huiles... elle est morte le lendemain, dans d'excellents sentiments de religion.

Je m'occupe aussi de fouiller dans ces ruines célèbres. J'ai payé un bon Maltais qui cultive là un jardin, pour qu'il me recueille tous les objets curieux et antiques qu'il découvrira en remuant cette terre précieuse. Il m'a déjà remis cent quatre médailles ou monnaies romaines et carthaginoises, dont la plupart sont très-petites, et dont quelques-unes sont assez bien conservées; j'ai recueilli moi-même quelques beaux fragments de mosaïque, et des morceaux de marbre que je voudrais bien pouvoir vous envoyer. Je veux aussi vous adresser de petits cordons, des bourses, etc., tissus en fils d'aloès, qui croissent en grande quantité sur les ruines d'Hyppône.

Je compte rester ici encore plus d'un mois: je prêche tous les dimanches, je confesse, etc. Je mène un peu la vie de missionnaire, et vous savez si j'aime ce genre de ministère!... surtout dans une terre, l'héritage de Saint Augustin; là ce saint docteur a fait si souvent entendre sa voix puissante et sainte!... Hélas! maintenant il faudrait la voix du prophète Ezéchiel pour souffler sur ces ossements qui nous entourent, afin qu'ils reviennent à la vie!

En quittant Hyppône, je me dirigerai vers ma chère Constantine, où je compte établir mon quartier général, mon centre d'opérations. Je ferai cette route par terre; elle sera de plus de quarante lieues. Je verrai en passant les ruines de *Guelma* l'ancienne *Calame*, célèbre par ses évêques, et souvent citée par St. Augustin... et entre *Calame* et Constantine, je verrai, je baiserai avec respect et amour les ruines de *Tagaste*, qui a vu naître ce grand Saint que j'aime tant. Comprenez maintenant que de choses je verrai; que de bien peut-être pourrai-je faire dans cette vie tout apostolique, bien que je n'aurais pas pu opérer si je fusse toujours resté curé de Constantine. Dieu fait donc bien tout ce qu'il fait : bénissons-le d'avoir toujours eu le bonheur de faire plutôt sa volonté que la nôtre.—J'ai reçu votre lettre, et le dernier cahier des miennes imprimées; je n'ai pu m'empêcher d'applaudir à votre zèle ingénieux, à votre ardente charité, qui vous a porté à faire vendre ces dernières lettres au profit des victimes de la grêle dans votre département d'Indre-et-Loire. Vous avez satisfait à un besoin de mon cœur par un moyen que je n'aurais jamais osé employer. Vous aurez donc tout le mérite de cette bonne action, et moi la bien douce jouissance d'en avoir fourni l'occasion; il fallait vraiment cette circonstance pour me faire regretter que mes lettres n'aient pas été plus nombreuses et plus intéressantes pour mériter d'avoir un plus grand nombre de lecteurs. Je désire bien que le produit de cette vente soit considérable, afin qu'un plus grand nombre de malheureux puissent être soulagés.

Je remercie cordialement tous mes anciens paroissiens et les habitants de la ville de Tours qui veulent bien penser à moi : vous savez combien cette ville m'est chère !

Je viens de recevoir l'avis que quatre grandes caisses pleines d'ornements d'église en tout genre, sont arrivées heureusement à Constantine. Je me trouverai justement là moi-même pour l'arrangement de tous ces objets qui vont faire de notre église de Constantine la plus belle, la plus ornée sans contredit de toute l'Algérie. Je ne saurais comment vous exprimer mes nouveaux remerciements, pour ces nouveaux dons de votre inépuisable charité. Je me repose de ce soin sur ce Dieu qui ne laissera pas sans récompense un verre d'eau froide donné en son nom.

Je déplore profondément les criminels efforts du protestantisme dans notre chère ville de Tours; je regrette de ne pouvoir pas écrire pour stigmatiser énergiquement cet ennemi, qui menace si audacieusement votre Eglise. Je me contenterai de prier ici, à Hyppône, d'où ont été écrites par le grand S. Augustin, tant de lettres qui ont abattu, écrasé les hérésies qui désolaient aussi l'Eglise de son temps. Puisse l'intercession de ce saint, plus puissant maintenant encore dans le Ciel, venir en aide à votre Eglise de Tours, qui me sera toujours bien chère, vous n'en doutez pas. Néanmoins, si ce grand Saint m'inspirait quelque chose qui pût être en ce genre de quelque utilité au simple peuple, je vous ferai part de ces inspirations.

Pour le moment je n'ai que le temps de vous renouveler les sentiments de respectueuse amitié, qu'aura toujours pour vous votre bien humble et dévoué,

SUCHET, *Ch. V. g.*

Hyppône, 28 décembre 1839.

Monsieur et bien cher ami,

Que les jours passent rapidement quand on est heureux! Voilà bientôt un mois que je suis ici, et il me semble que je n'y suis que depuis hier. Le temps continue à être magnifique, nous avons eu une aussi forte chaleur pour la fête de Noël, qu'en France pour la fête de l'Assomption. Il y avait foule dans notre petite église de Bône pour la messe de minuit et aux offices du jour. J'ai prêché à la messe de minuit et à la messe de paroisse en lisant et commentant l'homélie que le grand saint Augustin avait prêchée, il y a 1400 ans, dans ces mêmes lieux. Hélas! ce n'était plus aux enfants, aux descendants de ces chrétiens fervents d'Hyppône, à qui j'adressais les paroles brûlantes de leur saint Evêque! C'était à des Français indifférents et à des

Maltais qui me comprenaient à peine.... Voilà ce qui glaçait la joie dans mon cœur, et qui n'y laissait malgré moi qu'une profonde pensée de tristesse.... Je me trouvai un peu soulagé en priant avec plus d'ardeur ce Dieu enfant, d'amener bientôt ces peuples infortunés à rendre gloire à Dieu et à se procurer la paix qu'il était venu apporter sur la terre aux hommes de bonne volonté. Une pensée qui me consola encore beaucoup et que je communiquai à l'instant à mon auditoire attendri, c'est qu'en ce moment, nos frères, nos bons amis de France, ceux surtout qui nous ont promis en les quittant qu'ils ne nous oublieraient pas sur la terre étrangère, ces chers parents, ces vrais amis, pensent à nous, prient pour nous..., et que nous sommes en ce moment tous réunis et prosternés avec eux en esprit de foi, autour de la crèche de Jésus enfant, qui nous aime tous, et nous donne à tous, comme aux bergers, ses premières bénédictions.

Oh! combien de fois ce souvenir, que des âmes ferventes pensent à nous, prient pour nous en France, nous a été d'un grand secours, et une douce consolation dans notre ministère si ingrat et si difficile!...

En ce moment je m'occupe à consolider, à régulariser autant qu'il est possible le bien qu'on peut faire ici. Nous venons d'organiser, avec M. le Curé, un conseil de fabrique qui n'existait pas à Bône. Nous travaillons très-activement à l'établissement d'un petit hospice civil. Je crois qu'il ne sera pas aussi facile de l'établir ici qu'à Constantine où il y a moins de colons et beaucoup plus d'Arabes. Je me suis chargé ici de la visite quotidienne des hôpitaux militaires qui ont en ce moment encore plus de mille malades.

Je désirerais bien pouvoir établir pour les hôpitaux militaires des localités importantes, comme à Alger, à Constantine, à Bône, à Oran, à Philippeville, etc., et même dans certains grands camps où il y a des espèces d'ambulances; je désirerais bien, dis-je, établir dans ces divers lieux des bibliothèques chrétiennes pour les militaires malades, et pouvoir même leur donner une certaine quantité de livres de prières ou quelques livres élémentaires sur les principales vérités de la religion. Cette lecture dissiperait au moins l'ennui des camps et adoucirait les loisirs que laisse une maladie peu grave, ou une longue convalescence. Enfin, dans un pays où il n'y a aucun sujet de distractions pour les militaires, surtout pour les malades, on se livrerait à la lecture par passe-temps, et Dieu sait le bien que pourraient produire ces lectures en quelque sorte forcées. L'exemple de ces deux jeunes officiers de la cour de l'empereur, dont parle le grand saint Augustin, qui se convertirent en lisant, pour amuser leurs loisirs, la vie de saint Antoine; et encore, celui de saint Ignace, blessé au siége de Pampelune, sont là pour nous répondre des heureux fruits d'une lecture pieuse faite dans les longs et souvent insipides loisirs de l'état militaire. L'esprit du mal n'ignore pas cet avantage, et il l'exploite d'une manière bien désolante pour l'armée et surtout pour nos pauvres soldats dans les hôpitaux. Dans toutes les garnisons un peu importantes, ainsi à Alger, Constantine, Bône, Philippeville, etc. se sont établis des cabinets littéraires où sont distribués, loués au plus bas prix les plus mauvais romans, les livres les plus orduriers qu'aient vomis la France et l'Angleterre. Ces livres sont dans toutes les casernes, dans tous les camps, circulent dans toutes les salles des hôpitaux militaires. C'est même une des plus lucratives spéculations des infirmiers qui les font venir et les distribuent. Ainsi, ces pauvres militaires, dont un grand nombre ont encore conservé la foi et les mœurs, perdent l'un et l'autre par les mauvaises lectures, et trouvent la mort de leur âme là où ils étaient venus chercher la santé du corps.

C'est pour diminuer, sinon pour empêcher tout à fait le mal immense que produit la lecture de ces mauvais livres, qu'il faudrait pouvoir établir ces bibliothèques chrétiennes. Ce résultat serait d'autant plus facile à obtenir que dans tous les hôpitaux et les garnisons les militaires nous demandent eux-mêmes de leur prêter des livres; et quel chagrin pour nous de ne pouvoir répondre à leur désir! J'espère donc que, dans votre zèle ingénieux et votre inépuisable charité, vous trouverez un moyen de nous envoyer des livres pour former ces bonne bibliothèques. On pourrait commencer par Bône en l'honneur du grand saint Augustin qui ne manquerait pas de bénir et de protéger une œuvre aussi importante et qui pourrait puissamment contribuer à faire renaître et à faire germer de nouveau la foi et les vertus dans son héritage, hélas! si en friche et si désolé.... Une raison surtout qui devrait nous stimuler pour la propagation des bons livres dans ce pays, c'est que les protestants ont inondé l'Algérie de Bibles très-bien imprimées, en arabe, en italien, en espagnol, et qu'ils donnent presque pour rien. Pourquoi faut-il que les catholiques se trouvent si fort en arrière dans ce mode de propager la foi et les bonnes doctrines. De pareils ouvrages favorables à la foi catholique ne manqueraient pas d'avoir d'heureux résultats, surtout parmi les Arabes et les Juifs avec qui nous ne pouvons avoir que fort peu d'entretiens sur la religion, et qui sont pourtant avides et flattés même de lire nos saintes écritures et nos livres religieux dans leur langue.... C'est une œuvre que pourrait entreprendre, ce me semble, l'œuvre admirable de la propagation de la foi. Mais quand bien même ces bibliothèques dont nous parlons ne devraient être utiles qu'à nos bons militaires, il faudrait les établir (1).

(1) Pour répondre aux vœux de M. l'abbé Suchet, une souscription a été ouverte dans le but de favoriser la propagation des bons livres dans l'Algérie. Les offrandes sont reçues au secrétariat de l'archevêché de Tours, et le produit de la présente publication des lettres de M. l'abbé Suchet recevra la même destination.

Car ici nos militaires sont tout autres qu'en France ; sur une terre étrangère, il semble que les hommes d'une même nation sont frères.... Le respect humain, cette barrière qui semble infranchissable en France, n'existe pas ici entre le prêtre et le militaire. Puis, ils savent que c'est par dévouement, que c'est en partie pour eux que nous sommes venus en Afrique. Ils nous voient constamment dans leurs camps, dans leurs hôpitaux, consoler leurs malades, leur administrer les sacrements; nous sommes là pour donner à leurs compagnons d'armes défunts la sépulture ecclésiastique, honneur auquel ils tiennent beaucoup.

Tout cela les rapproche de nous et nous en fait presque des amis. Aussi depuis que je suis en Afrique, je n'ai qu'à me féliciter des rapports que j'ai eus avec l'armée, et surtout avec les officiers de tout grade qui nous entourent vraiment de toute la considération possible : c'est un hommage qu'il m'est bien doux de leur rendre ici. Tous les rapports que j'ai eus avec eux, et j'en ai eu de très-fréquents, ne contribuent pas peu à adoucir les peines de mon ministère, et à le rendre même agréable.

Je suis tenté de vous donner aujourd'hui une petite description d'*Hyppône*, d'où j'ai daté cette longue lettre, parce que réellement je vous l'écris de ce lieu-là même, assis sur des ruines, et ayant pour table le dessus d'un vaste chapiteau de colonne brisé. Tous les jours je viens ici, comme je vous l'ai dit, faire mes petits exercices spirituels, traduire quelque peu d'arabe et y écrire souvent mes pensées. Aujourd'hui, je vous les envoie telles qu'elles sortent de ma plume, ou plutôt de mon cœur.... Je vais à présent essayer de vous tracer en peu de mots ce que j'ai sous les yeux.

Hyppône est située ou plutôt était située tout au fond du golfe de Bône, appelée plus justement *sinus Hypponensis*, sur un petit mamelon qui n'est séparé de la mer et de l'embouchure de la *Seybouse* que par une petite et riante prairie qui a dû être, sans doute, le bas de la ville ou ses jardins. Elle est à un petit demi-quart de lieue de Bône. Le chemin qui y conduit passe tout au bord de la mer qui le couvre souvent par les temps d'orages. Le gracieux mamelon sur lequel est située Hyppône se détache tout à fait des montagnes un peu plus hautes qui l'entourent du *sud-est*, au *nord-est* où se trouve *Bône*. Dans l'intervalle, entre Hyppône et les montagnes, se déroulent de beaux bosquets d'oliviers, de figuiers et de jujubiers, et de quelques orangers.... et plus loin de magnifiques prairies. Entre le *nord-est* et le *sud-est* s'étend la vaste mer.... Tout au pied de ce riant mamelon coulent à l'*est*, la *Seybouse*, et à l'*ouest* la *Boudjima*, deux rivières qui versent paisiblement leurs eaux dans la mer non loin l'une de l'autre. On traverse la *Boudjima* sur un tout petit pont romain pour aller de Bône à Hyppône. La *Seybouse*, qui est une rivière assez considérable pour pouvoir encore offrir un mouillage sûr à quelques petits bâtiments, a été certainement le port d'Hyppône, comme l'attestent de grands restes de maçonneries qu'on voit dans l'endroit où cette rivière se rapproche le plus de la ville. Ce port était bien plus sûr que celui de Bône qui est, dit-on, un des plus mauvais du littoral de l'Algérie. Maintenant il est presque comblé par les sables que la mer y a jetés. Du sommet d'Hyppône où je suis maintenant, on jouit de la plus belle vue de la mer, des montagnes, des prairies, et de Bône. Il y a sur ce sommet une petite maison carrée, bâtie par les Arabes, et qui leur servait de fort. A chaque pas sur toute la surface de ce beau mamelon et dans les prairies et bosquets qui l'entourent, on trouve des ruines. Les mieux conservées sont d'immenses voûtes aussi grandes et aussi hautes que les vaisseaux de nos plus grandes cathédrales de France. On dit que ce sont des citernes. On trouve aussi beaucoup d'autres voûtes ou citernes moins considérables dont beaucoup sont encore remplies d'eau très-limpide. Je ne vous parlerai pas des pans de mur, des briques, des pierres, des débris de tout genre, de toute forme, des décombres immenses contre lesquels on va se heurter à chaque pas. Toutes ces ruines sont recouvertes presque partout par une vigoureuse et épaisse végétation et surtout par les belles et gracieuses feuilles d'acanthe qu'on trouve là en grande quantité.

Les ruines les plus considérables qu'on remarque sont les restes gigantesques d'une des portes de la ville du côté de la mer. C'est une masse énorme dont une partie est encore debout, et l'autre paraît avoir été renversée par quelque violent tremblement de terre. Sur les bords de la *Boudjima*, près du pont dont je vous ai parlé, M. le curé de Bône a découvert une assez jolie mosaïque, que le génie déblaye maintenant; on en a détaché un compartiment tout entier de forme octogone de près d'un mètre de diamètre, qu'on a envoyé à Monseigneur d'Alger, pour former le milieu du sanctuaire de la petite chapelle qu'il fait arranger dans son palais épiscopal. Aujourd'hui, en montant le mamélon d'Hyppône, et tout près de l'endroit d'où je vous écris, je viens de trouver un superbe petit camée sur une petite pierre de jaspe qui représente une jeune et gracieuse tête; c'est peut-être celle d'un ange. Je conserverai cette petite pierre comme un précieux souvenir d'Hyppône. J'en ai une autre à peu près dans le même genre que je voudrais bien pouvoir vous envoyer avec force cordons et croix, voire même des bourses en aloès que je fais cueillir à Hyppône et travailler par nos malades et nos prisonniers....

Hyppône est appelée encore aujourd'hui par tous les indigènes *Bònà* ce qui veut dire *Pònà*, parce que les Arabes n'ayant pas la lettre *P* dans leur alphabet, ils mettent le *B* à la place du *P*, ce qui fait *Bònà* au lieu de *Pòna*. C'est donc à tort et improprement que les géographes donnent ce nom à *Bône* qui est appelée par les indigènes *Annèba* ou ville des *Jujubes*, parce que le sol de Bône était couvert de jujubiers, que les Français et les premiers colons ont détruit pour faire du bois à brûler. Je tiens cette explication d'un savant Cadi, l'ami de M. le curé et le mien.... Tout à l'heure encore je viens de demander à un enfant arabe, qui vient faire sa prière tous les vendredis, et brûler de l'encens sur l'emplacement où est mort le grand *Roumi*, ces grandes voûtes dont je viens de vous parler: —*Ou el bed hadæ; cette ville-là*, lui disais-je en lui montrant *Bône*, *comment l'appelle-t-on*, *ou esm ha?* Il me répondit *Annéba.*—*Et cet endroit où nous sommes comment l'appelles-tu?* Il me répondit *Bònà*. Voilà ce me semble une question tout à fait éclaircie...

Faut-il vous parler maintenant de *Bône* ou plutôt *d'Annebà?* Je n'aurai pas grand'chose à vous en dire. Bône est au bas d'une petite montagne sur un rocher peu élevé qui s'avance un peu dans la mer; elle forme à peu près un carré long dont le côté *sud-est* touche à la mer; le reste est entouré de faibles remparts, on y entre par quatre portes qui se ferment à la chute du jour. A mon premier voyage à Hyppône, je m'étais oublié jusqu'à la nuit sur ces ruines sacrées, et quand je me présentai à la nuit close, aux portes de Bône, je les trouvai fermées, et je dus de ne pas coucher cette nuit-là dehors, ou sous la tente des bédouins qui sont autour de la ville, à la complaisance de deux vieux troupiers qui descendaient la garde, et rentraient par une autre porte, et qui me firent passer à la faveur des ténèbres pour un de leurs camarades. On compte dans la ville de Bône à peu près *cinq mille* habitants dont la moitié indigène et l'autre moitié se compose de ce qu'on appelle *colons*, dont les trois quarts sont maltais et le reste provençaux et Italiens. Il y a en ce moment une garnison d'à peu près deux mille hommes. Les rues de la ville sont assez bien percées, les maisons ont des terrasses comme à Alger; c'est aussi une ville un peu française comme Alger. Il n'y a, je crois, qu'une seule mosquée pour les musulmans. La plus belle mosquée de la ville a été convertie en superbe hôpital militaire par les Français.

Le fort de la *Casbah*, un des plus beaux que j'aie vu en Afrique, est sur le sommet de cette petite montagne au pied de laquelle Bône est bâtie, et domine ainsi la ville, la mer, et tout le pays d'alentour.

Je ne sais plus ce que j'écris, je suis fatigué et je vous fatigue. La nuit arrive, je me rends de suite à Bône pour ne pas courir encore la chance de coucher dehors cette nuit. Demain arrive le courrier de France; si je peux, je continuerai à vous écrire, à vous parler de *Bougie*, de *Djigelli*, *d'Alger*, etc... J'écrirai enfin jusqu'au départ du courrier.

Du 29 — Le courrier est arrivé cette nuit; il m'a apporté une lettre de Monseigneur d'Alger qui me presse, qui me conjure de retourner de suite à Alger, où il a, dit-il, absolument besoin de moi pour les affaires les plus importantes. Je vais donc me rembarquer ce soir.... Quitter ma chère Hyppône !... Hélas ! quand je vous écrivais hier, si joyeux, du haut de ces ruines sacrées, j'étais loin de penser que je dusse les quitter sitôt !... Je pars le cœur bien triste.... je vous écrirai aussitôt que je serai arrivé à Alger.

Votre affectionné ami,

SUCHET, *Ch. V. g.*

Philippeville, 1er janvier 1840.

Monsieur et bien cher ami,

Nous avons relâché avant-hier à Philippeville, où le bâtiment devait attendre M. le lieutenant-général de Galbois, qui se rend à Alger. Comme les voyages sur mer me fatiguent toujours beaucoup, je n'ai pas été fâché de cette petite station, d'autant plus que la mer qui était assez belle à mon départ de Bône, est devenue affreuse depuis avant-hier. Rien de plus capricieux que la Méditerranée dans cette saison. En quittant Bône, il y a trois jours, à onze heures du soir, j'ai été témoin du naufrage d'une petite embarcation qui suivait notre bâtiment à vapeur, *le Styx;* rien de plus déchirant, ce me semble, que le spectacle d'un naufrage au milieu de la nuit. Huit hommes, tous marins, du navire stationnaire *L'Emulation,* qui avait mouillé au fort Génois, à une lieue de Bône, étaient dans cette embarcation, et se rendaient à leur navire. Le commandant de *L'Emulation* était monté à notre bord avec un de ses marins. Nous étions déjà à un quart de lieue de Bône, lorsqu'on entendit des cris horribles, que le bruit de notre machine à vapeur nous empêchait de bien distinguer. Un matelot qui se trouvait sur la dunette avait compris ce signal, et se mit à crier, *au secours*, *l'embarcation est chavirée*. Notre bâtiment s'arrête; une profonde stupeur s'empare de tous les passagers; je commençais à être un peu malade; le cœur me revint aussitôt. Je vole sur la dunette avec le commandant du navire, et plusieurs autres officiers de marine. Les cris affreux des pauvres naufragés viennent alors distinctement frapper nos oreilles, et déchirer notre cœur. Je tremblais de tous mes membres pour le salut de ces pauvres infortunés; je leur donnai une absolution générale, et je priai le grand saint Augustin *de les sauver tous*. Je distinguais encore, à la faveur d'une nuit assez claire, le mamelon d'Hyppône; je conjurai donc le grand Saint, de ne pas permettre que ces hommes périssent en vue de cette terre où il avait opéré tant de prodiges. Après cette prière, le calme revint subitement dans mon âme, et, contre toute apparence, j'avais la confiance que saint Augustin les sauverait. Pendant ce temps-là on s'empressait de mettre tous les canots de notre bâtiment à la mer, pour aller au secours des naufragés, dont on entendait encore de temps à autre les cris de détresse. Le commandant du vaisseau auquel appartenait les naufragés leur criait: *Courage, enfants, mes chers camarades, on y va*. Puis il demanda avec anxiété au seul matelot qui était auprès de lui: *Reconnais-tu la voix de ceux qui crient?...* Le matelot répondit : *Je distingue la voix de trois seulement* (et il les nomma).—*Les autres sont donc déjà perdus!* dit le commandant; le matelot reprit : *Ce n'est pas étonnant, commandant, il y en a trois qui ne savent pas nager...— Oh! mon Dieu,* nous écrions-nous tous, *sauvera-t-on du moins les autres?..* Tout-à-coup, il se fit un silence plus affreux que les cris, et qui nous saisit d'effroi. On ne voyait rien...... on n'entendait plus rien..... Un silence de stupeur régnait sur notre bâtiment..... Tout le monde se penchait pour écouter si l'on n'entendrait pas au moins le bruit des rames des canots qui étaient allés au secours des infortunés. Le commandant de *L'Emulation* n'y tenant plus, s'écria d'une voix de stentor : *Enfants, mes amis! où êtes vous tous?.... — Tous sauvés!.. mon commandant.....*

A cet instant tout le monde respire... il semblait que notre vie, un instant suspendue, nous revenait à tous .. Pour moi, je me mis à pleurer comme un enfant; bien longtemps je remerciai saint Augustin,.. la sainte Vierge .. Je récitai l'*Ave, maris stella...* et toutes les prières d'actions de grâces qui me vinrent au cœur.... Je savais à peine ce que je disais... La barque qui amenait nos heureux naufragés, aborde notre bâtiment. Je me précipite à l'échelle pour voir, pour toucher, pour bénir ces pauvres naufragés, et leur adresser quelques paroles de félicitations. On les fit descendre auprès de la machine à vapeur pour les sécher ; et on leur donna tous les soins qu'exigeait leur état.

J'ai admiré la sollicitude, la tendresse toute paternelle du commandant de *L'Emulation*. Quand il fut assuré qu'aucun de ses hommes n'avait péri, il s'écria d'une manière énergique ; *Je me soucie peu du reste ; que ma barque, que mes effets, que tout ce qu'il y avait dans l'embarcation soit perdu... mes hommes sont sauvés!....* On alla pourtant chercher la barque chavirée, que l'on ramena la quille en l'air, et qu'on put remettre à flot après quelques réparations.

Ce qui contribua beaucoup à sauver ces infortunés, c'est que leurs cris de détresse avaient été entendus du port de Bône, où quelques barques de Maltais, montées par leurs maîtres, avaient mouillé. Aussitôt l'un d'eux arrive avec sa barque légère, et a le bonheur de sauver deux de ces malheureux. Ils étaient néanmoins restés tous plus d'une demi-heure sans qu'aucun secours leur arrivât.

Oh! vous qui n'êtes point exposés à chaque instant à ces sortes de dangers, priez donc toujours pour nous, qui sommes obligés de faire de si fréquents et si dangereux voyages sur mer. Vraiment si nous n'étions pas soutenus par la force d'en haut, il me semble que nous ne devrions plus oser nous confier à la merci des flots; mais il y a des grâces particulières. Je n'ai jamais été trop effrayé de voyager sur mer. Du reste ces voyages contribuent beaucoup à nous détacher de la vie, puisque nous sommes si exposés à la perdre. Néanmoins je désire bien que le bon Dieu me la conserve encore, pour travailler à établir son règne dans ces malheureuses contrées.

Je suis allé hier dire mon bréviaire sur les hauteurs de Philippeville, auprès de la première croix que j'ai eu l'honneur de planter moi-même dans ces parages... Comme celle que j'ai plantéeà Constantine, elle est dans le cimetière;.. elle semble ne protéger encore ici que l'asile des morts..... Oh! quand arrivera la résurrection spirituelle de tous ces pays infortunés?

J'ai vu la route qui conduit à Constantine, et les deux crêtes de montagne qui sont à moitié chemin de cette ville à Philippeville... Et je ne pourrai pas, cette fois encore, revoir ma chère église de Constantine! Dieu veut qu'ici ma vie soit un continuel sacrifice; *que sa volonté soit faite!*

Je vous écrirai d'Alger; je vous ai écrit d'Hyppône, il y a quatre jours. Peut-être que les deux lettres vous arriveront en même temps.

Je vous souhaite une bien heureuse année. Il y a un an, je la souhaitai à tous mes chers paroissiens de saint Saturnin. C'était encore pour moi un moment de bonheur, de pouvoir leur dire ce jour-là, combien je les aimais... Oh ! je sens que je les aime toujours, et aujourd'hui ma messe a été pour eux. J'adressai aussi, à l'Evangile de ma messe, des souhaits aux habitants de Philippeville. Hélas! c'était bien le même cœur qui parlait... mais ce n'étaient pas les mêmes sentiments.....

SUCHET. *Ch. V. g.*

Alger, 4 janvier 1840.

Monsieur et bien cher ami,

Je vous ai écrit de Philippeville il y a trois jours · pardon de vous faire payer tant de ports de lettres; mais comme je vous parlais de naufrage, de grosse mer,... je craignais que vous ne fussiez inquiet sur la fin de mon voyage. Je suis arrivé hier à Alger, après une assez prompte traversée par une mer horrible. J'ai eu beaucoup de plaisir à faire le voyage avec M. le Lieutenant-général de Galbois qui m'avait si bien traité à Constantine, et avec une partie des officiers de son état-major, qui sont de mes vrais amis. Les provinces de Bône et de Constantine sont un peu plus pacifiques. Arrivés à Bougie, nous avons presque été reçus par les coups de fusil des Kabaïles, c'est-à-dire que quelques instants avant notre arrivée, ils avaient attaqué les avant-postes de cette place. A Alger on nous a dit que la guerre était allumée de tous les côtés. Le maréchal Valée est lui-même à la tête de ses troupes; il a déjà obtenu de brillants succès. Depuis deux jours on n'a pas reçu de nouvelles des différents champs de bataille. On annonçait hier soir un petit échec qu'auraient éprouvé nos troupes, mais on ne sait rien de positif; il nous arrive force troupes de France. Je crois qu'on en a grand besoin; pour cette fois les affaires seront sérieuses et décisives.

On jouit ici de la plus parfaite tranquillité; les affaires pour lesquelles Monseigneur m'a rappelé vont être terminées, je l'espère, dans quelques jours; je ne sais pas alors ce que je ferai : je commence déjà à m'ennuyer à Alger où je ne fais que d'arriver. Pourtant rien de plus agréable que cette ville sous le rapport matériel, comparativement à tous les pays que je viens de parcourir, qui ont l'air d'un vrai désert. Le temps continue à être ici ce qu'il était à Bône, c'est-à-dire un beau printemps de France. Je suis encore un peu fatigué de mon voyage.

Je veux vous tracer succinctement et à la hâte l'histoire touchante d'une petite fille, échappée comme par miracle aux massacres qui ont suivi les premiers moments de la victoire, après le second siége de Constantine. Cet intéressant épisode est presque inconnu; les journaux de l'époque en ont seulement dit quelques mots, sans être bien informés, comme cela leur arrive souvent. Pour moi, je tiens le récit que je vais vous faire de la bouche même du sergent qui a sauvé cette malheureuse enfant, et de celle du capitaine qui l'a reçue des mains du sous-officier, et qui lui a servi de père.

Ben-Aïssa, général en chef des troupes d'Achmet, à qui la défense de Constantine avait été confiée, ne pensant pas que les Français pussent être plus heureux dans le second siége de Constantine que dans le premier, avait complétement rassuré les habitants, et avait persuadé à Achmet-bey lui-même de ne pas sortir de la ville. L'avis d'un chef si expérimenté inspirait une confiance générale ; et personne n'avait fait de préparatifs de retraite. Les soldats français se précipitaient déjà en foule sur la brèche, et l'on se battait dans la rue où le brave colonel Combes fut frappé mortellement, qu'aucun des habitants de Constantine n'avait songé à fuir. Ce ne fut que lorsque nos troupes victorieuses se présentérent aux portes du palais d'Achmet, et se disposérent à les enfoncer, que ce prince connut le danger qu'il courait. Alors seulement il s'occupa de pourvoir à sa sûreté, et prit la fuite, laissant le gouvernement de son palais à sa première femme, la célèbre Aïcha. Les aventures de cette dernière, qu'elle m'a racontées elle-même en grande partie, pourraient aussi faire la matière d'un récit fort intéressant : je reviendrai plus tard sur ce sujet.

Lorsque les habitants de Constantine qui partageaient la sécurité de leur chef, apprirent le départ précipité d'Achmet-bey, ce fut parmi eux un *sauve qui peut* général. Hommes, femmes et enfants, tous s'élancèrent en désordre vers le côté des murailles opposé à celui qui avait donné accès aux assiégeants. Le point vers lequel se pressait cette foule épouvantée, se trouvait situé au haut des rochers escarpés sur lesquels, comme vous le savez, Constantine est bâtie. Au moyen de cordes jetées le long de ces rochers, les fuyards se laissaient glisser précipitamment jusqu'au fond du gouffre où roule le Rummel; puis ils suivaient le lit du torrent pour gagner la campagne. Un grand nombre de ces malheureux coulèrent jusqu'au fond du précipice, et se brisèrent sur les rochers, soit que la force leur manquât pour cette évasion périlleuse, soit que la frayeur ne leur permît pas de saisir convenablement les cordes. Le fond du gouffre servit de tombeau à ces nombreuses victimes, et lorsque, plus tard, je visitai moi-même avec soin ce lieu rempli de si tristes souvenirs, j'y trouvai encore une quantité effroyable d'ossements humains!

Cependant nos soldats, encore dans l'exaltation du combat, à la suite d'un siége qui leur avait coûté tant de fatigues et tant de sang, avaient poursuivi les Arabes jusqu'à l'endroit par où ils cherchaient à s'évader, et, parvenus sur la crête du rocher, ils tiraient quelques coups de fusil aux groupes de fuyards qu'ils voyaient encore réunis au fond de l'abîme. Parmi ceux-ci, ils remarquèrent surtout une petite fille de six ans environ, qui pleurait amèrement, assise auprès des cadavres de deux femmes.... C'étaient ceux de sa mère et de sa tante....

Touché des cris déchirants de cette pauvre enfant et de sa beauté angélique, le sergent qui commandait le peloton défendit à ses soldats de continuer le feu. Le généreux sous-officier éprouvait surtout un vif désir de sauver la jeune victime dont les cris douloureux l'avaient attendri. Mais comment parvenir jusqu'à elle? On ne pouvait songer à descendre le long du rocher taillé à pic, et élevé de près de trois cents mètres. D'un autre côté, il y avait un danger imminent à faire le long circuit qui pouvait conduire jusqu'au lieu où se trouvait la pauvre enfant, car il y avait encore, dans les creux des rochers qu'il fallait tourner, beaucoup de Bédouins embusqués, qui tiraient à bout portant sur les Français assez imprudents pour s'engager dans ces gorges escarpées!

Cependant le courageux sergent, n'écoutant que la voix de la pitié, n'hésita pas à parcourir, au péril de sa vie, plus d'un quart de lieue à travers ces affreux précipices, et enfin il parvint auprès de la jeune victime qu'il avait résolu de sauver. En le voyant venir à elle, la malheureuse enfant oublie la frayeur que les soldats français inspiraient à tous les Arabes; elle se jette aux pieds de son libérateur, en lui montrant de la main les deux cadavres; puis se relevant tout-à-coup, elle se jette sur le corps de sa mère qu'elle appelle et qu'elle embrasse avec une force convulsive.... Les vêtements blancs de la pauvre enfant étaient tout couverts du sang de sa mère.... Le soldat la croit blessée, et ne peut refuser des larmes à un tel spectacle..... Cependant il arrache la malheureuse petite à demi-morte de dessus le cadavre qu'elle tient embrassé, et l'emporte dans ses bras. Deux soldats qui l'avaient suivi, l'accompagnent encore à son retour, et le défendent contre les coups d'yatagans que des Arabes furieux cherchaient à leur donner en fuyant.

Enfin le sergent arrive avec son précieux fardeau dans la ville, et présente à son capitaine la pauvre orpheline qu'il vient d'arracher, à travers mille dangers, à une mort certaine. Le capitaine, ému au récit du sous-officier, veut prendre sa part dans cette bonne action; il adopte la malheureuse petite, en déclarant qu'elle devient l'enfant de la compagnie, et qu'en souvenir des événements qui viennent de s'accomplir, elle s'appellera *Constantine*. Ces généreuses résolutions reçurent leur accomplissement, et la jeune Arabe fut soignée sous les yeux de son père adoptif, jusqu'à ce qu'il trouvât l'occasion de la confier aux bienfaisantes mains des sœurs de la charité, à Bône.

Dans cette nouvelle position, la gracieuse petite Constantine faisait l'admiration de ses maîtresses et de ses jeunes compagnes, par les charmes de son esprit, et par ses qualités angéliques. Quand elle parlait de sa mère, ses yeux se remplissaient de larmes, et pourtant elle aimait à en parler souvent.... Elle disait : Je suis bien heureuse d'être Française maintenant. Si j'étais Bédouine, on me tuerait comme ma mère.... On n'avait pas de moyen plus sûr de la contrarier, que de la menacer de lui rendre ses habits et de la renvoyer dans les tribus des montagnes. Souvent elle disait : Je veux toujours être Française; je ne serai plus jamais Bédouine

Pourtant un jour, un Arabe des tribus de la montagne, un Bédouin dans toute la force du terme, père tendre cependant, et inconsolable d'avoir perdu sa femme et sa fille, vint frapper à la porte des sœurs de Bône. On lui avait dit que son enfant avait été sauvée par un soldat français, et déposée entre les mains des religieuses, et il avait fait plus de quarante lieues pour venir la réclamer. Les larmes aux yeux, il redemandait sa chère petite fille. Les sœurs, craignant qu'il ne fût pas réellement le père de leur aimable Constantine, ne se hâtèrent pas d'abord de répondre à ses réclamations ; elles allèrent trouver la jeune Arabe, et lui dirent qu'un Bédouin demandait à la voir, sans lui faire savoir que ce Bédouin se disait son père. La pauvre enfant se mit à pleurer, et, se jetant aux genoux des bonnes religieuses, elle les suppliait de la garder, s'écriant qu'elle voulait rester Française, et ne pas redevenir Bédouine. Cependant, de son côté, le père insiste pour voir son enfant ; alors on amène Constantine malgré ses cris et sa résistance..... Mais à peine l'enfant a-t-elle vu ce Bédouin si redouté, qu'elle s'élance dans ses bras, fondant en larmes, et crie en se retournant vers ses pieuses maîtresses : Bédouine, Bédouine, je ne suis plus Française ! Voilà mon père, mon bon père ! et elle le couvre de baisers. L'Arabe serrait son enfant dans ces bras, et, ne se possédant pas de joie, il s'enfuit précipitamment et l'emporte, sans même songer à remercier les religieuses qui lui avaient prodigué des soins si touchants.... Tant il craignait qu'on lui ravît de nouveau sa chère enfant !

J'ai vu depuis ce bon père à Constantine ; il m'a donné de bonnes nouvelles de sa petite fille, et m'a dit, qu'en souvenir de sa délivrance, il lui avait conservé le nom que les soldats français lui avaient donné. Il me chargea d'exprimer sa reconnaissance au capitaine et aux soldats qui avaient pris soin de son enfant, ainsi qu'aux bonnes sœurs de Bône.

L'excellent capitaine qui avait adopté la jeune orpheline, et qui lui avait réellement servi de père pendant quelque temps, vient d'être promu au grade de chef de bataillon dans un régiment en France; nous avons quitté Constantine ensemble, et il m'a lui-même raconté tous les détails relatifs à sa chère pupille.

Ecrivez-moi le plus tôt que vous pourrez; les nouvelles de la patrie me font tant de bien!

Votre très-affectionné ami,

SUCHET. *Ch. V. g.*

Quand je serai un peu reposé, je vous donnerai la relation de mon dernier voyage.

Alger, 19 janvier 1840.

Mon bien cher ami,

Il y a aujourd'hui un an que vous m'accompagnâtes à la voiture qui devait m'éloigner de Tours, et que vous me donnâtes le baiser d'adieu !... Que de sentiments divers se combattaient alors dans mon cœur !... Je ne sais pas comment il ne s'est pas brisé.... Depuis ce jour, le chaos dans lequel je me jetais tête baissée, entraîné par la volonté de Dieu, s'est un peu débrouillé. Et je dois vous dire que lorsque j'ai vu plus clair, il n'y a eu pour moi ni désenchantement, ni mécompte, ni déception; il ne peut jamais y avoir rien de semblable pour celui qui ne veut, qui ne suit que la volonté de Dieu. Mais, humainement parlant, je puis vous dire, en toute vérité, que tout s'est passé bien mieux que je ne l'avais pensé et prévu. Sans doute, Dieu m'a fait passer par quelques épreuves; je m'y étais attendu; mais ces épreuves ont toujours été proportionnées à ma faiblesse. Maintenant je connais un peu le terrain sur lequel je marche. Je vois mieux ce que peut être notre ministère, auprès des Européens et des indigènes. Ce sera, pour longtemps encore, un ministère qui paraîtra à plusieurs, à beaucoup même, un ministère ingrat et stérile. Mais, pour nous, ce sera toujours un bien grand, un bien sublime ministère. Et n'est-ce pas déjà beaucoup d'avoir commencé à défricher cette portion de la vigne du Seigneur, qu'une bête cruelle a si longtemps ravagée, et qui n'était plus qu'une affreuse solitude couverte de ruines?... N'est-ce pas quelque chose devant Dieu, d'avoir arraché quelques ronces et quelques épines, et d'avoir ôté quelques pierres, afin qu'on pût les travailler?... d'avoir commencé à déblayer, à nettoyer la place où d'autres ouvriers qui nous suivront, devront élever le bel édifice de notre sainte religion? Pouvons-nous nous plaindre si, dans ce dur travail, nos mains sont déchirées, et si la sueur couvre notre visage?... Ne sommes-nous pas trop heureux que Dieu nous ait choisis pour commencer un aussi grand ouvrage?... Aussi je le bénis tous les jours de m'avoir appelé en Afrique; et, si dans quelques-unes de mes lettres, j'ai laissé entrevoir quelque tristesse, c'est qu'il semble impossible de ne pas éprouver une espèce de serrement de cœur quand on parle de la France, et quand on se rappelle, sur la terre étrangère, les beaux jours de la patrie. Je suis donc content au fond de l'âme, et l'assurance que vous me donnez dans votre bonne lettre qu'à Tours, et surtout dans mon ancienne paroisse, on me conserve quelque attachement, augmente beaucoup mon bonheur.

24 *janvier*. Le courrier de France ne part que demain. Je vais essayer de vous donner quelques

petits détails sur *Djidjelli* et *Bougie*, comme je vous l'ai promis. *Djidjelli* est la petite ville du littoral, qui a été prise au mois de mai dernier. J'y suis allé trois fois. Elle est à peu près à moitié chemin de Philippe-Ville à Bougie. Elle a un fort joli petit port au fond d'un golfe peu profond, formé, du côté du *nord-est*, par de gros blocs de rochers qui semblent jetés dans la mer de distance en distance, et qui, s'ils étaient réunis par quelque travail de maçonnerie, feraient, de Djidjelli, le port le plus sûr du littoral de l'Algérie. C'était, dit-on, le projet de notre célèbre *Duquesne* qui fut un instant maître de cette ville. Djidjelli est située dans une presqu'île, sur un rocher peu élevé qui s'avance dans la mer. Les montagnes qui longent tout le littoral de l'Algérie, sont, sur ce point, un peu éloignées de la côte, en sorte qu'aux alentours de la ville et assez loin vers l'*est*, s'étendent de belles et vastes plaines, coupées par quelques petits mamelons fort gracieux.... A quelques lieues de là, et toujours à l'*est*, se trouve l'embouchure du fameux *Rummel* ou *Oued-el-kbir* qui passe à Constantine. La ville, bâtie, comme presque toutes les villes d'Afrique, sur les ruines d'une ville romaine dont je ne sais pas le vrai nom, est entourée de faibles remparts, et est à peu près carrée. Les maisons sont basses et couvertes en tuiles; elles sont toutes séparées de la rue par une cour, et un mur assez élevé, en sorte qu'en parcourant les rues, qui sont en général assez bien percées, il semble qu'on se promène entre les murs de clôture de quelques jardins. L'aspect de la ville est donc triste et silencieux. La plupart des Arabes qui avaient fui, quand les Français s'emparèrent de leur ville, sont rentrés paisiblement dans leurs maisons, et paraissent assez contents de la domination de leurs vainqueurs : ils sont au nombre de *quatre* ou *cinq cents*.... Ils m'ont paru avoir les mœurs paisibles des habitants de Constantine. Quand je débarquai la première fois dans leur ville, ils vinrent en foule sur le port pour me voir, et ils paraissaient tout joyeux de ma visite. Je leur adressai quelques mots de bienveillance en arabe, et je distribuai quelques dragées aux enfants ; aussitôt grands et petits m'entourent, me pressent pour avoir des dragées, en me faisant force salutations. Les plus anciens de la ville vinrent ensuite assez gravement, et firent retirer la foule qui m'assiégeait ; puis ils me dirent très-sérieusement : *Bon marabouth francès, reste dans notre ville, nous serons contents de t'avoir au milieu de nous.* Je leur dit que plus tard je reviendrais les revoir ; ils me répondirent vivement qu'ils désiraient que ce fût bientôt. J'y suis retourné *deux fois* depuis ; les enfants, qui m'aperçurent les premiers, ne manquèrent pas de venir encore me demander des bonbons, et les anciens vinrent ensuite en grand nombre, pour s'assurer si je venais cette fois pour me fixer dans leur ville; ils ont été tout chagrins, quand je leur ai dit que je ne le pouvais pas. Pour les consoler, je leur dis que je viendrais les voir aussi souvent que je le pourrais. Enfin, la troisième fois que je suis allé les voir, ils m'ont reçu comme un ancien ami. Ils sont en général très-pauvres : je leur distribuai quelques petites aumônes, et, lorsque je les quittai, les petites filles, les petits garçons et quelques pères de famille venaient me baiser les mains, et me disaient tristement, *allah isslemek*, (que Dieu te bénisse) *rohh belafia*, *n'chouftek* (Bon voyage, à revoir bientôt).

Pendant mes diverses stations à Djidjelli, j'ai exploré un peu les environs de cette ville. On trouve à chaque pas des ruines romaines, des restes de murs et quelques tronçons de colonnes. La porte de la ville, au midi, est assez belle; elle est de style arabe, construite sur un ancien débris de temple païen ou *chrétien*; près de là, et tout au bord de la mer, est une fontaine antique très-abondante; tout auprès on voit une fort belle mosaïque très-bien conservée. J'ai vu. encore dans un champ voisin, que les militaires ont converti en jolis petits jardins, d'autres mosaïques assez belles dont j'ai détaché, avec beaucoup de peine, quelques petits fragments que je conserve comme souvenir..... Que ne puis-je vous envoyer tous ces souvenirs?... En suivant les bords de la mer à l'*est*, j'ai visité une jolie mosquée qui sert de caserne; elle est ombragée par de grands arbres qu'on appelle *Caroubriis*. En marchant dans la même direction, toujours sur les bords riants de la mer, et à un quart de lieue de la ville, on arrive à un petit promontoire, ou plutôt à un énorme rocher peu élevé qui s'avance dans la mer et qu'on appelle *fort Duquesne*. Il y a là, en effet, un petit fort bâti, dit-on, par le fameux Duquesne. En parcourant ce rocher j'ai remarqué quantité de tombeaux grands et petits taillés dans le roc vif. Ces tombeaux ont dû coûter un travail immense et qui supposerait une grande industrie et une certaine splendeur dans ces contrées, dans une antiquité très-reculée. L'armée française a fait élever, dans ce singulier cimetière, un monument à la mémoire du commandant *Horain*, officier supérieur polonais, qui commandait la légion étrangère lors de la prise de Djidjelli, et qui, dans cette affaire, fut blessé mortellement. C'est toujours un régiment de la légion étrangère qui garde cette charmante petite ville. A mon dernier voyage je demandais à quelques-uns de ces soldats, si les Arabes du dehors venaient quelque fois les attaquer dans les avant-postes; l'un deux me répondit en style militaire et avec énergie : *Oh! non, notre bon Dieu leur a fait peur; depuis que notre seigneur l'Evêque d'Alger a dit la messe ici, ils n'ont pas osé approcher de la ville, ni nous tirer un seul coup de fusil.* Monseigneur avait, en effet, dit la messe à Djidjelli, en revenant d'Hyppone au mois d'août dernier.

Un inspecteur des Douanes, homme de beaucoup de savoir, à qui je parlais du plaisir que j'avais eu de voir *Djidjelli*, me dit que cette ville, qu'il connaissait bien, deviendrait fort importante, sous le rapport commercial, comme débouché des bassins de l'*oued kameil*, et de l'*oued el kbir* (Rummel qui passe à Constantine); comme port de relâche de bateaux corailleurs qui pêchent le corail dans les eaux du cap *Bougarone*; et enfin comme centre d'exploitation des mines de fer et de plomb qui se trouvent dans ces parages, et de bois de chêne dont on cite la force et la durée.

L'objet de tous mes voyages à Djidjelli était la visite des pauvres malades entassés dans des hôpitaux improvisés, manquant des choses les plus essentielles pour le rétablissement de leur santé, et auxquels je laisse toujours quelques petites aumônes, dans mes visites. Le nombre de ces pauvres malades était grand quand j'y suis passé une première fois. Il était un peu diminué à mon dernier passage. J'ai toujours le bonheur d'en confesser et d'en administrer un grand nombre. Je confessai aussi plusieurs militaires malades qu'on transportait à Alger sur le bâtiment que je montais; l'un d'eux mourut entre mes bras, presque à la vue d'Alger, au moment où je l'administrais.

Venons à *Bougie*. J'ai débarqué quatre fois à Bougie et j'y suis resté assez longtemps pour bien l'observer; cette ville ne m'a pourtant pas autant intéressé que *Djidjelli;* d'abord parce qu'elle n'est point aussi délaissée que cette dernière, puis, parce que Bougie a le bonheur d'avoir un prêtre et une église depuis plus d'un an; et puis, parce qu'il n'y a presque pas d'Arabes. La situation de cette ville est une des plus pittoresques que je connaisse. Elle est dans le fond d'un golfe profond, mais moins large que celui de *Stora* (ou *Sinus Numidicus*) et de Bône. Elle est bâtie sur le versant un peu abrupte, mais pourtant agréable, d'une montagne assez élevée, et surmontée par d'autres plus élevées encore sur lesquelles on a placé des *forts* et de *blokaus* pour la garder et la défendre des coups de main des Arabes. Les tribus Kabaïles qui avoisinent Bougie sont reconnues comme les plus belliqueuses et les plus indomptables de l'Afrique. Jamais les *Beys* et les *Turcs* eux-mêmes n'ont pu les soumettre. On dit que c'est cette sage et prudente considération qui a empêché la colonne expéditionnaire, que commandait dernièrement le duc d'Orléans, de se rendre de *Sétif* à *Bougie* en traversant ces tribus guerrières et cruelles, comme on l'avait d'abord projeté. On a mieux aimé tenter la fameuse expédition de *Biban*, ou *Portes de fer;* et tout le monde s'accorde à dire que, quelque hardie, téméraire même qu'ait été cette dernière expédition, elle a été plus prudente que celle qu'on aurait tentée de Sétif à Bougie.

Je ne saurais trop que vous dire de ce qui reste

maintenant de l'ancienne *Bougie* (Bugia). J'y ai vu quelques belles citernes romaines, quelques restes de souterrains, de grands débris de murailles, et, comme dans toutes les autres villes, des colonnes en marbre et en granit d'une grosseur prodigieuse.

Au fort de *Mouca*, j'ai trouvé une pierre tumulaire formant une marche d'escalier où j'ai pu lire *diis manibus sacrum à Julio,*.... et le reste de l'inscription était écrit en caractères grecs que je n'ai pu déchiffrer. Pour la ville que j'appellerai *Moderne*, il n'y a de remarquable que les forts de *Philippe de Navarre*, de *Charles-Quint*, puis la *Casbah* ou *citadelle*, bâtie, dit-on, par les Génois. Ce qui prouverait que cette ville a été prise et soumise par diverses nations. Puis encore les forts de Mouca, d'Abd-el-Kader, de Bridjah.... et hors de la ville ceux de *Bénak*, de *Clausel*, et des *Courayah*, situés sur une montagne élevée qui domine toute la ville et les alentours, il y fait, dit-on, toujours froid. En général les environs de la ville ont l'aspect le plus sauvage. Ce ne sont partout que des montagnes, ou plutôt des rochers escarpés très-élevés et inaccessibles, presque toujours couverts de neige pendant quatre mois de l'année. C'est sans doute à la nature de ce sol, qui s'étend de Bougie jusqu'aux Portes de fer, jusqu'au désert même, qu'il faut attribuer les mœurs barbares de ces Kabaïles indomptés qui habitent ces contrées.

Quand les Français prirent cette ville, il y eut une résistance désespérée de la part des Arabes qui l'habitaient; on en fit un affreux carnage, on brûla et on démolit la plus grande partie de leur ville. Les ruines qui couvrent le sol annoncent que Bougie a dû être une ville importante, même sous la domination arabe. Dans les environs on remarque encore quelques beaux jardins et d'agréables maisons de campagne. Ce qu'on voit maintenant de cette ville a été presque tout rebâti par l'armée et par les colons, qui peuvent s'élever, en ce moment, au nombre de cinq cents, la plupart mahonais, italiens, maltais, provençaux. Tous les indigènes qui ont échappé au sac de la ville se sont enfuis dans les montagnes. Un tout petit nombre est rentré et vit assez paisiblement avec les colons et la garnison qui est à peu près de quinze cents hommes.

Il y a à Bougie depuis plus d'un an une église catholique, qui avait d'abord été bâtie, *par ordre*, pour une salle de spectacle, qui a été ensuite transformée en église sur la demande de la garnison et des colons qui ont pensé que les prières et les cérémonies de notre sainte religion, leur seraient plus avantageuses que des représentations théâtrales. C'est un prêtre mahonais qui dessert cette église depuis que M. l'abbé Haudemann l'a quittée pour aller me remplacer à Constantine. — L'hôpital, qui a maintenant trois cents malades et qui peut en contenir près de cinq cents, est un des plus beaux édifices construits à Bougie par les Français, quoique la plupart des cloisons soient en planches.

Le lieutenant-colonel Bedeau, qui vient de passer tout récemment colonel au 17me léger, est resté longtemps commandant supérieur de cette ville qui lui doit tout le bien dont elle jouit sous les rapports religieux, civil et militaire. C'est un des officiers les plus distingués que je connaisse en Afrique sous les rapports militaires et administratifs ; car dans la plupart des places et garnisons de l'Algérie, il faut que l'officier qui les commande soit à la fois général, préfet, maire, président du tribunal, procureur du roi, juge de paix, voire même commissaire de police.

Votre toujours bien attaché ami,

SUCHET, *ch. v. g.*

Alger, 27 janvier 1840.

Monsieur et bien cher ami,

Je vous renvoie une lettre qui me revient de Bône où elle m'avait été adressée quand j'y étais encore, et qui y est arrivée quelques jours après que j'ai eu quitté cette ville. Elle m'a été écrite d'Alger par un de mes bons amis, M. l'abbé *Gstalter*, autrefois premier vicaire de la cathédrale de Strasbourg, et maintenant chanoine honoraire et secrétaire de l'évêché d'Alger. C'est ce savant et éloquent orateur dont les journaux ont déjà loué les talents distingués. Vous jugerez vous-même de son âme ardente et de l'élévation de son esprit par la lettre que j'ai cru devoir vous envoyer comme la meilleure réponse aux attaques du protestantisme dans notre chère ville de Tours. Habitué, comme il le dit dans sa lettre, à combattre et à vaincre ce genre d'ennemis au milieu desquels il est né et a vécu jusqu'à présent, il pouvait mieux que moi entrer dans la lice, et les attaquer avec cette arme puissante de la parole que je n'ai jamais su manier, comme vous le savez bien. Vous pouvez faire de cette lettre l'usage que vous voudrez ; c'est l'intention de l'auteur. Je souhaite qu'elle produise dans le cœur de tous ceux qui la liront les heureux effets que nous désirons tous si ardemment, et que nous ne cesserons de demander à Dieu dans nos prières.

Alger, 29 décembre 1839.

Mon cher ami,

J'ai reçu votre excellente lettre. Je vous remercie bien des sentiments tendres et affectueux qu'elle renferme pour moi. L'on voit bien que vous écrivez d'Hyppône, des lieux sanctifiés par votre cher saint Augustin et les anges de Calame, de Tagaste, c'est-à-dire par tout ce que la nature, la grâce, le génie, la vertu, pouvaient réunir de plus grand, de plus digne, de plus vénérable. L'on dirait que l'amitié du saint docteur et de tant d'illustres personnages vous inspire, vous enflamme, et qu'en parcourant ces ruines sacrées, vous cherchez un adjoint qui puisse comprendre, partager les émotions qui se pressent dans votre cœur à tant de souvenirs si délicieux, si chrétiens. Que ne puis-je l'être, cet adjoint, que ne puis-je vous accompagner dans ces promenades solitaires, contempler avec vous ce beau rivage de la Seybouse, ce gracieux contour des vallons, cette belle verdure, ce pur ciel bleu, encore le même que contemplait notre saint ami! Que ne puis-je, surtout, là, sur cette terre bénie, prier avec vous pour notre pauvre Eglise, la recommander chaudement au grand Pontife, mettre entre ses mains nos destinées, notre avenir, lui dire combien nous voudrions le suivre, combien nous tâcherons de marcher sur ses traces! . . . Oh! il me semble qu'agenouillés sur les débris de sa maison épiscopale, sur les ruines de sa *basilique de la paix*, où il priait si souvent pour son peuple, il me semble que là nous serions plus près de lui, qu'il nous entendrait mieux, qu'il exaucerait plus facilement nos prières. Mais vains regrets! souhaits inutiles! je suis retenu à Alger par tous les liens, et probablement avant juin de l'an quarante, il ne faut pas songer au pèlerinage.

Au milieu des choses consolantes que raconte votre lettre, vous me parlez d'une calamité qui, avec raison, vous affecte, vous préoccupe vivement. Je veux dire la propagande protestante qui se remue active, impudente dans nos belles provinces du centre de la France, et qui étend ses déplorables ravages jusque dans votre chère ville de Tours, menaçant de déflorer cette enfant de votre prédilection, de ternir la flamme sacrée de l'antique foi de saint Martin, que vous avez si soigneusement conservée pendant dix ans de labeur pastoral. Ayant vécu toute ma vie, ayant toujours exercé le ministère au milieu de l'hérésie luthérienne et calviniste, ayant eu beaucoup d'amis et encore plus d'ennemis jusque dans les rangs du *clergé réformé*, je puis, peut-être mieux que personne, vous parler du savoir faire, vous démasquer les *roueries Evangéliques* des révérends ministres, vous donner même pour votre successeur quelques avis pratiques, afin de faire échouer à Tours leurs coupables intrigues, afin de paralyser, de détruire leurs criminels efforts. Par là je répondrai complétement à cette lamentable page de votre lettre.

D'abord je pourrais vous dire comme beaucoup de personnes, qui du reste comprennent fort bien leur siècle et l'état de toute question sérieuse qui s'y agite, que partout le protestantisme est mourant, que partout le protestantisme est mort; qu'en Angleterre il est débordé par la courageuse Irlande, miné par le patriotisme catholique d'O'Connel qui le poursuit, le traque jusque sur les siéges de la chambre haute; qu'en Allemagne il s'est fourvoyé dans le *rationalisme*, dans *le déisme*, pour aller se perdre sans retour dans les nuages du *panthéisme* moderne; que dans les États-Unis d'Amérique il s'est divisé et sous divisé en ses mille et une secte, qui sortent les unes des autres, se rapprochent, s'éloignent, varient pour varier encore, se condamnent et s'anathématisent mutuellement. Véritable tohu-bohu intellectuel, où s'abîmerait toute notion du christianisme, si le catholicisme n'était là pour le garder, torrent aux cent bras qui menacerait de tout dévaster, si l'Eglise ne se présentait à son encontre pour lui jeter du haut de son *infaillibilité* un *nec plus ultrà* divin. Je pourrais vous dire qu'il n'y a pas tant lieu de s'effrayer de ses derniers efforts ; qu'il est très-naturel qu'il se débatte un peu dans son agonie, lui qui, dès sa naissance, a tant troublé le monde, a bouleversé l'Europe, l'a remplie de feu et de sang, en se mettant au service du premier despote qui eut envie d'opprimer les peuples, de les dépouiller de leur liberté. Je pourrais vous dire enfin de laisser passer la justice de Dieu qui n'a jamais manqué à l'iniquité, quelque vaste, quelque puissante qu'elle fût ; mais nous sommes prêtres de Jésus-Christ, défenseurs nés de son Eglise, sentinelles avancées dans le camp d'Israël ; nous devons signaler le danger quand il se présente, nous inquiéter du mal qui se fait, nous opposer sans cesse à la séduction ; nous devons chasser intrépidement les loups ravisseurs qui se glissent dans le bercail, leur arracher la peau de brebis dont ils se couvrent pour perdre les faibles ; nous devons contre-balancer leur activité hérétique par notre activité chrétienne, réduire le philantropisme par la charité catholique.

Ainsi, les protestants ouvriront des salles d'asile, fonderont des écoles gratuites pour attirer la génération qui s'élève, distilleront dans des cœurs d'enfants le venin de l'hérésie ou de l'indifférence, attaquant ainsi l'espoir, l'avenir de l'Eglise et des familles pour les corrompre plus sûrement. Ils répandront des *bibles, des traités religieux*, verseront des bibliothèques entières dans les ateliers, dans les hôpitaux, dans les hôtelleries, dans les places publiques et jusque sur les grandes routes par les portières des diligences. Ils entreront dans la cabane du pauvre, lui donneront l'aumône, pour lui ravir sa foi ; lui paieront tant, pour qu'il déserte sa paroisse et qu'il aille faire nombre au *prêche*. Ils pénètreront même jusqu'au chevet de vos malades, leur feront la lecture, la prière, leur apporteront avec une commisération hypocrite ces milles petites friandises dont les malades sont si avides ; ou, par leurs paroles douces et mielleuses les tiendront éloignés des sacrements de Jésus-Christ. La secte la plus habile pour ces manœuvres, et partout la plus dangereuse, est la secte des *piétistes*. Ses agents les plus ordinaires sont des femmes, qui ne trouvant plus rien, ni pour l'esprit, ni pour le cœur dans le protestantisme qui s'en va en lambeaux, se sont jetées dans un sentimentalisme vague, dans une *religiosité* couleur de rose qu'elles ont arrangée à leur guise, et qui satisfait tant soit peu leur âme naturellement tendre et croyante. Or, dans ces fâcheuses circonstances, quel est le devoir du clergé catholique, des curés, des pasteurs des âmes? Nous l'avons dit, c'est de paralyser tant qu'il est possible ces moyens de séduction par des moyens analogues, plus habiles, plus vastes, mieux dirigés. C'est d'ouvrir des salles d'asile, des écoles gratuites; c'est de créer des établissements, des sociétés de bonnes œuvres, dont il seront l'âme, dont il s'occuperont activement, comme d'une des parties les plus essentielles de leur ministère. C'est de fonder *des bibliothèques de paroisse* pour leurs ouailles de tout âge, de tout sexe, de toute condition, de toute intelligence. C'est de se multiplier en quelque sorte pour subvenir aux besoins des pauvres qui se multiplient; c'est de veiller attentivement sur leurs malades, afin qu'à l'heure de la détresse et de la tentation, *le serpent* ne se glisse point près de leur couche, pour étouffer leur âme, a travers un pitié simulée, dans un embrassement perfide... Mais les moyens pour effectuer tout cela, me dira-t-on? Le protestantisme a des ressources humaines, des moyens précuniaires que nous ne saurions trouver. A cela je n'ai qu'un mot à répondre. L'Eglise catholique a ses moyens célestes qui valent bien, j'espère, tous les froids calculs du philantropisme hérétique; elle a les ressources divines de son inépuisable charité. Or, la charité, hommes de peu de foi que nous sommes, la charité, c'est Dieu, et rien d'impossible à Dieu, au Tout-Puissant. Eh! combien de temps encore les fils de la lumière auront-ils moins d'esprit et moins de courage que les enfants de ténèbres?

Pour ce qui est du protestantisme en Algérie, malgré les articles pompeux d'un journal de la secte, et les vanteries intéressées de quelques *apôtres* de l'Afrique, son présent n'est pas merveilleux, et son nébuleux avenir semble n'offrir que de bien faibles garanties. On dirait que l'hérésie, si puissamment secouée jadis par la voix d'Augustin, ne peut plus pousser sur cette terre; que la grande ombre *du fléau des hérétiques* l'épouvante, et que la charité de *son* Église, ouvrant les bras à tant d'infortunés qui viennent souffrir et mourir sur ces côtes, leur fait voir de prime abord de quel côté se trouvent la vérité et l'amour, c'est-à-dire la vraie religion. Aussi ces pauvres égarés s'empressent-ils de tendre les mains vers leur mère qu'ils n'avaient point connue jusque là, dont on leur avait défiguré la céleste image, dont on leur avait calomnié si indignement l'esprit et le cœur. Oui, nous avons déjà rattaché à se tronc apostolique et séculaire planté par une main divine sur le fondement qui s'appelle Pierre, et presque tous les jours nous y rattachons quelques-unes de ces branches mortes, arrachées et dispersées par un jour de tempête. Moi seul j'ai eu le bonheur, en moins d'une année, de ramener une trentaine de protestants dans le giron de l'Eglise, de cette Église catholique, si belle par son unité, si puissante par sa vie et son action civilisatrice; cette *grande* Eglise, comme disent nos Arabes, la même dans tous les siècles, la même d'un pôle à l'autre, la même dans les cinq parties du monde, toujours ancienne et toujours jeune comme toutes les œuvres divines, *colonne* et *fondement* de la vérité, hors de laquelle il n'y a qu'invention humaine, qu'erreur et mensonge; hors de laquelle il n'y a qu'égarement et duperie, hors de laquelle, par conséquent, il n'y a point de repos pour le cœur, point de paix pour l'intelligence, et pour l'âme point de salut éternel à espérer.

Le Gouvernement, si disposé d'ailleurs pour le catholicisme dans la colonie, mais forcé encore longtemps à sacrifier aux idées qui ont présidé à sa naissance, à se plier aux exigences de sa nature et de sa position, vient de créer un consistoire à Alger. Le protestantisme, nous le savons, a beaucoup exagéré le nombre de ses adeptes, s'est beaucoup remué pour obtenir cette création qui, avec raison, paraissait une mesure impolitique à bien des hommes éclairés. Cependant je ne crois pas que, pour l'avenir et pour la conversion des infidèles, le résultat de l'œuvre puisse jamais se trouver au niveau de ses espérances. Prenons les mahométans tels qu'ils sont, gens sensuels, mais croyants jusqu'au fanatisme, et partant, ennemis déclarés de la dispute religieuse qui fait le fond de l'esprit de secte; observateurs fins et déliés, ne se payant ni de mots, ni de simagrées, allant au fond des choses, et appréciant fort bien les ressources d'une institution quelconque, ses services, ses bienfaits, sa valeur d'utilité publique et particulière: assurément des hommes de cette nature se tourneront plutôt vers le catholicisme, dont ils admirent la majesté du culte, la beauté des cérémonies, et dont au reste ils trouvent dans leur *Coran* les croyances et les pratiques les plus populaires, niées par le protestantisme, telles que le culte des saints, le respect pour Marie, les suffrages pour les morts, les jeûnes, les abstinences, etc., etc.; ces hommes, dis-je, qui, malgré la polygamie qui est dans leur code, se prosternent devant le célibat de nos prêtres et de nos religieuses, ces hommes embrasseront plutôt le catholicisme vers lequel bon nombre incline déjà, que le protestantisme raide, sec et froid, qui ne dira rien à leur cœur, qui ne parlera ni à leur imagination si poétique, ni à leur esprit si à l'aise dans les mystères, à l'ombre d'une *autorité* infaillible. Demandez plutôt à Caïd-Aly, au brave Cheic-el-Arab et à tous vos bons amis de Constantine.

Voilà, selon moi, mon bon ami, le sort du protestantisme dans ce pays. Je puis me tromper sur certains points de la question; mais, connaissant le terrain sur lequel nous marchons, les éléments dans lesquels nous vivons, assurément je ne puis me tromper sur la question elle-même. Mais pardon, mon cher monsieur, je m'aperçois qu'au lieu d'une lettre familière, je vous ai fait tout un discours, tout un traité. Je ne sais comment j'ai laissé courir ma plume; la prolixité d'ordinaire n'est pas mon défaut. Vengez-vous-en, si vous voulez, en portant dès demain mon souvenir sur le sépulcre du grand Docteur d'Hyppône.

Votre véritablement affectionné,

G'STALTER.

Bône, 22 juillet, fête de Ste-Madeleine, 1840.

Mon bien cher ami,

Je suis parti d'Alger, le 25 juin, pour aller continuer ma mission, hélas! trop longtemps suspendue (six mois). Dieu sait tout ce que j'ai souffert, de rester ainsi dans l'inaction, tandis que tant d'âmes se perdent! Je n'en excepte pas même mon voyage en France où je ne me regardais plus que comme un soldat inutile. Et pourtant, sur quel champ de bataille vais-je combattre? et contre quels ennemis?.. Je ne veux pas trop y penser de peur que le découragement ne s'empare de mon âme, et me fasse refuser le combat...

Je ne veux entendre, je ne veux suivre que cette voix de Dieu qui a été assez forte pour m'arracher à un troupeau que je chérissais tant. Cette même voix sera toujours assez forte pour m'encourager, me guider et me soutenir au milieu des fatigues, des travaux et des épreuves où elle m'appelle.

Me voilà donc embarqué pour Bône où je dois fixer, au moins pour un temps, mon quartier général ; j'emmène avec moi un prêtre que je dois installer comme curé à la Calle. Le temps était mauvais ; nous mîmes 36 heures pour arriver à Bougie, on ne met d'ordinaire que 15 à 16 heures; nous nous y arrêtâmes deux heures seulement. J'allai visiter l'église, le curé, puis le commandant de place et le commissaire civil. Tous se plaignirent de n'avoir pas de maître d'école pour leurs enfants... Je ne pus que m'apitoyer avec eux sur la grande difficulté de trouver en Afrique le moyen de donner ces soins, si indispensables, à cette portion de notre population catholique, la plus intéressante et la plus malheureuse sous le rapport moral. On aurait aussi besoin, à Bougie, de quelques livres de prières, et d'une petite bibliothèque chrétienne pour les militaires et les enfants.

Djidjelli n'est qu'à 5 heures de marche de Bougie, nous y avons mouillé aussi pendant deux heures : nous allâmes visiter les hôpitaux, nous eûmes le bonheur de n'y trouver aucun malade en danger. Le jeune docteur chargé du soin de ces hôpitaux, me dit que depuis un mois et demi il n'y avait eu qu'un seul décès sur une garnison de 5 à 600 hommes. L'état sanitaire de Djidjelli est donc, comme vous le voyez, on ne peut plus satisfaisant. Je vis aussi, quelques instants, une petite Bédouine de la montagne, âgée de 5 à 6 ans, qui avait été délaissée, il y a quelques mois, par ses parents, au milieu des rues de Djidjelli, dans le dénuement le plus absolu. Un bon sergent major qui avait avec lui sa femme et sa fille, âgée de 14 ans, eut pitié de la pauvre abandonnée qu'aucun Arabe de la ville n'avait voulu secourir. Il l'accueillit, l'emmena chez lui où sa femme et sa fille en eurent tous les soins possibles. Ce brave homme voulut l'adopter dans le cas où on ne viendrait pas la réclamer. Cette pauvre enfant s'est tellement attachée à son père adoptif, qu'elle ne veut plus le quitter d'un pas. Elle a tellement horreur des Bédouins et de tout ce qui les lui rappelle, qu'elle ne veut pas même qu'on lui parle arabe; et lorsque je lui adressai quelques mots en cette langue, croyant lui faire plaisir, elle me fit une petite moue, et, se cachant derrière sa sœur adoptive, elle ne voulut pas me répondre. Sa sœur me dit : Elle ne veut pas entendre parler arabe, parlez-lui français, et vous verrez comme elle sera aimable. Je lui parlai français : alors elle vint sauter auprès de moi, m'embrasser les mains, et me dit avec gentillesse : « Moi, pas Bédouine, jamais,

jamais, je suis Française, je m'appelle Zoé; viens avec moi, je veux te mener voir mon bon père. » Et elle me mena à l'hôpital où son père, le bon sergent, était retenu malade. Il me raconta comment il avait trouvé cette enfant, il me dit qu'il a su par son vieux grand-père qui était venu la réclamer, qu'elle était orpheline de père et de mère. La petite Zoé ne fit pas comme Constantine, dont vous connaissez l'histoire. Dès qu'elle vit son grand-père, au lieu d'aller se jeter dans ses bras, elle courut se cacher en criant qu'elle ne voulait pas retourner à la montagne. Le bon vieillard voyant l'attachement extraordinaire de sa petite-fille pour ces braves gens qui l'avaient adoptée, protesta qu'il ne l'emmènerait pas, et que, lui qui en était le maître, il leur en faisait purement et simplement l'abandon. Depuis ce jour, ce bon vieux grand-père vient voir la petite Zoé, de temps en temps; il lui apporte des jouets arabes, des fruits et lui fait mille caresses; cette petite fille n'en paraît presque nullement touchée, et craint toujours que son grand-père ne la rammène dans la montagne avec les Bédouins. Pour celle-là, on en fera une chrétienne; le sergent le veut et le grand-père ne s'y oppose pas. Voilà qui nous consolera un peu de notre pauvre petite Constantine qui n'aura peut-être jamais le même bonheur. Je quittai l'intéressante petite Zoé après lui avoir recommandé d'être bien sage, de bien apprendre ses prières; je lui donnai une modique aumône, et son père adoptif me dit que cela lui aiderait à l'habiller. Ce bon sergent avait déjà écrit à Mgr, à Alger, au sujet de sa petite Bédouine; et Mgr m'avait chargé de voir ce qu'il en était en passant à Djidjelli. Je pense qu'il se chargera de cette pauvre enfant, si le sergent veut la lui céder. Il paraît qu'il n'est pas rare de voir les Arabes abandonner ainsi leurs petites filles. M. le général Guingret, commandant supérieur du cercle de Bône, dans sa dernière razia ou expédition du mois d'avril dernier, chez les Huractas, recueillit aussi deux de ces pauvres petites créatures abandonnées, qu'il fait élever lui-même à Bône.

Nous débarquâmes à Philippe-Ville, le dimanche, à 5 heures du matin; j'eus le bonheur d'y célébrer la sainte messe. Cette ville prend un accroissement extraordinaire; je dois y retourner par le prochain bâtiment à vapeur, c'est-à-dire dans quatre à cinq jours, pour la construction d'une église provisoire pour laquelle le gouvernement vient d'accorder des fonds; car vous savez que jusqu'à présent on dit la messe dans une espèce de magasin.

Enfin j'arrivai à Bône, le soir du même jour,

à 9 heures. Inutile de vous dire que mon premier soin, le lendemain, jour de Saint-Pierre, fut d'aller visiter notre chère Hyppône. Cette fois, ce n'était pas seulement pour satisfaire ma propre dévotion ; j'y allai chargé de toutes les recommandations et de tous les vœux que j'avais recueillis de tant de personnes qui aiment saint Augustin en France, autant que je peux l'aimer moi-même à Hyppône. Ce jour-là aussi ma prière au tombeau de ce grand saint fut plus solennelle, plus pleine d'émotions, plus pieuse, enfin, pour vous parler simplement. Je ne vous dirai rien du bonheur que j'eus de revoir, d'embrasser cette terre sacrée d'Hyppône ; il me semblait que ces lieux m'étaient devenus plus chers depuis que j'avais trouvé, en France, des cœurs qui partageaient mes sentiments sur saint Augustin, qui enviaient mon bonheur de vivre sur une terre qu'il a tant illustrée... Pendant les huit jours que je suis resté à Bône avant d'aller à la Calle, j'allai tous les jours y faire mon pèlerinage ; et depuis que je suis revenu de la Calle, il me semble que j'ai manqué à un devoir essentiel lorsque je laisse passer un seul jour sans y aller. Je vous dirai plus tard comment j'emploie mon temps à Bône... Je me hâte de vous parler de mon voyage de la Calle... Par le fait, il n'a rien de bien intéressant. Mais je sais que vous m'avez prié de vous dire tout simplement quelle est ma vie en Afrique.

Je ne sais pourtant pas si vous aurez le courage de lire mon verbiage jusqu'au bout.

Nous partîmes de Bône, le 6 juillet, à 7 heures du matin, montés sur de mauvais chevaux, avec un harnachement plus mauvais encore ; nous suivions une petite caravane de spahis de Bône qui se rendait à la Calle. Nous traversâmes la Seybouse dans un bac, vers l'endroit où était autrefois le fameux port d'Hyppône. Après une heure de marche, nous trouvâmes un grand douar de la tribu des *Béni Ourdjine ;* il faisait très-chaud ; nous demandâmes du lait qu'une jeune femme vint nous offrir sur nos montures d'où nous n'étions pas descendus. Je lui donnai une pièce de monnaie malgré les réclamations de mes compagnons de voyage qui me disaient que ce n'était pas l'usage ; et, malgré l'usage contraire, notre Bédouine reçut avec plaisir mon argent. J'ai su depuis qu'on avait beaucoup parlé dans tout le douar de la générosité du *marabouth francès* et qu'on l'avait beaucoup louée. Le corps des spahis de Bône est composé, presque exclusivement, de cavaliers indigènes que le gouvernement paie 2 fr. 50 c. par jour, à charge, par eux, de se nourrir et de s'équiper. Ces spahis, presque tous jeunes pères de famille, restent habituellement dans leurs douars, dans le cercle de Bône et de la Calle, lorsqu'on n'a pas besoin de leurs services; alors on ne les paie pas, et quand on en a besoin on les avertit quelques jours d'avance de se rendre à tel point qu'on leur désigne; ils n'y ont jamais manqué depuis leur formation. Ce sont des soldats vraiment attachés et dévoués aux Français : ils y trouvent bien un peu leur intérêt sous tous les rapports. Donc, un fort détachement de ces spahis nous attendait auprès d'un *Djenima* (église) ou petit marabouth, le seul bâti en pierres qu'il y eût dans toute cette vaste contrée, car hors des villes, dans les tribus, quelque riches et nombreuses qu'elles soient, il n'y a point de mosquée, aucun point de réunion pour prier. Aussi, je doute fort que ces pauvres Arabes nomades soient de bons musulmans. Il y a pourtant des espèces d'églises ou *minarets* en plein champ. Je n'ai rien vu de plus misérable que ces minarets. Ce sont quatre soliveaux plantés en carré dans la terre, entre lesquels est un petit plancher fait avec des branches et des roseaux recouverts de paille. Ils appellent cette espèce de cabane, *nonella*. C'est là que le *modzzin* ou le *marabouth* se tient huché tout le jour, exposé à un soleil brûlant, afin d'appeler de temps en temps ses frères à la prière. Pour la *djenima* dont je viens de vous parler, elle est sur un petit tertre, entourée de figuiers et de pampres qui forment là un agréable oasis. C'est sous ces ombrages qu'étaient couchés nos bons spahis, à côté de leurs paisibles et caressants chevaux. Après une courte halte, le capitaine français, M. de Nouvisole, commanda à la colonne de se mettre en marche. La trompette ne sonna pas le boute-selle, par la raison qu'on ne peut pas conduire ces cavaliers indigènes au son de la trompette ; ils ne le comprendraient pas ; on a même assez de peine à leur faire comprendre le commandement par le moyen de quelques mots arabes que leurs officiers et sous-officiers, presque tous Français, sont obligés d'apprendre et de leur répéter cent fois, à tue-tête, pour se faire obéir... On nous organisa aussi en bataille avec ces spahis, et nous marchions à la tête de la colonne avec le capitaine et ses officiers. Arrivés à l'embouchure de la *Mafrag* qui est une rivière très-profonde et très-dangereuse à passer lorsqu'elle est enflée par les eaux de la mer, nous mîmes pied à terre. En un clin d'œil les chevaux sont dessellés ; puis, nos farouches spahis poussent un effroyable *hourra* que les chevaux comprennent fort bien ; aussitôt, nous voyons ces chevaux s'élancer tous ensemble dans le fleuve, en répondant, par leurs lamentables hennissements, aux cris de leurs maîtres. Jamais je n'avais vu ni entendu un pareil vacarme. Les voilà tous se secouant et bondissant sur la rive opposée, puis, regardant de notre côté et frappant du pied la terre, ils semblaient appeler et attendre impatiemment leurs cavaliers. Nous passâmes le fleuve dans le bac, et quelques minutes après nous défilions au galop sur le rivage de la mer qui venait baigner les pieds de nos chevaux. Nous arrivâmes, le soir, à 4 heures, au milieu de deux grands douars de la vaste et puissante tribu de *Seibahh*. Le capitaine fit dresser sa tente entre les douars qui sont la résidence des deux *cheiks* de cette immense tribu. Là, nous dînâmes militairement et gaiement avec notre capitaine et ses officiers. Un des cheiks, nommé *Ben-Djedide*, vint nous présenter ses hommages et nous fit apporter du couscoussou après notre dîner. Ce n'était pas sa faute, s'il venait si tard : ne prévoyant pas notre arrivée, il n'avait pu nous faire préparer un dîner. Un de ses fils, âgé de 17 à 18 ans, ne nous quitta pas de toute la soirée, et dîna avec nous. J'étais étonné que l'autre cheik, nommé *Ben-Akroutz*, qu'on dit être le premier cheik de la tribu, n'eût pas paru. Je sus, plus tard, qu'il y avait rivalité entre les deux cheiks, et que le grand, ayant vu son rival venir auprès de nous avant qu'il eût pu y arriver lui-même, s'en était trouvé piqué, et n'avait pas voulu paraître. Mais, comme je me promenais, à la chute du jour, en récitant mon chapelet pour ces pauvres sauvages, un jeune enfant, de 11 à 12 ans, m'aborda d'un air aimable, me baisa la main, puis me la saisissant fortement, il m'entraînait en me disant en arabe : « Viens, viens sous la tente de mon père, c'est lui qui est le grand cheik, il te donnera du lait, des dattes, du bon couscous, il te recevra bien, il sera si content de te voir ! » En parlant ainsi, nous arrivions à sa tente; il voit sa mère qui portait sur son dos, à la manière des Bédouines, son petit enfant de 18 mois, et s'écrie : « Maman, maman, voilà le *marabouth francès* que je t'amène, il est bien bon, je l'aime beaucoup... » Notre amitié, comme vous voyez, fut bientôt formée; je lui avais adressé en chemin quelques mots tendres et bienveillants, comme en inspirent ordinairement les enfants; je lui avais donné une médaille de la sainte Vierge comme gage de mon affection, et voilà pourquoi il m'appelait bon. Je dis seulement un petit bonsoir à sa mère, je donnai un morceau de sucre au petit enfant, mais je ne voulus pas entrer dans sa tente. Je demandai à voir son père, le grand cheik, et le petit garçon me conduisit dans un petit jardin où il se trouvait. Ce bon cheik me reçut très-cordialement; il voulut me baiser la main, et me fit promettre qu'à mon retour je logerais sous sa tente; je le lui promis, et je tins parole comme vous le verrez dans la suite de ce récit, qui vous ennuie, j'en suis sûr.

Nous couchâmes sous la tente du capitaine, et notre escadron resta à la belle étoile comme c'est l'usage en Afrique. Le lendemain, nous partîmes à une heure du matin et nous arrivâmes à la Calle à 11 heures, en passant par la Belle-Vallée, et la tribu de *Djaballat*, puis auprès du *Lac salé*, etc. Je vous parlerai plus au long de ces différents lieux en vous donnant la relation de mon retour à Bône.

M. de Mirbec, chef d'escadron de spahis, est en même temps commandant supérieur du cercle de la Calle. Il est là depuis deux ans avec son intéressante famille; il nous reçut fort gracieusement, et nous offrit la table et le logement chez lui. Cet officier a montré le plus grand zèle pour que la Calle eût un curé, et pour faire relever l'église qui tombe en ruine. Nous allâmes de suite visiter cette église: c'est une pauvre masure découverte, où plutôt quatre murs exposés à tous les vents et qui s'entr'ouvrent de tous les côtés. Voilà tout ce qui reste de ce qui fut autrefois l'église. Mon cœur fut douloureusement serré en apercevant au milieu de ces ruines une espèce d'autel, couvert de débris de bois, de pierres et de poussière. Je cherchai la pierre sacrée que je retrouvai au milieu de ces décombres; nous fîmes un peu déblayer cette pauvre masure; nous arrangeâmes l'autel comme nous pûmes, et deux jours après nous eûmes le bonheur d'y célébrer la sainte messe.

Je restai huit jours à la Calle, pendant lesquels

M. le commandant voulut bien me faire connaître cette contrée. Nous montions à cheval le matin, avant les grandes chaleurs, et nous allions, avec une escorte d'honneur, explorer ce pays que je ne croyais réellement pas aussi beau. Notre première promenade eut pour but le camp des faucheurs, ou plutôt un lac appelé par les indigènes *Guerha el oubeira* (étang du puits); les Français le nomment *Guerha el garah:* il peut avoir quatre à cinq lieues de tour, il est couronné de petits mamelons couverts de bois de construction. A sa partie est, s'étend une vaste plaine très-fertile, mais pas cultivée comme presque tout ce pays. Les Arabes ne cultivent qu'un tout petit jardin près de leurs tentes et ce qu'il leur faut de terre pour recueillir de l'orge et du blé pour se nourrir, eux et leurs chevaux. Nous avons pourtant traversé, dans notre route de Bône à la Calle, quelques petits champs de tabac, de haricots, de melons, de concombres et de pastèques : puis, de vastes champs d'une plante sauvage qu'on appelle thé bâtard; on dit que si on se donnait la peine de cultiver cette plante, on pourrait avoir en Afrique d'aussi bon thé qu'en Chine.

Nous trouvâmes, au nord, sur les bords de ce beau lac, un petit douar qui fait partie d'une tribu qu'on appelle les *Lackdah;* ce douar est traversé par un joli ruisseau qui se jette dans le lac et que les Arabes ont un peu détourné par le moyen d'une petite digue en terre, retenue par des pieux très-serrés plantés dans le sol. Je demandai pourquoi les tentes de ce douar, ainsi que celles de tous ceux que j'avais vus depuis Bône, n'étaient point en poil de chameaux, mais bien construites en branchages et couvertes de paille. On me répondit que les Arabes, qui entendent fort bien la vie matérielle, habitent pendant les grandes chaleurs, sous ces cabanes de feuillage qui entretiennent bien plus la fraicheur que leurs tentes en poils de chameaux, dont ils ne se servent que pendant la saison des pluies, pour se garantir de l'eau et de l'humidité... Dans la saison des pluies, ils abandonnent aussi les vallées, et se retirent dans les montagnes.

Un autre jour, nous allâmes explorer les frontières des États de Tunis et d'Alger. En partant de la Calle, nous gravîmes une de ces petites montagnes boisées dont cette place est entourée. Du sommet, l'on jouit d'une vue magnifique de la mer et de la Calle qui ressemble, de là, à un gros vaisseau échoué au port. Nous aperçûmes, à près de quinze lieues au large, l'île de la Galite qui est formée d'énormes rochers, et habitée seulement par des chèvres et des lapins. Les amateurs y vont quelquefois en partie de chasse; et les corailleurs y relâchent pour y faire de l'eau quand ils ne peuvent pas arriver jusqu'à la Calle ou à Tubarca. Elle dépend, dit-on, des États de Tunis. Nous traversâmes ensuite une grande forêt de chênes-liéges, et nous arrivâmes à une vallée délicieuse assez bien cultivée et entourée de petites montagnes très-boisées. Cette vallée, appelée la vallée du *Tonga*, est habitée par plusieurs fractions de tribus réunies. Ce sont les *Ouled mansoni*, les *Agémas* et les *Béni selem*; ils portent le nom commun de *Néhed*. Nous mîmes pied à terre sous de gros figuiers, près du douar le plus considérable. Un instant après, le cheik et les autres notables du pays vinrent rendre hommage à M. le commandant. Ils nous saluèrent très-profondément en plaçant la main sur leurs cœurs, et furent tout émerveillés de voir des *marabouth* chrétiens. On étendit sous nos pieds des nattes et des tapis; les femmes s'empressèrent de nous servir du lait et des melons verts, durs comme des pierres; nous n'en pûmes pas manger, mais nous bûmes du lait qui était excellent.

Non loin de nous, deux femmes étaient accroupies auprès de deux feux dans lesquels elles faisaient cuire de la poterie qu'elles avaient elles-mêmes fabriquée, sans tour et sans moule, avec la terre de la montagne. Nous nous approchâmes, et nous vîmes, au milieu d'un petit brasier alimenté avec du fumier sec qui ressemblait à de la terre, une énorme casserole et un pot dans un autre brasier à côté. Les Arabes des tribus n'ont pas d'autre manière de faire le feu pour leur service ordinaire, soit pour faire cuire leur pain, espèce de galette sans levain, soit pour leur viande, leur couscous, etc. C'est ainsi que faisaient les prophètes dans la Bible; les Arabes ne sont pas en progrès. Tandis que nous nous promenions dans cette vallée, un Arabe vint nous avertir de prendre garde, que, là, sous nos pieds, était le tombeau d'un marabouth. Ce n'était autre chose que de la terre et quelques pierres amoncelées sans ordre, formant un petit tertre sur lequel on remarquait quelques vases de terre cassés, des charbons éteints et des fleurs sèches. C'est pourtant là un lieu sacré, vénéré par les Arabes; on ne pourrait pas mettre le pied dessus sans profanation...

Tout près des tentes des *Ouled-Mansoni*, nous avons remarqué des ruines d'un ancien poste romain qui commandait la vallée. Cette vallée est bornée à l'est par un superbe lac appelé dans le pays *Za oued el hhout* ou *lac du ruisseau aux poissons*, du nom d'une petite rivière qui le traverse pour se jeter dans la mer. Ce lac s'étend majestueusement du nord au sud, dans un espace de plus de quatre lieues, sur une ou deux de largeur. A l'est, ses eaux baignent une petite chaîne de montagnes dont l'extrémité Nord, rapprochée de la mer, s'appelle le *Touga*; c'est une petite montagne terminée en pain de sucre, et qui donne son nom à la chaîne à laquelle elle appartient à la vallée, et à tout le pays d'alentour. Entre cette petite chaîne et le lac, on voit encore les restes d'une ville romaine qui a dû être considérable à en juger par ses ruines.

Sur le versant Ouest du gracieux Touga, on trouve une source abondante d'eau chaude à 28 degrés, au milieu de laquelle s'élèvent, dit-on, deux superbes palmiers; cela me paraît un phénomène. La petite chaîne de Touga n'est séparée à l'Est que par une petite vallée d'une demi-lieue de large, d'une autre chaîne beaucoup plus haute, qu'on appelle *Djebel Dedda* (montagnes de Dedda). Sa pointe Nord, qui s'avance dans la mer, forme le Cap-Roux. Ce sont là les limites de l'Algérie et des États de Tunis. Les *Souharah*, tribu nombreuse qui habitent le versant Ouest de ces montagnes du Dedda sont les dernières tribus qui appartiennent à la France. Celles qui habitent le versant Est dépendent de Tunis. A l'extrémité Sud-est du *Dedda* se trouvent les *Djebel Dessa* (montagnes du Dessa), habitées par la tribu belliqueuse des *Ouled-Orids*, dont plus de la moitié n'a pas encore fait sa soumission à la France. Enfin, plus loin, toujours dans la même direction et tout près du *ruisseau aux abeilles*, sont les *Beni-Mezzeu*, tribu contestée avec Tunis. Me voilà maintenant fixé sur les limites de nos possessions du côté de Tunis. J'espère que, un jour, je verrai de plus près toutes ces frontières et les autres qui sont plus au Sud. Il me semble que la connaissance topographique et morale d'un pays auquel semble promis un si bel avenir, devient du plus grand intérêt pour les cœurs français et catholiques.

Maintenant, que je vous parle un peu de la Calle. La Calle était autrefois un établissement français qui fut longtemps florissant. Elle est située à 20 lieues Est de Bône, et à 10 lieues Ouest de *Tabarca*. Tabarca appartient aux États de Tunis. C'est un rocher qui s'avance dans la mer, dont il est entouré de toutes parts, excepté à l'Est. La ville est dominée par un ancien moulin à vent, dont on a fait un fort. Le port est peu large et peu profond; il a assez d'eau pour le mouillage des bateaux corailleurs et des petits bâtiments marchands, mais les gros vaisseaux ne pourraient pas y aborder. La passe de ce port est très-étroite; elle est formée par d'énormes rochers peu élevés, et dont quelques-uns, cachés sous les eaux, rendent l'entrée du port assez dangereuse. Cette petite ville fut bâtie par une compagnie française, presque toute composée de Provençaux qui étaient venus s'établir là, pour exploiter la pêche du corail très-abondante dans ces parages. Ce n'est plus maintenant qu'un amas de ruines ; il n'y a pas plus de douze à quinze maisons construites avec les débris des anciennes, et habitées par des marchands de liquides et de comestibles, unique commerce de la Calle en ce moment. On peut dire, du reste, que c'est à peu près l'unique commerce qui existe aujourd'hui dans toute notre superbe et fertile Algérie !

Il y a à la Calle une garnison de 3 à 400 hommes. L'année dernière, Monseigneur y envoya un prêtre d'Alger, qui y est resté pendant le temps de la pêche du corail. A cette époque, la Calle devient un point fort important : depuis le mois de mars jusqu'au mois d'octobre, chaque année, plus de 120 bateaux corailleurs viennent y relâcher tous les dimanches surtout, pour y assister aux offices. Chaque bateau contient au moins dix hommes, ce qui fait tout de suite une réunion chrétienne de plus de 1,000 hommes, tous rigides observateurs du saint jour de dimanche. Ce sont tous des Italiens ou des Sardes.

Puisque je vous parle des corailleurs, je vais vous entretenir un peu de leur pêche, que vous ne connaissez peut-être pas. Ce sont eux-mêmes qui m'ont donné toutes les explications suivantes.

Ces corailleurs, à qui j'ai parlé, sont tous Napolitains, d'une petite ville appelée *Torre del Greco*, à cinq milles (moins de deux lieues) de Naples, tout au pied du Vésuve. Ils partent de leur pays au commencement de mars et ne s'en retournent qu'au mois d'octobre. Le corail se pêche sur toutes les côtes du nord de l'Afrique ; mais c'est surtout entre *Tabarca* et *Bône* que se trouvent les bancs les plus riches, situés presque tout près de la terre, le plus loin à 15 milles en mer. La manière de pêcher le corail est toute simple : ce sont des filets à larges mailles, longs d'un mètre tout au plus, ployés par le haut et formant des espèces de gros flocons qu'on suspend horizontalement à deux courtes et fortes barres de bois croisées, en forme de croix grecque, au milieu de laquelle est fixé un morceau de plomb du poids de 50 kilog. On jette ce singulier filet à la mer, dans l'endroit où l'on présume que sont les bancs de rochers sur lesquels croît le corail, qui, comme vous le savez, appartient à la classe des plantes marines : les tiges de corail s'engagent dans ces flocons ou filets que l'on retire avec le corail qui y reste suspendu.

L'impôt que la France perçoit du droit de la pêche du corail dans les seuls parages de la Calle, s'élève, dit-on, à plus de cent soixante mille francs. Chaque bateau corailleur lui paie douze cents francs par an. Malgré cet impôt, qui m'a paru énorme, les corailleurs font encore une petite fortune. Ils vendent leur corail, à la moyenne de 5 fr. l'*once* (ils ne connaissent pas d'autres poids), et le corail qu'ils appellent choisi, c'est-à-dire de première qualité et de première grosseur, ils le vendent jusqu'à 15 à 20 francs l'once. Un bateau corailleur, dans certains parages, peut en pêcher jusqu'à deux livres par jour; mais le plus souvent ils n'en pêchent que quelques onces et quelquefois pas du tout. Ce corail est acheté par de riches négociants d'Italie et même de Marseille, dit-on, qui, après l'avoir fait un peu travailler, le livrent au commerce. On dit qu'il s'en fait de grandes exportations dans l'Orient, dans les deux Amériques et en Chine... Ces bons corailleurs m'en ont donné une jolie tige qu'ils venaient de pêcher; je voudrais bien pouvoir vous l'envoyer... Depuis qu'il n'y a plus de prêtre à la Calle, les corailleurs relâchaient les dimanches à Tabarca, tout petit port où il n'y a que quelques maisons et un grand bâtiment qui sert d'entrepôt. C'est la résidence d'un consul napolitain. Biserte, qu'on croit bâtie sur les ruines de la célèbre Carthage, n'est pas bien éloignée de Tabarca.

Revenons à la Calle. Le samedi 12 juillet, j'étais assis sur un énorme récif au pied du fort ou de la citadelle... Je considérais le coucher du soleil et les bateaux corailleurs avec leurs blanches voiles qu'un vent contraire faisait battre contre les mâts, et qui gagnaient le port à force de rames en chantant en mesure les litanies de la sainte Vierge... La mer était orageuse; ils invoquaient, ces pêcheurs napolitains, la douce Étoile de la mer, la suppliant de guider heureusement au port leur frêle barque. Et moi... mais que vous importe de connaître ce qui se passait dans mon cœur en ce moment solennel? Dieu seul le sait, et n'est-il pas le meilleur confident de mes intimes pensées !...

Le lendemain, dimanche 13, au lever du soleil, je vis 23 ou 24 bateaux mouillés paisiblement au port. Nos bons corailleurs vinrent à la messe de onze heures, qui était célébrée pour eux. Il en était déjà venu un bon nombre à celle que j'avais eu le bonheur de célébrer à neuf heures. M. le commandant supérieur, le capitaine des spahis, les autres officiers de la garnison avec un détachement de la troupe de ligne assistèrent à cette messe... A l'évangile, j'adressai quelques mots à mon auditoire, à l'occasion de l'installation du nouveau curé de la Calle, qui prit lui-même la parole à la fin de la messe... Nous chantâmes les vêpres à trois heures. J'avais exposé à la Calle une jolie petite statuette de la sainte Vierge, celle-là même qui fut la première vénérée à Constantine. C'est, je pense, aussi la première statue qui ait été exposée à la Calle à la vénération des fidèles, depuis la destruction de cette ville et de son église. Je ne vous parle pas de cet événement qui eut lieu en 1827, par l'ordre du Dey d'Alger, lequel ordre fut exécuté par le Bey de Constantine. Celui-ci s'en acquitta si bien, qu'il brûla et détruisit tout. Et depuis treize ans, la Calle, comme je vous l'ai déjà dit, n'est plus qu'un monceau de ruines, ce qui ne contribue pas peu à rendre ce séjour très-triste...

A quatre heures du matin, le lendemain lundi, j'étais sur la route de Bône... M. de Mirbec, accompagné de ses officiers et de cinq spahis, vint avec moi jusqu'à cet endroit qu'on appelle la Belle-Vallée. Entre la Calle et l'ancien fort de France, nous traversâmes une petite vallée appelée *M'Sierra;* nous y trouvâmes des ruines assez considérables : on croit qu'il y avait là une petite ville phénicienne ou romaine, et dont on ne sait pas le nom. Un douar de la tribu des *Ouled-Selun* a dressé ses tentes sur ces ruines. L'ancien fort de France, que nous aperçûmes bientôt, est moins avantageusement situé que la Calle. C'est une grande maison carrée et crénelée qui tombe en ruine; elle est bâtie sur un rocher qui s'avance dans la mer. Tout près de là, sur une petite hauteur, est une petite tour qui servait de moulin.

Après une heure de marche, nous arrivâmes au Lac Salé, *Guerha-el-Melha ;* il est à peu près derrière l'ancien fort de France à l'Ouest.

Il est plus petit que les autres ; il communique à la mer par une espèce de chenal, ou petite rivière que nous passâmes à gué. Ses bords sont garnis aussi comme les autres, d'ormes, de saules, de frênes et d'une espèce de peupliers qu'on trouve rarement en France.

Enfin, après avoir traversé un bois des plus agréables par la verdure et la fraîcheur, nous arrivâmes à une jolie plaine qu'on appelle *Soug el Guebetz,* ou marché de la Belle-Vallée. Cette vallée mérite vraiment le nom de belle : elle peut avoir six lieues de circonférence; elle est couronnée de petites collines toujours vertes et très-boisées ; elle n'est qu'à un quart de lieue de la mer ; une petite rivière qui s'y jette arrose, en serpentant, toute cette vallée ; ses eaux sont très-limpides, et ses bords sont constamment ombragés par des ormeaux, des aunes, des coudriers et des pampres : elle porte le nom de la vallée *Oued-el-Soug el Guebetz,* le Ruisseau de la Belle-Vallée. On dit qu'au milieu de cette vallée on trouve les ruines d'une grande ville romaine ou punique ; je ne les ai pas vues, mais il est certain qu'on trouverait, je crois, difficilement dans toutes nos possessions en Afrique une situation plus heureuse et plus convenable pour l'emplacement d'une ville. Je n'y ai vu que les tentes d'une tribu renommée par la valeur de son chef et par son attachement à la France. Ce chef se nomme *Djaballat;* il donne son nom à sa tribu. C'est un homme de 50 ans, d'une taille au-dessus de l'ordinaire, d'une figure ouverte et pacifique. Il avait été prévenu de notre arrivée, et nous fit un accueil, sinon le plus pompeux, du moins le plus cordial possible. Il nous attendait avec les notables et les vieillards de sa tribu, tout près de ses tentes sur le bord du ruisseau dont je viens de vous parler. Il vint d'abord à la rencontre du commandant, qui mit aussitôt pied à terre; il lui baisa l'épaule, lui et toute sa suite : c'est le salut que les Arabes donnent à ceux qu'ils reconnaissent pour chef. Ils vinrent ensuite à moi qui étais resté à cheval; ils me baisèrent la main en dedans et en dehors, et la placèrent sur leur tête. C'est la marque de la vénération qu'ils portent à une personne sacrée; ils m'avaient reconnu pour le Marabout des Francès. *Djaballat* avait fait étendre, sous de gros arbres, des nattes pour les officiers, et le plus beau tapis de sa tente sur lequel il nous invita de nous asseoir, le commandant et moi. A peine étions nous assis, que les femmes de la tribu, à la tête desquelles était la femme du chef, vinrent nous apporter du lait; puis, des esclaves s'approchèrent avec des poulets rôtis, des œufs durs, des dattes, du couscous et une vaste corbeille remplie de pâtisseries apprêtées à la manière arabe, c'est-à-dire avec du miel, et qui étaient néanmoins très-bonnes. Le repas fut gai, et nous mangions tous de bon appétit. Les Arabes étaient rangés en cercle autour de nous. L'un d'eux se donnait un mouvement extraordinaire pour nous servir ; il avait presque toujours les yeux fixés sur moi, et me faisait un profond salut toutes les fois qu'il m'offrait quelque chose. Je lui adressai quelques remercîments en arabe ; il me répondit par quelques mots d'un assez bon français. Ma surprise fut grande ; je lui demandai comment il avait pu apprendre le français dans une tribu si éloignée des villes où habitent des Français. Il sourit, baissa les yeux et me dit : « Oh ! c'est qu'autrefois, quand j'étais enfant, je vis quelques Français dans mon île, du temps de la guerre de la Grèce. — Vous êtes donc Grec ? lui dis-je. — Oui, me dit-il, je suis Grec et chrétien catholique, ajouta-t-il avec émotion, et des larmes tombaient de ses yeux... — Comment vous trouvez-vous au milieu des Arabes ? Vous êtes donc leur esclave ? — Non, je suis le fils adoptif du grand cheik Djaballat (il prononçait ces dernières paroles d'un ton presque solennel) ; c'est moi qui commande ce pays après lui. »

Je lui demandai par quelles circonstances extraordinaires il était arrivé là. Il me raconta avec ingénuité et en peu de mots son histoire. « Je m'ap-
» pelle Joseph Petronelli, je suis né à l'île de Pen-
» talaria (qu'on croit être l'île de Calypso si célè-
» bre dans Télémaque), c'est là que je connus
» quelques Français. J'avais quinze ans quand je
» m'embarquai sur un vaisseau marchand. J'ai-
» mais la vie aventureuse. Le vaisseau que je mon-
» tais vint aborder au Cap-Roux, qui sert de limi-
» tes entre les Etats de Tunis et d'Alger. Je dé-
» barquai et m'enfonçai dans les bois en pêchant
» le long d'un ruisseau ; et quand je voulus m'en
» retourner, la nuit était close, je ne retrouvai pas
» mon chemin. Le capitaine du navire, ne me
» voyant pas revenir le soir, mit à la voile le len-
» demain de grand matin, et quand j'arrivai sur
» le rivage, le vaisseau était parti. Je me recom-
» mandai à la sainte Vierge, pour laquelle j'ai tou-
» jours eu une grande dévotion ; puis j'errai de
» côté et d'autre, cherchant quelque habitation où
» je pusse demander l'hospitalité et quelque nour-
» riture, car je mourais de faim ; je rencontrai
» Djaballat, chef d'une tribu puissante qui habi-
» tait alors les environs du Cap-Roux, et qui est
» venue depuis se fixer dans cette belle vallée. Il
» m'offrit sa protection et me donna asile dans sa
» tribu. Je travaillais avec les Arabes, j'allais à la

» pêche, je faisais ce que je pouvais pour n'être à
» charge à personne. Mais un méchant Arabe,
» ayant su que j'étais chrétien, s'attacha à mes pas
» et me cherchait querelle à chaque instant : il em-
» ployait tous les moyens pour me perdre. Je m'en
» plaignis un jour à Djaballat, qui me dit : *Tiens,*
» *voilà mon fusil ; si ce méchant vient encore te*
» *contrarier, tue-le...* Le lendemain, le méchant
» vint recommencer les mêmes attaques contre
» moi. Je me recule de quelques pas, je lui dé-
» charge mon coup de fusil et l'étends raide mort...
» (Ce sont ses propres expressions). Je reporte mon
» fusil à Djaballat, en lui disant que je venais de
» tuer mon ennemi. *Tu es un brave, me dit-il en*
» *m'embrassant ; tu seras mon fils ; tu ne me*
» *quitteras plus désormais.* »

Depuis quatorze ans que Joseph est avec son père adoptif, leur affection l'un pour l'autre n'a fait que s'accroître. Il paraît que ce Djaballat aime vraiment les hommes à caractère déterminé. Voilà un autre trait qui le prouve. Ce chef a un fils, un enfant de 12 à 13 ans, que j'ai vu là aussi avec Joseph. Un jour, dans une querelle que Djaballat eut avec sa femme, la mère de cet enfant, il prit un bâton et menaçait de la frapper. Aussitôt l'enfant, sans rien dire, s'empare du fusil de son père, il l'arme, le couche en joue, en lui disant avec un grand sang-froid : *Si tu bats ma mère, je te tue.* Le père s'arrête, jette au loin le bâton qu'il tenait à la main, prend son fils et sa femme dans ses bras, les presse contre sa poitrine en pleurant. Il promet à l'enfant de ne plus maltraiter sa mère, en protestant qu'il ne pourrait jamais assez aimer une épouse qui avait donné le jour à un fils aussi bon et aussi brave que le sien.

Je m'entretins longuement avec Joseph au sujet de la religion ; il me dit que jamais on ne lui avait parlé d'apostasie ; que, du reste, il aurait mieux aimé mourir. Il ajouta qu'il parlait souvent aux Arabes de la religion ; il leur répète souvent que leur croyance est fausse, qu'elle les conduit *tout de travers*, tandis que la sienne conduit tous les hommes dans *la droiture et la justice ;* ce sont ses propres paroles. Il ne manque jamais de faire sa prière matin et soir, et de s'unir, le dimanche, en esprit, aux fidèles qui ont le bonheur d'entendre la sainte messe. Il ne se possédait pas de joie de voir un prêtre catholique. Il m'a dit qu'il voulait *remplir ses devoirs* quand je repasserai, et m'a demandé la dispense du gras pour les vendredis et samedis, quand il ne pourra faire autrement. Il a une grande dévotion à Marie. Il ne faut pas s'étonner alors qu'il ait conservé sa foi et même de la piété au milieu des infidèles. Il est très-aimé de tous les Arabes qui l'appellent le *bon roumi* (le bon chrétien) ; je l'ai exhorté à mériter véritablement ce titre de *bon chrétien*, et je lui ai prescrit, en peu de mots, ce qu'il devait faire pour cela. Je lui ai donné une médaille de la sainte Vierge et de saint Joseph, son patron ; il l'a reçue et baisée avec amour et bonheur. Enfin, nous nous sommes quittés en nous embrassant, avec l'espérance de nous revoir bientôt.

Comme j'étais sur le point de partir, une Bédouine vint auprès de M. le commandant de Mirbec, pour lui demander justice contre son mari qui la maltraitait. M. le commandant voulut bien me rendre témoin de ce jugement. Les Arabes, dans les tribus qui appartiennent à la France, n'ont pas d'autres juges que les commandants supérieurs du cercle dont ils font partie, et avant eux, ou lorsqu'ils ne peuvent pas recourir à ce singulier tribunal, c'est le chef de la tribu, quelquefois très-ignorant et le plus souvent intéressé dans la cause qu'il est appelé à juger, qui porte la sentence sans appel. On étendit un burnous sous un arbre ; le commandant s'y assit ; j'étais à son côté. La plaignante s'accroupit devant son juge ; elle était entourée de Djaballat et de quelques notables de sa tribu. Elle exposa assez ingénûment les charges qu'elle avait contre son mari. Le commandant, en juge prudent, ne voulut pas condamner le mari sans l'entendre; il remit la cause à huitaine, pour avoir le temps d'écrire au mari pour qu'il comparût devant son tribunal. La pauvre Bédouine ne parut pas trop satisfaite, et elle disait en se retirant: « On aura beau écrire à mon mauvais mari, il ne se rendra pas; et moi, je serai toujours malheureuse... » Pauvres gens!...

Enfin, je pris congé de M. le commandant de Mirbec, d'une partie de sa famille qu'il avait amenée à cette promenade avec lui, et de tous ses excellents officiers de spahis. Je donnai une poignée de main au brave Djaballat et aux notables Arabes qui l'accompagnaient. Nous nous fîmes des protestations d'amitié de part et d'autre, et me voilà parti avec cinq cavaliers arabes qui devaient m'accompagner jusqu'à Bône. A trois heures du soir, ce même jour, nous arrivions à la tribu des *seïbahh*, où nous avions couché huit jours auparavant. J'avais une lettre de recommandation d'un caïd pour le grand cheik *Ben-Akroutz*, celui justement chez lequel j'avais promis de loger à mon retour. Il me reçut comme un vieil ami.

Comment vous parler maintenant de la manière dont je passai la soirée et la nuit chez ce cheik, dans l'intérieur d'un ménage arabe, dans un pays où les habitants n'avaient jamais vu au milieu d'eux, vivant parmi eux, un *marabout chrétien!..* Il m'est impossible d'entrer dans tous les détails; ils vous paraîtraient, comme à moi, un conte de fée... Il me semblait vraiment que je rêvais : on étendit d'abord au milieu de la tente assez vaste, mais ouverte à tous les vents, une grande natte toute neuve, sur laquelle il fallut m'asseoir; et, après avoir pris du lait, qui est toujours la première chose que les Arabes des tribus vous offrent, mon hôte tira d'un vieux sac de peau des dattes fraîches de l'année dernière; il me fallut en manger. Pendant ce temps-là, sa femme avait convoqué ses voisines pour lui aider à me préparer un bon dîner. Tout s'apprêtait devant moi; il fallut même me rendre à une invitation plusieurs fois réitérée, de mettre moi-même la main à l'œuvre. L'habileté que je montrai à découper un poulet leur fit penser sans doute que je devais être un bon médecin et un juge très-expérimenté: aussitôt, je vis arriver une procession d'hommes, de femmes qui me faisaient tâter leur pouls, et me tiraient la langue dans toute sa longueur, afin que je connusse leurs maladies et que je les guérisse sur-le-champ. Ils venaient aussi me conter leurs querelles de ménage pour les arranger et rétablir la paix parmi eux. J'étais fort embarrassé: je leur dis d'abord que je ne les comprenais pas, et je refusai de les entendre.

Mais ils me firent tant d'instances, ils me tourmentèrent si fort, que, pour m'en débarrasser, j'imaginai un expédient qui me réussit parfaitement, et qui rétablit ma réputation de savant, qui aurait été fort compromise, si je ne leur avais rien donné ni rien dit.

J'imaginai, d'abord, un remède universel, qu'ils trouvèrent tous de leur goût, et qui ne leur fit pas de mal. J'avais avec moi deux livres de sucre en morceaux (j'en porte toujours avec moi pour donner aux enfants): je les distribuai à tous mes malades qui se retirèrent tous contents, sinon tous guéris. Les enfants et les grandes personnes qui n'étaient pas malades, vinrent ensuite réclamer leur part, et quand je leur eus donné tout mon sucre, nous plaisantâmes ensemble sur l'heureux expédient dont je m'étais servi pour les contenter. Pourtant je leur dis que, si je repassais, je ferais tous mes efforts pour avoir avec moi un médecin et quelques remèdes qui pourraient leur faire du bien.

Quant à leurs différends entre eux, leurs querelles de ménage, je leur dis, d'un air très-solennel, que s'ils ne s'aimaient pas bien les uns les autres, et s'ils se faisaient du mal, le grand *Allah* ne les aimerait pas, qu'ils seraient malheureux, et qu'ils me feraient beaucoup de peine à moi-même qui les aimais tant... Ils m'écoutèrent avec une grande attention, et me promirent de mieux s'aimer à l'avenir, afin d'attirer sur eux les bienfaits de Dieu, et pour que je fusse aussi content d'eux. Ce sont vraiment de grands enfants, comme vous voyez.

Je donnai à la femme du cheik, et à ses deux enfants, des médailles de la sainte Vierge et de l'ange gardien; ils les reçurent avec de grandes démonstrations de joie, et les suspendirent tout de suite à leur cou. Je leur dis que je prierais *madame Marie*, afin qu'elle les préservât du malheur, et qu'elle leur obtînt la grâce de bien connaître et de bien aimer Dieu; ils me dirent qu'ils la prieraient comme moi.

Dans la soirée, le fils de l'autre cheik, me voyant promener hors du douar, vint me témoigner la peine que son père avait de ce que je n'avais pas été loger sous sa tente, et voulut m'y conduire. Mon grand cheik s'aperçut de cette petite manœuvre, et vint m'appeler avec tant de force, que je n'osai plus continuer ma route vers le douar du cheik son rival. Je m'excusai comme je pus auprès de ce jeune homme; je lui dis que, bien que je ne fusse pas descendu chez son père, je ne l'en aimais pas moins autant que l'autre. Il ne fut guère satisfait de ma réponse et me quitta fort triste. Je crains bien que mon passage n'ait été un sujet de discussion entre ces deux cheiks, j'en serais vraiment désolé.

Je passai la nuit étendu sur une belle natte, ayant d'un côté mon hôte, et de l'autre huit ou dix petits veaux, les chiens, les chats, les poules, etc., etc., car vous savez que chez les Arabes, bêtes et gens tous couchent pêle-mêle, sans séparation aucune ; seulement le gros bétail qui ne pourrait pas tenir sous leurs tentes, généralement très-basses, reste dehors au milieu du douar.

Inutile de vous dire que notre tente, faite de branchages et couverte, de loin en loin, d'une paille moitié pourrie, était ouverte à tous les vents.

Néanmoins, je dormis fort bien jusqu'au lendemain, trois heures du matin. J'entendis d'abord les Arabes qui me servaient d'escorte et qui étaient restés couchés en dehors du douar, appeler mon cheik, *olman sidy Ben Akroutz*. Celui-ci s'éveilla, et, me croyant endormi, il m'appelait tout bas. Je me lève aussitôt, je me secoue un peu, et me voilà prêt à partir. Il m'offre à manger du reste de notre souper de la veille, je n'acceptai rien. Il va seller mon cheval et le sien, car il veut m'accompagner jusqu'à la Mafrag, limite de ses Etats, qui est à cinq lieues de là. Il prend dans le capuchon de son burnous, des provisions de bouche que sa femme avait préparées la veille pour notre voyage : c'étaient des poulets bouillis, des œufs durs et des dattes, le tout enveloppé dans un mouchoir d'une saleté dégoûtante, et nous voilà partis. Des marchands de Tunis, allant à Constantine, se joignent à notre petite caravane. Adieu, bons *Béni Seibalah* qui m'avez reçu si cordialement; je conserverai longtemps votre souvenir.

Le jour commençait à peine à paraître, nous cheminions le long d'un petit ruisseau, sur la lisière d'un oasis touffu, lorsque tout à coup nos chevaux se serrent précipitamment les uns contre les autres, frappant la terre du pied, et donnant des signes évidents d'effroi. J'allais demander à mon escorte l'explication de ces symptômes, lorsque j'entendis tout près de moi, dans l'oasis, d'affreux rugissements : c'étaient deux lions; nous ne pûmes pas les voir, car il ne faisait pas encore bien jour... Notre caravane, sans s'émouvoir, continua tranquillement sa route, en disant d'un ton indifférent: *Sebah, sebah* (lions, ce sont des lions). Je partageai en tout leur sécurité; j'aurais même désiré voir ces rois des animaux en liberté et dans leur état sauvage, car je n'ai encore vu que des lions enchaînés ou apprivoisés. A un quart de lieue de là, nous entendîmes encore rugir un autre lion; nous n'y fîmes même pas attention. Il faut vous dire que depuis Hyppône jusqu'à Tunis, sur les bords de la mer et dans les montagnes, c'est l'endroit de l'Afrique du nord où on trouve le plus de lions. Presque tous les voyageurs qui ont parcouru ce pays en ont vu; peu ont été attaqués, car on dit que d'ordinaire les lions n'attaquent pas les premiers. Mais ceux qui vont pour les chasser courent les plus grands dangers. Les lions ne reculent ni devant les hommes qui les poursuivent, ni devant les coups de fusils; aussi nos Français, quelque courageux qu'ils soient, quelque passion qu'ils aient pour la chasse, ne se hasardent pas à la chasse aux lions. Ils laissent ce plaisir aux indigènes qui y trouvent bien souvent la mort, ou qui en reviennent avec quelques membres de moins.

Le soleil était levé, nous chevauchions sur les dunes, formées par la mer, dont les brisants, toujours très-forts sur ces côtes, venaient mouiller les pieds de nos chevaux; nous montons une petite colline de sable, et aussitôt se déroule à nos yeux une vaste solitude. Je laissai tomber mes yeux sur le sable, à mes pieds, et je vis une petite tige de lis en fleurs. Je m'arrêtai, et contemplai avec étonnement ce lis solitaire, touchant emblème de la vertu au milieu de l'aride désert de la vie. Que de douces et touchantes réflexions me vinrent alors au cœur !

J'étais encore absorbé dans mes pensées, lorsque mes guides s'écrièrent : *Mafrag !* voilà la *Mafrag !* et un instant après, nous arrivions à l'embouchure de ce fleuve, dans l'endroit où nous devions le traverser. La mer, en ce moment, se précipitait avec fureur dans ce fleuve et le grossissait en tourbillonnant d'une manière effrayante. Nous ne pûmes pas passer de suite, nous attendîmes que cette tourmente inaccoutumée se fût un peu apaisée. Pendant ce temps-là, je me promenais sur les bords de ce fleuve agité. J'aperçus sur le sable les empreintes profondes d'énormes pattes de lion. Je demandai au vieux Caron qui passe sa vie aux bords de ces eaux, sur cette plage solitaire, ce que c'étaient que ces empreintes ; il me répondit d'un air encore tout effrayé. « Ah ! ah ! je sais trop ce que c'est. Cette nuit j'ai failli être dévoré par les lions : ils étaient cinq... Voyez : voilà les traces de trois gros, et ici celles de deux plus petits... J'avais demandé à votre capitaine avec qui vous avez passé, il y a huit jours, qu'il me donnât un fusil et des munitions pour me défendre de ces mauvaises bêtes. Il n'a pas voulu. Je vous en prie, faites cette demande au général de ma part. Sans cela, quand vous reviendriez pour passer la *Mafrag*, vous ne trouveriez plus le vieux *Akhmar* (c'est son nom). Les lions auront mangé sa chair et broyé ses os. » Ce pauvre diable me dit qu'il ne sait plus où fuir, où se cacher pour éviter ces dangereux visiteurs, « J'avais, dit-il, imaginé d'amarrer ma barque au milieu du fleuve et d'y coucher, afin d'être plus en sûreté que sur la terre. Mais rien n'arrête ces intrépides *sebah* (lions) ; ils nagent encore mieux que vos chevaux arabes que vous voyez maintenant traverser si hardiment l'oued *Mafrag*.» En effet, nos chevaux traversaient en ce moment la Mafrag à la nage, malgré la fureur de ses flots.

Pendant la narration de notre vieux *Akhmar*, le bon cheik *Osman Ben-Akroust*, accroupi sur le rivage, étalait, sur son sale mouchoir, les provisions qu'il avait apportées pour notre déjeuner. Il me fallut commencer. J'invitai mes compagnons de voyage à prendre leur part de ce déjeuner ; personne n'aurait osé manger avec le *marabouth*, sans son invitation. Ils acceptèrent tous très-volontiers, même notre vieux *Akhmar*, qui ne cessait de me faire des remercîments. Tous mangèrent de bon appétit, et furent très-satisfaits de ma politesse.

Le déjeuner fini, je pris congé de mon bon *cheik*, après nous être fait réciproquement les promesses d'une amitié durable.

Nous sommes portés dans le bac sur les épaules d'un de nos robustes Arabes, et nous traversons le fleuve qui était moins furieux qu'à notre arrivée. Nous montons à cheval, je fais un dernier signe d'adieu à mon *cheik*, toujours accroupi auprès de son cheval sur le rivage opposé. Un instant après, nous avions disparu dans l'épaisseur d'un bois de myrtes, de coudriers et de palmiers nains.

Nous suivîmes longtemps dans ce bois des sentiers étroits et tortueux; puis, nous traversâmes des plaines immenses dont l'herbe sèche et brûlée répandait encore une odeur agréable. Enfin, après quatre heures de marche, depuis la *Mafrag*, nous arrivâmes sur les bords de la *Seybouse*, devant le port de la célèbre Hyppône. Je ne vous redis pas les sentiments que j'éprouve toujours en voyant les ruines de cette ville sacrée, et cette rivière que saint Augustin a si souvent traversée pour se rendre par terre à Carthage. Là, on voit encore les ruines de l'ancien port d'Hyppône.

Ce fleuve était aussi alors singulièrement grossi par la mer. La tourmente avait été telle, qu'elle avait brisé et submergé le bac dans lequel on le traverse. On en voyait encore les débris sur le rivage. Il nous fallut passer ce fleuve, dangereux alors, dans une petite barque de pêcheurs maltais. Nous voilà embarqués; la violence des flots fit lâcher, à notre patron et à son marin, qui nous conduisaient, le cordage le long duquel la barque coule pour traverser, et voilà notre frêle barque, sans voiles, sans rames, entraînée vers la mer par le courant des eaux, sans que nous puissions savoir où nous nous arrêterons, ou en quel endroit nous irons échouer. Nous avions pourtant l'espoir que quelques grosses vagues nous rejetteraient dans la Seybouse et nous feraient remonter jusqu'à notre cordage. Le vent semblait nous favoriser pour remonter; mais point de voile, point de mât pour l'attacher. Il me vint une idée: j'avais mon grand manteau avec moi, je l'offris pour en faire une voile. Un Arabe fort et d'une taille gigantesque est choisi pour servir de mât; il s'y prête volontiers, il éleve le manteau au-dessus de sa tête et le tient ferme avec ses bras nerveux ; deux autres Arabes le tiennent étendu de chaque côté de lui, tandis que je le tenais fixé fortement en bas. Ce moyen nous réussit ; le vent enfle aussitôt cette singulière voile, nous pousse rapidement vers notre cordage libérateur ; nous le saisissons vivement, nous ployons notre voile et nous glissons heureusement le long du cordage qui nous conduit au port. Je bénis alors et je remerciai saint Augustin. Hélas ! j'étais peut-être le seul, en ce moment, à qui ce sentiment d'action de grâce vint au cœur... Oh ! que cette pensée me fit de mal !... Mon Dieu, faites que je ne sois pas trop longtemps le seul qui aie le bonheur de vous connaître, et de vous prier en esprit et en vérité, dans cette contrée où vous eûtes autrefois tant de vrais adorateurs ! Oh ! quand donc tous les peuples de la terre, tous les hommes enfin, qui sont vos enfants, ne formeront-ils plus qu'un même troupeau, et n'auront-ils plus qu'un même pasteur !

Je pars pour Philippe-Ville ; le gouvernement s'est enfin décidé à voter quelques fonds pour y construire une *petite église provisoire*. De là, j'irai à Constantine, où l'on m'attend depuis si longtemps, et où il y a, m'écrit-on, un bien immense à faire.

Priez Dieu qu'il nous éclaire, nous dirige et nous soutienne.

Toujours votre dévoué ami,

SUCHET,
Vic. gén.

Je n'ai pas le courage de relire mon énorme journal, vous excuserez ses fautes.

Bône, 27 août 1840.

Mon honoré ami,

J'ai écrit à M *** la relation d'une petite excursion que j'ai faite aux frontières de l'Algérie, du côté de l'Est : si vous me le permettez, je vais continuer avec vous mon espèce de journal sans autre ordre que celui des dates. Celui que j'ai envoyé à M *** se terminait à mon retour de la Calle, c'est-à-dire au 14 juillet. Je vais reprendre depuis cette époque, et j'irai jusqu'où je pourrai.

Le 16 est le jour de *Notre-Dame du Mont-Carmel ;* c'est un jour bien mémorable pour moi ; vous savez pourquoi. Quel concours, me disais-je, ce matin, aux Carmélites de Tours!.. j'allais ce jour-là y dire ma messe... ; j'étais entouré de ce que la vie religieuse a de plus parfait, de ce que la piété chrétienne a de plus vrai... Ce jour-là, à Bône, je célébrai aussi la sainte messe en l'honneur de Notre-Dame du Mont-Carmel, dans une chapelle de la Vierge ;... mais elle était dépouillée, couverte de poussière, cette seule chapelle à Marie. Personne n'avait pensé à la parer ; je jetai moi-même une vieille serviette pliée en trois sur la pierre sacrée, les autres parties de l'autel restèrent découvertes, nues!.. et personne pour entendre ma messe... Quel contraste !.. Je pensai aussi à cette même fête que nous célébrions avec tant de pompe le dimanche suivant dans notre église des Carmes, à notre célèbre et si nombreuse confrérie. Je voyais encore la procession des petites filles, de ces petits anges, avec leurs couronnes et leurs petites bannières qu'elles déposaient si gracieusement sur l'autel de Marie ; ce chant des cantiques, ce saint enthousiasme.... Ici, tout est mort... Cependant, pour terminer cette fête si remplie de souvenirs pour moi, je voulus donner la bénédiction le soir, à la chute du jour... J'étais douloureusement attendri pendant les litanies de la Vierge, chantées par les Maltais, et le cantique que les Sœurs entonnèrent avant la bénédiction. Hélas ! je n'avais autour de moi que ces quelques Maltais, demi-nus, qui me servaient de chantres et d'enfants de chœur, et deux ou trois pauvres religieuses, et pas un seul Français.

Pour distraire un peu ma peine, M. le curé me proposa pour le lendemain une promenade par mer au Fort-Génois, à une lieue et demie de Bône. Nous fîmes ce trajet dans une petite barque conduite par des Maltais ; rien de remarquable sur le rivage que le rocher du Lion, à un quart de lieue de Bône; c'est un énorme rocher qui s'avance dans la mer et qui, vu de loin, a la configuration d'un lion couché. Le Fort-Génois a été bâti par les Génois sur une montagne derrière laquelle les navires trouvent un abri plus sûr qu'au port de Bône. Nous débarquâmes au pied de cette montagne de l'autre côté de laquelle s'en élève une autre plus haute qu'on appelle le Cap-Rouge, ou Cap-de-Garde. En avant de ce point, sur un rocher un peu moins élevé qui s'avance tout à fait dans la mer, on construit un phare qu'on apercevra de tous les points de la mer. On ne pouvait apercevoir celui de Bône que lorsqu'on était dans le golfe. Nous gravîmes cette montagne, sur le versant Sud de laquelle est une fort belle carrière de marbre blanc et rouge, abandonnée maintenant, mais qui a dû être, dans un temps très-reculé, l'objet d'une exploitation fort active, si l'on en juge par sa profondeur. On peut descendre jusqu'au fond par une pente assez douce; dans son enceinte, nous avons trouvé plusieurs restes d'habitations dont quelques-unes paraissent fort anciennes. Nous avons surtout remarqué un marabout de forme carrée assez bien entretenu; nous y avons trouvé de l'encens plié dans du papier, un petit cierge et des charbons éteints dans un pot cassé. J'ai gravé sur la porte d'entrée et dans l'intérieur de ce marabout abandonné, avec la pointe de mon couteau, une croix avec le nom de Marie. Au fond de la carrière, et sur l'une des parois, j'ai été agréablement surpris de trouver aussi une croix de 25 centimètres de haut, gravée avec le ciseau à 3 centimètres de profondeur; elle reposait sur une base en forme de fer à cheval, gravée de la même manière : je traçai aussi dans cette base, avec la pointe de mon couteau, les initiales du nom de Jésus et de Marie.

Dans ce même fond, il y a une espèce d'oasis ombragé par de fort gros figuiers qui entretiennent dans ce gouffre, où le soleil darde ses rayons pendant un assez grande partie du jour, une fraîcheur fort agréable. Nous avons trouvé gisant au pied de l'un de ces énormes figuiers, un fût de colonne grossièrement taillé, et resté ainsi inachevé depuis des siècles; il avait plus de 2 mètres de long, sur un diamètre de 40 centimètres. Sur cette montagne on découvre dans les rochers des grottes plus ou moins spacieuses : les plus pittoresques et les plus singulières sont sur le versant Nord, du côté de la mer. A son sommet est un reste de construction romaine formant un carré dont les côtés n'ont pas plus de 7 à 8 mètres, sur une hauteur de 2 ou 3 mètres. Dans l'intérieur, où l'on entre par un pan de mur renversé, est le tombeau d'un grand marabout très-vénéré dans tout le pays. Il s'y fait un pèlerinage très-célèbre, et on y trouve presque constamment des familles arabes. Les femmes, dit-on, viennent là de préférence aux autres pèlerinages. Elles s'y rendent, non-seulement pour satisfaire leur dévotion, mais, comme elles sont toujours renfermées, elles y viennent aussi respirer un bon air, y faire de bons repas, et y danser. Nous avons pu en juger par l'herbe qui est foulée partout en cet endroit et par les débris des os dispersés sur le sol et dans les grottes des rochers. J'ai trouvé sur ce tombeau célèbre, qui n'est autre chose que quelques briques entassées, sans ordre, les unes sur les autres, plusieurs petits paquets d'encens, et quelques bouts de cierges.

De ce point élevé on jouit d'une vue magnifique; au Nord-ouest on voit la pointe du Cap-de-Fer, qui forme un des promontoires du golfe de Stora, puis des rochers énormes et bizarres jetés pêle-mêle dans la mer. A l'Est on découvre le Cap-Rosa, formant avec le Cap-Rouge, ou de la Garde, sur lequel on se trouve, les deux extrémités du golfe de Bône. On aperçoit même dans le lointain les montagnes frontières du royaume de Tunis et de notre Algérie. En descendant nous allâmes visiter un douar de la tribu des *Edough*, dont le cheik s'appelle *Ali-Ben-Meki*. Les cabanes en chaume de ce douar sont mieux construites que celles de l'intérieur des terres. Dans la plupart il y a une espèce d'estrade en planche qui sert de lit. Les hommes et les femmes sont salement vêtus; on voit qu'ils habitent près des villes dont ils ont remarqué le luxe, et dont la *civilisation*, ou plutôt la *contagion*, les a déjà un peu gagnés. Ainsi, les hommes et les enfants ont appris les jurements français et les paroles obscènes, qu'ils comprennent fort bien, et qu'ils répètent à chaque instant; les femmes ont l'air moins timide et soignent mieux leur toilette. On nous reçut partout avec cette indifférence, cette indolence naturelle aux Arabes, sans se déranger, sans se retourner même pour nous voir ; à peine s'ils répondent aux paroles qu'on leur adresse.

Puisque je suis sur ce chapitre, permettez-moi de faire ici une petite digression, pour vous faire connaître un peu le caractère des Arabes. Cette indolence, qu'on qualifierait presque de stupidité, est commune à presque tous les Arabes : on les dirait incapables d'aucun enthousiasme, d'aucune émotion quelconque ; notre urbanité, nos manières affables, notre musique, nos chants les trouvent toujours insensibles ; ils ne sont touchés que des choses du culte, de la religion ; c'est ce qui fait qu'ils sont de tout autres hommes quand ils sont avec nous. Leur chant est d'une lenteur, d'une monotonie endormante, insipide ; ils chantent presque toujours à deux chœurs en formant une espèce de dialogue. Cet usage est général ; ainsi deux pauvres, deux aveugles, demandant l'aumône dans les villes ou dans les tribus, chantent de cette manière. Leur musique se ressent de leur chant et de leur caractère: elle est sauvage, maigre, criarde et rauque à vous déchirer les oreilles ; mais leur mesure est parfaite et bien marquée. Quelques-uns de leurs instruments sont à cordes ; ils ressemblent assez à nos anciennes mandolines ; ils les touchent avec un tuyau de plume ; ils ont aussi un violon à trois cordes qu'ils raclent sur leurs genoux, avec une espèce d'archet. Mais leurs instruments le plus ordinaires sont une sorte de flûte en roseau , de laquelle ils tirent des sons aigres , aigus et écorchés , et enfin des tambourins et de petites cymbales dont le corps est un pot de terre percé, recouvert de parchemin sur lequel ils frappent avec le bout des doigts ; dans les grands orchestres ils ont une grosse cymbale, comme celles de France, qu'ils frappent à tour de bras. Quand ils commencent à jouer, ils touchent à peine leurs instruments : ils en tirent des sons faibles , ensuite graves et prolongés , puis ils les renflent par degrés , ils deviennent ensuite très-bruyants, très-précipités , et ils provoquent alors chez les Arabes une sorte d'ivresse et d'enthousiasme extraordinaire. Cette musique est toujours, ou presque toujours, accompagnée de chants analogues exécutés par les musiciens eux-mêmes. Quand il y a danse , c'est toujours un homme seul, ou, le plus souvent, une femme seule qui l'exécute. La danse n'est qu'un balancement, un tournoiement accompagnés de gestes en mesure avec la musique, en sorte que, lorsque la musique arrive à ce degré d'enthousiasme dont je vous ai parlé, le danseur s'agite et fait des contorsions comme une Sybille sur son trépied : c'est un dévergondage qu'on ne saurait décrire. Dans tous les cafés arabes (et ils sont nombreux dans les villes d'Afrique), il se trouve toujours une compagnie de musiciens à poste fixe. Ces maisons sont le rendez-vous de tous les désœuvrés, de tous les mauvais sujets arabes, à peu près comme les cabarets et les cafés en France. Là, ils passent leur journée, les jambes croisées, à fumer, à prendre jusqu'à cinquante tasses de café, à jouer aux dames et au trictrac, aux échecs même. Les pauvres femmes et les pauvres mères musulmanes se plaignent beaucoup de leurs maris et de leurs enfants qui fréquentent ces sortes de maisons : c'est encore comme en France.

Pour la populace des villes, on la voit souvent réunie autour des saltimbanques; car en Afrique il y aussi, comme en France, des empiriques, des escamoteurs, des hercules, etc. Ce sont ordinairement des nègres ; ils amusent les badauds par leurs affreuses grimaces, par des sauts, des contorsions de corps, des danses, des tours de passe-passe, des jeux avec des serpents vivants, qu'ils manipulent en tous sens, et par lesquels ils se font mordre jusqu'au sang... Si cela vous intéresse, je continuerai plus tard la description des mœurs et des coutumes arabes : revenons à notre douar.

Quelques femmes malades de la fièvre et atteintes de maux d'yeux se présentèrent à moi, et demandèrent à être guéries. Les marabouths chrétiens, comme je vous l'ai déjà dit, ont presque partout, parmi les Arabes, la réputation de médecins. Je leur indiquai quelques remèdes simples et je me retirai. En nous en allant, nous rencontrâmes le cheik de ce douar ; c'est un homme à la force de l'âge, qui me paraît bon et spirituel. Il était avec un orphelin de 15 à 16 ans, qui appartient à cette tribu ; cet enfant ou plutôt ce jeune homme savait quelques mots de français, il me dit : « Tiens, tu es bon, toi, si tu veux je serai ton domestique, je te serai très-fidèle, très-attaché. » Je lui dis que nous verrions plus tard. Il me suivit jusqu'auprès de la fontaine tout à fait romantique où les matelots maltais qui nous avaient amenés apprêtaient notre dîner.

Je lui donnai à manger ; il avait grand'faim, et me remercia très-cordialement, puis il resta là. Les femmes du douar vinrent puiser de l'eau à cette fontaine ; quelques-unes d'entre elles se disaient mutuellement, en entendant un jeune homme de notre suite leur dire bon jour en arabe. «Les Français, quand ils nous adressent la parole, ne savent que ces deux mots *ouache alek, ouacho enti* (comment te portes-tu) : quand on n'en sait pas davantage on ferait mieux de garder le silence comme nous. » En s'en allant, elles disaient à mon jeune orphelin : « Ne reste pas avec ces Français, ils te couperont le cou. » Cela n'empêcha pas que, rendues à leur douar, elles dirent à leur cheik qu'elles avaient vu qu'on nous préparait un bon dîner, et qu'il ferait bien d'aller le partager avec nous, et voilà que le bon cheik nous arrive au moment où nous commencions à dîner. Après nous avoir salués, il se tint assis à quelques pas de nous, en roulant dans ses doigts, des feuilles sèches de palmiers nains avec lesquelles les Arabes font de petites ficelles. Il tordait donc sa ficelle en nous regardant manger la soupe avec un œil de convoitise. Je m'approchai de lui et l'invitai à dîner avec nous ; il accepta avec beaucoup de satisfaction, et mangea de très-bon appétit de tous nos mets français ; seulement, en bon musulman, il ne but que de l'eau. Il me fit mille instances pour aller le voir souvent dans son douar ; je ne sais quand je pourrai y retourner.

Le dimanche 19, jour de la fête de saint Vincent de Paule, je prêchai à la messe sur la Providence. Après avoir énuméré les bienfaits qu'elle répand sur tous les chrétiens, je fus attendri jusqu'aux larmes en citant et commentant ce texte, dont l'application actuelle et si frappante me touche toujours profondément : *Non fecit taliter omni nationi et judicia sua non manifestavit eis*. Oh ! que je trouvai les chrétiens coupables et nos pauvres infidèles malheureux ! Ce jour-là nous résolûmes, M. le curé, moi et un jeune médecin pieux, de faire connaître, autant qu'il serait en nous, à ce peuple infortuné, les bienfaits de cette Providence, et le soir, après vêpres, nous allâmes visiter les pauvres et les malades d'une petite tribu d'Arabes, qui ont dressé leurs tentes sur les ruines mêmes d'Hyppône. Ces pauvres gens nous reçurent vraiment comme les instruments de la Providence à leur égard. Leur misère est affreuse; nous leur distribuâmes quelque argent. Le médecin fit des prescriptions aux malades, qui étaient en grand nombre ; et nous nous chargeâmes de venir chaque jour, à tour de rôle, faire les pansements, leur administrer les remèdes prescrits, et leur donner les autres secours dont ils ont besoin. Voilà quelle fut mon occupation jusqu'au jour où je partis pour Constantine.

Le 30, jour de mon départ, dans ma visite accoutumée au tombeau de saint Augustin, je demandai à ce grand saint de protéger mon voyage, de bénir cette seconde mission comme il avait béni la première ; et le soir du même jour, je voguais sur une mer assez tranquille, loin de ces rivages bénis. Notre navigation fut heureuse. Le matin du 31, jour de la fête de saint Ignace, j'étais sur le pont à 4 heures et demie ; le ciel était beau, l'air frais, la mer calme ; je réfléchissais sur les prodigieux travaux de ce grand saint, et je le priais de venir en aide à notre mission.

Rien, ce me semble, n'élève et ne réjouit tant l'âme qu'une belle matinée sur mer. A quelques lieues de nous, on voyait de beaux coteaux couverts de verdure, et dans le lointain on apercevait Philippe-Ville, avec son bel hôpital qu'on bâtit sur le petit mamelon à gauche, en entrant dans la ville du côté de la mer, et qu'on appelait autrefois le Fort-de-France. Après quelques heures, nous arrivions non pas dans le port de cette ville, qui prend chaque jour un accroissement prodigieux (elle n'a pas de port), mais devant son débarcadère que la mer a déjà renversé plusieurs fois. Nous voilà débarqués, je dis ma messe d'action de grâce, et après notre petit déjeuner, nous allâmes avec M. le curé visiter les baraques qui servent d'hôpitaux militaires, et qui renfermaient alors plus de douze cents malades. Les grandes chaleurs amènent, chaque année, une recrudescence de maladies, presque dans toute l'Algérie, mais nulle part autant qu'à Philippe-Ville.

Je partis pour Constantine le matin du 3 août avec les membres de la commission médicale, chargés de visiter les principales garnisons pour connaître l'état sanitaire de l'armée et aviser au moyen de l'améliorer. Nous fîmes le trajet assez agréablement, par une chaleur de 36 degrés. Arrivés à deux lieues de Constantine, nous voulûmes, le docteur Guyon et moi, aller visiter les jardins du bey. C'est un agréable oasis d'environ une lieue et demie de tour, au fond d'une large et gracieuse vallée arrosée en tous sens par des fontaines abondantes. La plus considérable fournit une eau chaude, à 48 degrés; les Arabes l'appelent Ain-el-Hhaman (la fontaine du bain). Elle jaillit de terre par plusieurs oüvertures en bouillonnant, et ressemble à peu près à la source du Loiret, près d'Orléans; son volume d'eau est presque aussi considérable, et si on lui creusait un lit comme au Loiret, elle pourrait, comme cette rivière, porter bateau, depuis sa source jusqu'à son embouchure dans le Rummel, c'est-à-dire dans un cours de demi-lieue. Pour arriver à cette source, il faut traverser une tribu de Cabaïles redoutés dans le pays. Deux Arabes de cette tribu m'accompagnaient ; M. le docteur ne put me suivre à cause de l'éloignement et des cours d'eau qu'il y avait à franchir. Un jeune Parisien seulement voulut me suivre ; mais arrivé à une certaine distance, se voyant seul avec moi et les deux Arabes dans une espèce de désert, il eut peur et voulut s'en retourner. Il pria vainement un de mes Arabes de l'accompagner ; ils voulurent rester avec moi. Force lui fut donc de s'en retourner seul : il se prit à courir à toutes jambes. Mes Arabes riaient de la peur de mon compagnon : « Il craint, me disaient-ils, que nous ne lui coupions le cou, et toi tu n'as pas peur? — Non certes, leur repondis-je, j'ai autant de confiance en vous qu'en mes meilleurs amis. » Ils me prirent alors la main qu'ils baisèrent avec vivacité, en me disant avec énergie : « Tu es un brave, toi, tu n'as pas peur des Arabes ; on voit que tu es un marabouth... ; l'autre est un *mamenhouche* (un mauvais, un lâche) ; » puis ils contrefaisaient sa peur... « Pour toi, ajoutèrent-ils, nous nous ferions tuer avant qu'on touchât seulement un cheveux de ta tête. »

En revenant, ils voulurent que je visitasse leur tribu ; il fallut boire le lait et manger avec eux. Ils vinrent me reconduire jusqu'à l'endroit où m'attendait M. le docteur. Mon prudent et timide compagnon n'était pas encore revenu ; il n'arriva que demi-heure après, harrassé de fatigue, couvert de sueur et de poussière, et le visage tout décomposé par la peur. Dans sa frayeur, il s'était trompé de chemin, et avait erré seul dans les bois pendant plus d'une heure, tremblant à chaque instant d'être assassiné. C'est ce qui aurait pu lui arriver ; car avec son air égaré, les Arabes l'auraient facilement pris pour un espion ou un voleur, et ils lui auraient coupé le cou sans la moindre difficulté. Enfin, il en fut quitte pour la peur et un peu de confusion qu'il lui fallut subir de la part des Arabes qui ne m'avaient pas quitté, et qui, en voyant ce pauvre jeune homme revenir dans ce piteux état, se moquèrent beaucoup de lui.

Nous trouvâmes dans cet oasis d'importantes ruines romaines. Je ne sais si je vous ai jamais dit que, depuis Philippe-Ville jusqu'à Constantine, on suit presque constamment l'ancienne voie romaine très-bien conservée sur certains points, et que de distance en distance on rencontre des postes militaires romains et les ruines de quelques villas dans les sites les plus avantageux et les plus agréables.

Nous arrivâmes à Constantine le 4 août, jour de saint Dominique. C'est la fête d'un ami bien cher à mon cœur; je ne vous dis pas que j'ai prié pour lui ce jour-là comme toujours. L'oublier, ce serait pour moi un péché dont mon cœur ne pourra jamais se rendre coupable. Je puis dire de lui et de toutes mes bonnes âmes que j'ai connues d'une manière particulière : *Absit à me hoc peccatum ut cessem orare pro vobis.*

Je ne suis resté que quinze jours à Constantine. Je suis maintenant à Bône avec Monseigneur qui commence sa visite pastorale dans la province de l'Est. Nous célébrerons, après demain, la fête de saint Augustin sur les ruines d'Hyppône. Ecrivez-moi toujours à Bône; delà on me fera passer mes lettres par tout où je serai.

J'ai écrit de Constantine à M. *** je le prie d'envoyer deux caisses de livres, une à Constantine et l'autre à Bône. S'il était possible d'y joindre une *troisième caisse*, pour fonder une petite bibliothèque à Philippe-Ville, elle ferait là un bien immense; il n'y a pas de point dans l'Algérie où il se trouve tant de malades réunis. Au moment où je vous écris, le nombre s'élève à 1,400. J'y ai passé huit jours à mon retour de Constantine. Pendant ce temps-là nous passions toutes nos matinées, M. le curé et moi, à visiter et à administrer ces pauvres malades; il en meurt quelquefois dix par jour. Vous feriez adresser cette caisse de livres tout simplement à M. le curé de Philippe-Ville.

Je termine : le courrier part. Il fait ici une chaleur

de 40 degrés ; demain, la veille de la fête du grand saint Augustin !...

Votre bien affectionné et honoré ami,

SUCHET.

Vic. gén.

Je ne relis pas mon long journal, excusez les inexactitudes et les fautes ; j'ai un peu mal aux yeux : priez pour moi.

Constantine, 15 septembre 1840.

Mon cher ami,

Me voilà revenu à Constantine que j'ai quitté il n'y a pas un mois. Je vais profiter de mes moments de loisir pour continuer mon journal et vous faire la relation du beau voyage que nous venons de terminer avec Monseigneur.

Je quittai Constantine, escorté seulement de quelques cavaliers arabes et d'un officier français. Ces Arabes me parlent en chemin de leur *khalifat* (préfet), dont ils sont très-mécontents. Ils me prient de demander au général son changement; sinon, ils quitteront la province, disent-ils, ne pouvant plus longtemps supporter ses vexations. Il paraît qu'en Afrique il y a toujours, de la part des chefs arabes, de très-grands abus de pouvoir. C'est peut-être aussi que les Arabes, comme beaucoup de peuples civilisés, supportent avec impatience le joug de l'autorité.

Au camp des Toumiettes, je visitai un grand nombre de pauvres militaires malades, couchés sur la terre, sous des cabanes en feuillages qui ne les garantissent ni de l'extrême humidité des nuits, ni d'une chaleur de 40 degrés pendant le jour. J'en confessai quelques-uns que je trouvai très-bien disposés.

J'allai coucher au camp *Del-Arouche* (à 15 lieues de Constantine). Un officier de ce camp me montra deux petits lionceaux qu'on lui avait apportés dans la journée. Pendant la nuit une lionne furieuse vint rôder autour du camp en poussant d'affreux rugissements : je ne pus pas fermer l'œil de la nuit. D'ailleurs, l'énorme quantité de puces qui se trouve dans tous les camps, et surtout dans celui-ci, ne permet pas de dormir. Ces insectes font souffrir une espèce de martyr ; il semble qu'on est couché dans une fourmilière. C'est une véritable calamité en Afrique, surtout pour les pauvres soldats.

La route *d'el-Arouche* à Philippeville n'est point sûre en ce moment. Les chasseurs d'Afrique, que je pris dans ce camp pour m'escorter, me montraient à chaque pas des endroits où, tout récemment, les Arabes avaient coupé quelques têtes de Français et tiré des coups de fusil sur des escortes. C'est ainsi que notre vie est sans cesse exposée et sur terre et sur mer.

Je suis arrivé à Philippeville le 18 ; j'y suis resté jusqu'au 25 (août), jour de l'arrivée du bateau à vapeur qui portait Mgr l'évêque d'Alger à Bône. Je m'embarquai sur son bord pour l'accompagner dans cette première tournée épiscopale.

Jusqu'alors Monseigneur n'avait fait que de courtes apparitions dans cette partie de son diocèse ; aujourd'hui, c'est une visite dans toutes les règles qu'il veut faire.

Nous rencontrâmes à la hauteur du *Cap-de-Fer*, deux bâtiments barbaresques ; le capitaine de notre navire se dirigea sur eux pour les reconnaître. Rien de curieux comme cet aspect belliqueux que prit tout à coup notre bord. Les canonniers sont à leurs pièces, mèche allumée; les autres marins sont sur le pont avec leurs fusils en joue, prêts à faire feu, tandis qu'on met les canots en mer et qu'on y transborde des sabres, des pistolets, des haches, des harpons et des hommes commandés par l'officier de quart, pour aller à l'abordage des bâtiments suspects. Ces deux bâtiments attendaient paisiblement cette reconnaissance; ils montrèrent leur *carta* à l'officier qui était allé les reconnaître; ils étaient en règle. L'un était rempli de passagers arabes pour Tunis, et l'autre chargé de *gargoulettes* ou petits pots de terre pour la même destination. Nos guerriers marins furent un peu désappointés; et nous, nous appelâmes cette journée mémorable la *journée des gargoulettes.*

Nous arrivâmes à Bône à la chute du jour. En débarquant, je saluai la terre d'Hyppône que je revois toujours avec bonheur. Nous avions à bord le poëte Barthélemy, le fameux auteur de la *Némésis.* Nous dînâmes ensemble le jour de notre débarquement, chez le sous-directeur de l'intérieur de Bône. Le poëte était enchanté de l'Afrique qu'il n'avait pourtant vue qu'en passant à bord d'un bateau à vapeur; il m'a dit qu'il voulait faire un poëme en trois chants sur l'Afrique considérée sous le triple rapport *militaire*, *agricole* et *religieux*.

Dans la journée du 26, Monseigneur reçut la visite des différentes autorités de la ville. Nous allâmes avec Monseigneur et un prêtre qu'il avait amené avec lui, passer la journée du 27 sur les ruines de la ville du grand saint Augustin. Nous fîmes le trajet de Bône à Hyppône par mer; nous remontâmes ensuite la *Seybouse* jusqu'à l'ancien port de la ville où nous débarquâmes. Je ne vous dis rien de cette journée, elle fut si vite écoulée! les heures passent si rapidement à Hippône! Monseigneur, ce jour-là, forma le projet d'y faire bâtir un grand séminaire aux frais de tous les prêtres de France, afin que les prêtres, comme les évêques, eussent aussi leur monument à Hyppône. Il écrivit à l'instant même, là, sur ces ruines sacrées, une lettre adressée à tous les prêtres de France pour les engager à souscrire, par eux ou par quelques-uns de leurs bons fidèles, la somme de *dix francs*, une fois donnée. Il nous fit signer cette sorte de circulaire; je ne sais s'il l'enverra. Ce serait là une œuvre bien importante par ses heureux résultats pour l'avenir de la religion en

Afrique. Saint Augustin, sous le patronage duquel elle serait placée, ne manquerait pas de la protéger et d'obtenir des grâces particulières à tous ceux qui y auraient contribué.

Le lendemain 28, jour de la fête du grand saint, nous nous rendîmes comme la veille, Monseigneur et moi, par mer à Hyppône; les autres ecclésiastiques s'y rendirent par terre. Le jour commençait à paraître; la mer était calme, on n'entendait que le bruit des rames de notre frêle esquif. J'avais entre les mains les confessions et les soliloques de saint Augustin. Nous étions plongés dans les réflexions les plus douces. Quelques soupirs s'échappaient de temps en temps de nos cœurs, et des larmes coulaient de nos yeux. Nous ne pûmes rien dire, jusqu'au moment où, mettant le pied sur la terre d'Hyppône, nous ouvrîmes la bouche pour exprimer le même sentiment, la même pensée. « C'est là, disions-nous, il y a aujourd'hui 1410 ans, que saint Augustin est mort... Et un évêque, son successeur immédiat, vient, ce jour-là même, célébrer les saints mystères sur son tombeau! »

Les Maltais dressèrent un autel sur l'emplacement

même du monument que les évêques de France font élever à la mémoire du grand saint. Les murs commencent déjà à s'élever de terre. C'est une petite rotonde dont le pourtour sera formé par des colonnes en marbre blanc qu'on fait venir d'Italie. Je vous enverrai plus tard le dessin de ce monument. Monseigneur célébra une messe pontificale, et fit l'ordination d'un tonsuré et d'un sous-diacre. Je laisse à vos réflexions ce que pouvait être une pareille cérémonie, dans un lieu et dans un jour pareils, faite par un Français, évêque d'Hyppône... Monseigneur, dans ses touchantes allocutions, fit ressortir d'une manière admirable toutes ces circonstances. Le concours des fidèles était assez grand, la musique militaire et un détachement de la garnison de Bône donnaient aussi un peu d'éclat à cette mémorable et touchante cérémonie. C'est là que j'exerçai, pour la première fois, ma charge d'archidiacre d'Hyppône. Mon émotion en ce moment serait difficile à décrire, elle ne fit que s'accroître pendant la sainte messe que j'eus le bonheur de célébrer là aussi pour la première fois. A la fin de ma première messe, j'étais dans une espèce d'anéantissement.

Comme souvenir de tout ce qui venait de se passer, je ramassai un peu de la terre sur laquelle était dressé l'autel où nous venions de célébrer les saints mystères, Monseigneur et moi. Nous recueillîmes aussi une grande quantité de petites olives sur les oliviers qui nous ombrageaient. Je vous les enverrai; vous pourriez faire faire des chapelets avec leurs petits noyaux : je les ai cueillis pour cela. Nous passâmes le reste de cette sainte journée sur ces ruines d'Hyppône. Le soir, nous ne pouvions pas nous en arracher; nous y avions déjeuné ce jour-là et le jour précédent. Monseigneur écrivit sur ces ruines sacrées, à la Propagation de la foi, une lettre où il peint admirablement ce qui se passait dans nos âmes en ce jour d'heureuse mémoire.

Nous revînmes souvent encore les jours suivants visiter ces lieux chéris; j'arrachai une petite pierre à la grotte où on croit que le corps de saint Augustin fut déposé après sa mort. C'est l'endroit dont je vous ai parlé, où les Arabes viennent en pèlerinage pour honorer *le grand roumi* (le grand chrétien), et où j'ai gravé avec mon couteau une croix sur la muraille. J'y ai recueilli encore en différentes fois, de l'encens et de la cire que les Arabes y avaient déposés. Je garde ces objets comme des preuves de leur dévotion envers saint Augustin.

Pendant que nous étions là, les ouvriers qui travaillent au monument découvrirent, en creusant la terre, le tombeau d'un petit enfant ; nous allâmes le voir. Monseigneur fit recueillir les briques romaines avec lesquelles ce petit tombeau était construit, et nous primes, avec un certain respect, quelques ossements assez bien conservés du squelette de cet enfant. Je dis avec respect, parce que cet enfant avait été déposé dans cette terre sacrée d'Hyppône ; et puis, nous nous rappelions le sentiment de saint Augustin sur les enfants morts sans baptême. « Que leur existence vaut mieux que leur non-existence ; » et encore qui sait si ce n'est pas un petit enfant chrétien ?...

Quoi qu'il en soit, je conserverai ces petits ossements. Je vous les enverrai si vous voulez ; j'y joindrai des morceaux de bois d'olivier que j'ai coupés à Hyppône, dans les endroits auxquels se rattachent quelques pieux souvenirs.

Nous fîmes faire nous-mêmes quelques fouilles ; nous trouvâmes une énorme quantité de verres blancs, dont la plus grande partie avait été en fusion ; puis d'autres matières calcinées ; ce qui prouve évidemment qu'Hyppône fut la proie d'un vaste embrasement. Il paraît que les quelques restes des monuments qui étaient encore debout ont été renversés par des tremblements de terre. C'est ce que nous apprit un vieillard notable du pays, le beau-père du fameux *Jousouph*, cet Arabe intrépide que l'armée française s'est attaché, dès les premières années de notre conquête d'Afrique, à cause de sa valeur et de ses talents militaires. Cet homme extraordinaire, le maréchal Clausel l'avait nommé Bey de Constantine avant le premier siége de cette ville. C'était bien vendre la peau de l'ours avant qu'il fût pris. Jousouph est maintenant colonel d'un régiment dans la province d'Oran ; sa vie est un vrai roman que je pourrai vous raconter quelque jour. Mais revenons à notre sujet ; le beau-père de ce célèbre Jousouph, qu'on appelle Sidi-Baka, nous a dit avoir vu, dans le temps où il n'avait point encore de barbe au menton (ce sont ses propres expressions), une chapelle où les roumi (les chrétiens), négociants et corailleurs qui relâchaient ou qui demeuraient à Bône, venaient prier tous les dimanches. Cette chapelle, c'est la plus grande ruine qui reste encore à Hyppône, près de la mer; je l'avais prise pour les restes d'une porte de la ville.

D'après tous ces renseignements, d'accord avec ce que nous en dit l'histoire, ce sont là les ruines de l'église de la Paix, dont parle saint Augustin. Monseigneur l'a fait daguerréotyper; il en fera faire une lithographie qui, probablement, paraîtra dans les annales de la propagation de la foi avec le dessin de la croix gravée sur la grotte des Ermites, découverte au col de Téniah. Sidi-Baka nous dit encore y avoir vu une grande voûte qui s'écroula dans un violent tremblement de terre, il y a plus de trente ans, et que ce même tremblement de terre détruisit plusieurs autres restes d'édifices qui existaient en différents endroits sur le mamelon d'Hyppône.

Enfin, le dimanche 6 septembre, Monseigneur bénit et posa solennellement la première pierre de l'église de Bône, qu'il dédia à saint Augustin. La petite mosquée qui, depuis sept ans, sert d'église catholique est si petite qu'elle peut à peine contenir cinquante personnes... Il était urgent d'en construire une autre qui pût être proportionnée au nombre des catholiques de Bône. Cette cérémonie avait quelque chose d'imposant et de bien touchant tout à la fois. Un détachement de la garde nationale de Bône, musique en tête, vint chercher Monseigneur ; on se rendit processionnellement sur l'emplacement de la nouvelle église ; et, là, au milieu d'une foule où se trouvaient mêlés des officiers de tout grade, les magistrats de la ville, les militaires, les colons et quelques Arabes, Monseigneur, en habits pontificaux, procéda à la cérémonie. De la main gauche il traçait avec sa crosse, sur la terre, le sillon qui marquait l'enceinte de la nouvelle église, et de la main droite, il bénissait cette terre où va s'élever le premier temple catholique depuis plus de 1400 ans. Le discours qu'il prononça arracha des larmes à tout son auditoire... C'est encore là un de ces moments de bonheur que la religion seule peut donner à ceux qui ont la foi et quelque zèle pour la gloire de Dieu. C'est là ce qui nous encourage et nous soutient dans notre pénible ministère. Monseigneur a promis trente-cinq mille francs pour commencer les travaux de cette nouvelle église. Je pense que le gouvernement viendra à son secours, et que cet édifice, éminemment patriotique, s'achèvera.

Le lendemain, nous avions quitté Bône, et nous nous acheminions par terre vers Constantine, avec une escorte de cavaliers arabes au service de la France, qu'on appelle spahis. Nous passons par Hyppône que nous saluons de cœur une dernière fois. Nous suivons la rive gauche de la Seybouse que nous quittons après une demi-lieue de chemin pour ne plus la retrouver que sous les murs de Guelhua (l'ancienne Calame). Nous laissons à gauche la montagne des scorpions, ainsi appelée par les Français, à cause de la quantité prodigieuse de scorpions qu'on y trouve. Nous en trouvâmes un sur notre route qu'un spahi tua d'un coup de sabre. Nous allâmes coucher au camp de Dréan, le premier et le seul que les Français eussent formé en avant de Bône jusqu'à l'époque de la première et si malheureuse expédition contre Constantine. Nous avons suivi, jusqu'à Constantine, la même route qu'avait suivie notre armée pour les deux siéges de cette ville. On nous montra tous les lieux où les Français eurent quelques affaires avec les troupes d'Achmet-Bey, pendant ces deux expéditions. Nous répandîmes nos larmes et nos prières dans les endroits où nos braves périrent de misère ou par le yatagan des Arabes. Le camp de Dréan est à cinq lieues de Bône ; nous y arrivâmes vers les 5 heures du soir. Sa situation est des plus agréables ; on aperçoit à deux lieues vers le nord le fameux lac de Fetzara qui donne son nom à une puissante tribu. Ce lac a près de 8 lieues de longueur, sur 2 ou 3 de largeur. On va quelquefois de Bône en partie de plaisir sur ce beau lac, qui en est à 4 lieues.

Le lendemain, 8 septembre, jour de la Nativité de la Sainte-Vierge, pendant que tous les bons catholiques se pressent au pied des autels de Marie pour fêter l'heureuse naissance de cette auguste mère de Dieu, nous étions sur nos mulets, cheminant en silence vers le second camp qu'on appelle Né-che-méia, à 5 lieues de Dréan ; nous y déjeunâmes, et nous nous remîmes en route pour Guelma, qui est à peu près à 6 lieues de Né-che-méia. Au sortir de ce dernier camp, le pays commence à être un peu montagneux, quoique très-boisé, très-fertile et bien arrosé. Sur notre route, nous avons trouvé de superbes ruines romaines appelées *Hommum-Berda* (bains froids). C'est un établissement magnifique de bains encore assez bien conservés, sur les bords d'une source très-forte et très-limpide. Ces bains ont dû être très-fréquentés par les riches et puissants habitants de Calame, qui n'en est qu'à deux lieues. Il y a là un petit poste français. Nous avions déjà aperçu de loin les ruines de Guelma (Calame), à l'extrémité d'une belle vallée sur le penchant gracieux de la montagne *Ma-Ouna*, et nous avions dit : Voilà une belle position pour une grande ville. Mais nous voici arrivés à la Seybouse que nous passons à gué. Dans la saison des pluies, cette rivière devient très-grosse et très-dangereuse en cet endroit. Nous montons avec empressement vers Guelma, qui est à un demi-quart de lieue de là.

Je ne pus me défendre d'un sentiment pénible en voyant les ruines immenses de cette antique Calame, si célèbre par le faste et la magnificence que Lucullus, préteur en Afrique et le rival de Pompée, y avait introduits, 80 ans avant Jésus-Christ. On dit aussi qu'après lui, Salluste, le célèbre historien, qui fut nommé par Jules-César gouverneur de la Numidie, où il s'enrichit par ses injustices, était venu habiter Calame. Il y avait apporté d'immenses trésors qu'il y tenait soigneusement cachés. Mais plus tard cette ville, devenue chrétienne, fut bien autrement célèbre par le zèle, la science, la sainteté de son évêque

Possidius, disciple et intime ami de saint Augustin. Il acheva de détruire le paganisme dans cette ville, et il y fonda un ordre religieux qui suivait la règle de saint Augustin. Il y eut beaucoup à souffrir de la part des païens, mais surtout des donatistes, et plus tard des Vandales qui le forcèrent à quitter son siége, après que ces barbares eurent défait le comte Boniface, général romain. Il se réfugia alors à Hyppône, où il assista à la mort de son ami, le Père saint Augustin, dont il a écrit la vie. Il a fait aussi une description pathétique des horribles ravages des Vandales dans les villes d'Afrique et de la déplorable situation des chrétiens dans ces temps malheureux. Cette description remarquable se trouve dans toutes les éditions qu'on a faites de la vie de saint Augustin. Calame est un des siéges les plus illustres de la Numidie. Son évêque Mégale est appelé *primat de Numidie* dans un concile tenu à Hyppône, le 8 octobre 393, et présidé par Aurèle, évêque de Carthage.

Nous passâmes la journée du 9 à Guelma (Calame) pour bien explorer ses ruines. Il y a une grande partie de la ville, que j'appellerai la *Citadelle*, qui est conservée presque en entier; elle forme un carré long ; elle est entourée de murs flanqués de treize tours carrées : ces murs, depuis à peu près la moitié de leur hauteur, qui est de dix à douze mètres, ont été évidemment reconstruits par les Romains, lorsqu'ils se rendirent de nouveau maîtres de l'Afrique, sous le commandement de Bélisaire. Cette même enceinte est toujours la ville militaire ; l'armée française l'occupe, et y fait bâtir, avec les débris de cette citadelle romaine, un hôpital militaire et des casernes... Singulière vicissitude des choses humaines !...

Que vous dirai-je, maintenant, de la situation de cette ville ; de ces ruines imposantes ; de cette quantité d'inscriptions qu'on rencontre à chaque pas ? La plus précieuse que nous ayons trouvée est gravée sur le frontispice des thermes. C'est un vaste bâtiment dans l'enceinte de la citadelle, dont les voûtes seules se sont écroulées. Cette inscription porte que ces thermes (bains publics), avec leurs deux tours, étaient placés sous la protection des martyrs saint Clément et saint Vincent, et qu'aucune main ne pourra jamais les détruire. En effet, ces thermes et leurs tours existent encore. Il y a beaucoup d'autres inscriptions moins importantes ; je les ai toutes copiées.

Les ruines qui sont hors de cette enceinte couvrent une immense étendue de terrain. Ce sont des pans de murs, des voûtes, des citernes, des restes de remparts, des colonnes, des piédestaux, des mosaïques, etc., des pierres tumulaires... J'ai remarqué que, parmi les différentes ruines que j'ai vues en Afrique, celles qu'on trouve en plus grande quantité et partout, ce sont des pierres tumulaires... comme pour attester encore le souverain empire de la mort, et confondre la vanité de l'homme. Le théâtre peut être compté parmi les grandes ruines de Calame; on y remarque encore les gradins ou siéges des spectateurs, et jusqu'à la loge proconsulaire dans le fond de l'abside. A un kilomètre environ de ce théâtre, dans la plaine (Est) en allant vers la Seybouse, on aperçoit les ruines d'un temple d'Esculape, comme l'atteste l'inscription qu'on y a trouvée. Au bas de la ville, à l'ouest, dans le fond d'un ravin, coule un petit ruisseau appelé *Oued-Skroune* (ruisseau d'eau chaude) parce qu'il était autrefois principalement alimenté par une source abondante d'eau tiède qu'on a détournée pour la faire passer dans la citadelle. Ce ruisseau est formé maintenant par de petites fontaines d'une eau très-fraîche et très-limpide. De belles maisons, dont on voit encore les ruines, s'élevaient autrefois sur ses bords, maintenant ils sont couverts de caroubiers, de coudriers, de pampres et de lauriers-roses presque toujours en fleur.

Le site de Calame est délicieux. C'est un vaste plateau, sur le versant nord-estde la montagne Ma-Ounah, la plus haute de ces contrées. Elle est boisée jusqu'au sommet. Au nord-est, on voit le vallon fertile qui conduit à Hammam-Berda, au lac Fetzara et à Bône. A l'est, se déroule, à perte de vue, une magnifique plaine qu'on appelle la plaine de la Seybouse, parce que cette rivière coule au bas en la suivant dans toute sa longueur; elle tourne ensuite au nord, en arrosant d'autres vastes plaines jusqu'à Hyppône où elle se jette dans la mer. Assez au loin, à l'ouest, on voit une grande montagne qui paraît aride, appelée *Djebel-Debaah*; elle renferme dans son vaste flanc, disent les Arabes, des grottes épouvantables, redoutables repaires des malins esprits et des revenants.

Demain, nous quittons cette antique Calame. Je sens dans mon âme une tristesse indéfinissable.

C'est le soir... Le soleil se couche... Je suis assis sur un monceau de ruines... J'ai besoin de pleurer, de prier... Voilà ma prière :

Du haut du ciel, regarde, ô grand Possidius,
Des ruines partout... Ton église n'est plus !...
Viens essuyer les pleurs que tu me vois répandre,
De tes fervents chrétiens viens ranimer la cendre...

Il y a à Guelma une garnison assez forte et à peu près soixante colons. C'est le chef-lieu d'un cercle qui porte son nom. Vous savez qu'une partie de la province de l'Est est divisée en cercles. Ainsi, depuis Philippeville, on compte, sur le littoral, le cercle de Philippeville, le cercle de Enoug, le cercle de Bône, le cercle de la Calle, et, dans l'intérieur, le cercle de Guelma. Le commandant supérieur de ce cercle, M. Herbion, est un homme d'un grand mérite; je l'aime bien, parce qu'il s'occupe beaucoup des Arabes de son cercle, qui le regardent comme leur père; ils l'ont souvent demandé pour khalifat (préfet). Il écrit en ce moment l'histoire de ce pays; il m'a communiqué des notes très-intéressantes sur les tribus arabes qui l'avoisinent. Je recueille aussi des notes dans tous les pays où je passe; avec ces notes, jointes à mes observations particulières, je pourrai vous donner bientôt quelques détails sur des peuples et des pays qu'on a fort peu connus jusqu'à présent.

A Guelma, nous n'étions qu'à six lieues sud-est de Tiftech, l'ancienne ville de Thébaste, où saint Maximilien, fils d'un soldat romain, souffrit le martyre, vers l'an 296, à l'âge de vingt-un ans. Comme on le conduisait au supplice, il pria son père, nommé Victor, de donner à celui qui lui couperait la tête, l'habit qu'il lui avait fait faire pour aller à l'armée. L'Église fait la mémoire de ce saint, le 12 mars (voyez Godescard). Sainte Crispine souffrit aussi le martyre à Thébaste, le 5 décembre 304 (voyez aussi les actes de son martyre dans Godescard, 5 décembre).

Cette ville a été, dit-on, entièrement ruinée par les Arabes; elle est située dans la belle plaine des *Hennenchahs*, sur *l'Oued-Hamïse*. Les *Hennenchahs* forment, à l'Est, vers la frontière de Tunis, une immense, une riche et puissante tribu. Cette tribu, sans être hostile à la France, ne peut cependant pas être considérée comme soumise... Au sud de cette tribu, en s'avançant vers le désert, sont les

Nemenchahs, tribu non moins puissante et non moins guerrière, mais toute dévouée à la France. Achmet-Bey s'était retiré sur les limites de cette tribu, près du territoire de la régence de Tunis, dans une ville appelée Tibessa, la Tipusa des anciens; cette ville, bien située près des montagnes, conserve encore sa principale porte d'entrée et quelques beaux restes d'antiquité qui attestent son rang distingué entre les autres villes de Numidie. Achmet-Bey, cet ex-souverain de Constantine, avait avec lui, dans cette ville, un petit nombre d'hommes qu'il s'était attachés à force d'argent (il a encore conservé, dit-on, d'immenses trésors). Il comptait beaucoup sur les succès d'Abd-el-Kader pour rentrer à Constantine, mais les Nemenchahs, connaissant ses desseins, l'ont attaqué dans sa ville de Tibessa, ils l'en ont chassé, et l'ont forcé à se réfugier sur le territoire des Hennenchahs.

Les journaux vous ont, sans doute, appris la tentative des troupes d'Abd-el-Kader sur la province de Constantine. Elles étaient commandées par Hadj-Mustapha, frère d'Abd-el-Kader; elles ont été battues sur tous les points et refoulées jusque dans les montagnes d'Ani-Turco. Dieu veuille que nos armes soient toujours aussi heureuses dans cette belle et immense province de l'est. Cette pointe, que les soldats d'Abd-el-Kader viennent d'y faire, a fait fermenter les têtes de nos bons Arabes de Constantine et des tribus voisines. Elle a jeté au moins une espèce d'inquiétude dans tout le pays. Pourtant, les derniers succès de nos troupes ont un peu rassuré tout le monde... Mais, qu'on y prenne garde, malgré la soumission et le dévouement de nos bons Arabes aux Français, ils se tourneront toujours du côté du plus fort...

Le 10, au matin, nous partîmes de Guelma; nous suivîmes pendant quelque temps la Seybouse en la remontant. Le pays est entouré de collines assez hautes et de profondes vallées. Nous tournâmes le Djbel-Ma-Ounah, et nous arrivâmes au pied de son versant sud. Du côté opposé, sur un petit mamelon, se trouve le camp de Medjz-Amar (gué d'Amar); je pense qu'il est ainsi appelé parce qu'il se trouve au confluent de trois rivières, l'Oued-Zénate, qui vient du sud-ouest; l'Oued-el-Serff, du sud-est; et le petit ruisseau de l'Oued-Announah, du sud. Ces trois rivières, en se réunissant, perdent leur nom et forment ce qu'on appelle la Seybouse. Nous déjeunâmes à Medjz-Amar. Là, j'ai pris deux inscriptions qui se trouvent sur deux pierres tumulaires, dans la cour du petit fort bâti dans ce camp par les Français. Le commandant de ce camp nous donna pour commander notre escorte de spahis, un jeune lieutenant, *Ben-Abd-el-Aly*; son père commandait les mamelouks de Napoléon. C'est un brave officier qui ne forligne pas. Il nous a accompagnés jusqu'à Constantine.

En quittant Medjz-Amar, nous nous détournâmes un peu vers l'ouest pour aller voir, à une lieue de là, *Hammam-Meskoutine* (les bains enchantés). Nous passâmes par des petits sentiers et des ravins tout à fait romantiques. Ces bains sont situés dans un lieu bas, mais très-découvert : les montagnes qui les entourent sont assez éloignées. Ce sont plusieurs sources très-abondantes d'eau chaude, on pourrait dire bouillante, puisque leur chaleur est élevée à quatre-vingt-seize degrés. Elles surgissent avec force du haut des cônes formés par le calcaire que ces eaux entraînent avec elles. Sur le vaste terrain d'où elles sortent, on voit une quantité prodigieuse de cônes, à peu près de la même forme, mais de hauteurs différentes, qu'elles ont formés et abandonnés pour aller en former d'autres à côté, lorsque leur force centrifuge n'est plus assez grande pour les pousser jusqu'au haut de cette espèce de tuyau qu'elles se forment elles-mêmes.

Ce sont vraiment tout autant de petits Vésuves, qui, au lieu de vomir des tourbillons de flammes, et des laves brûlantes de soufre et de bitume, rejettent avec impétuosité des flots d'eau bouillante et de fumée. En retombant du haut de ces cônes, ces eaux forment des cascades difficiles à décrire. D'abord, ces cônes ont la blancheur de l'albâtre; et la nappe d'eau qui se précipite de leur sommet, ou cratère, et roule gracieusement sur leurs flancs, ressemble à du nacre liquide, et les gouttes qui en jaillissent, à des perles brillantes que les rayons du soleil viennent encore nuancer de différentes couleurs. Quelques-unes de ces singulières pyramides sont formées d'un sédiment, ou calcaire, d'un rouge écarlate; alors, les gouttes d'eau qui coulent sur ce rouge vif comme de petites globules d'émail, produisent un effet vraiment magique. Le sol est brûlant autour de ces sources, et une chaleur excessive est répandue dans toute cette atmosphère.

En remontant un peu un petit ravin qui est au bas de ces sources chaudes, on en trouve d'autres qui sont très-fraîches, et qui forment un petit ruisseau dans lequel se jettent ces eaux chaudes. Au fond de ce ruisseau, on voit nager quantité de petits poissons, vivant ainsi sous l'eau chaude, qui, étant plus légère que l'eau froide, reste à la surface.

On peut donc véritablement pêcher dans ce ruisseau des poissons tout cuits, c'est-à-dire qu'il est très-facile de les faire cuire avant de les retirer de l'eau. On n'aurait qu'à les tenir quelque temps au bout de la ligne, à la surface où se trouve l'eau chaude; ou mieux, les faire suivre, en les tirant toujours au bout de la ligne, la cascade d'eau chaude jusqu'au cratère d'où elle sort avec ses quatre-vingt-seize degrés de chaleur; on aurait certainement des poissons fort bien bouillis.

Les Arabes ont une légende sur Hammam-Meskoutine qui est vraiment curieuse. En voyant ces cônes merveilleux, dont quelques-uns, vus de loin, ressemblent assez aux Arabes couverts de leur grand burnous blancs, avec leur capuchon pointu, ils se sont imaginés que c'étaient, en effet, plusieurs familles arabes qui étaient venues en ce lieu pour assister à un mariage entre un frère et une sœur (chose horrible que la loi de Mahomet défend expressément), et que Dieu, irrité de ce mariage, avait changé les mariés, tous leurs parents, et toute l'assistance, en statues de sel; car la matière de ces cônes ressemble assez à du sel. Ces bons Arabes ne manquent pas de vous dire, en vous montrant deux cônes assez rapprochés : « Voilà le marié et la mariée. » Ceux qui les suivent de plus près, et qui sont plus gros que les autres, sont les pères et mères des mariés; et les autres, plus petits, sont les enfants qui étaient venus à ces noces maudites avec leurs parents. Nos spahis, ou cavaliers arabes, qui nous accompagnaient, croient cela très-sérieusement.

On voit aussi, là, des restes très-grandioses de constructions romaines. C'était un vaste et magnifique établissement de bains d'eau thermale, très-fréquenté par les Romains, qui y venaient de fort loin. Ces bains enchantés méritent vraiment leur nom. Je ne crois pas qu'il existe en Afrique, peut-être dans le monde entier, quelque chose de si curieux, de si extraordinaire. Comme souvenir de ces lieux, j'ai pris un morceau du calcaire dont les cônes sont formés, et j'ai coupé une branche sur ces beaux lauriers-roses qui poussent à une hauteur prodigieuse sur les bords de ce petit ruisseau dont je viens de vous parler. Ce ruisseau se jette tout près de là dans l'Oued-Zénati, dont j'aurai encore à vous parler.

Nous quittâmes Hammam-Meskoutine, tous enchantés de ce que nous avions vu. Nous traversâmes de hautes collines et de profondes vallées, ombragées par des bois de haute futaie et de belles plantations d'oliviers. Nous voilà au pied du Djebel-Akba (mont Akba) qu'il faut gravir. A un tiers de la hauteur de cette montagne, nous trouvâmes un vaste plateau sur lequel était située la ville d'Announah, à deux lieues d'Hammam-Meskoutine. Sa position est magnifique; de là on jouit d'un très-beau point de vue. Au nord, la vue plonge sur la riante vallée que nous avions suivie et au milieu de laquelle on voit serpenter au loin la rivière de la Seybouse. Au delà de cette vallée, et toujours dans la même direction, on voit, par de là de petites collines, le lac Fetzara; dans le lointain les montagnes de Bône, et tout à fait à l'horizon on aperçoit les montagnes des Enoug. Un peu au nord-est, et tout près de là, on voit le versant sud-est de la montagne Ma-Ounah, derrière laquelle est Guelma. Ce versant a un aspect très-sauvage, on dit qu'il y a là beaucoup de panthères et de lions. Au sud, s'élève le *Raz-el-Akba* (sommet du mont Akba).

Les ruines de cette ville d'Announah, qui occupent, comme celles de Calame, une très-grande étendue de terrain, sont les mieux conservées que j'aie vues en Afrique jusqu'à présent. Outre des pierres tumulaires, des inscriptions, des colonnes en marbre d'une grosseur prodigieuse, nous y avons vu, encore debout, trois arcs de triomphe, ou portes, très-peu dégradés. Mais ce que nous avons admiré de plus précieux et de plus intéressant, c'est une petite église chrétienne dont la voûte seule et quelques pans de mur de côté sont tombés. La façade est restée intacte; on y voit une croix gravée au-dessus de la porte d'entrée. Dans l'intérieur on aperçoit, dans les décombres, des restes de pilastres, de colonnes et de beaux chapiteaux en marbre blanc. J'ai fait le croquis, et j'ai pris toutes les dimensions de ce temple chrétien, le seul, avec celui de Constantine, que nous ayons trouvé en Afrique. J'ai aussi esquissé les trois arcs de triomphe. Je vous enverrai tous ces croquis avec les différentes inscriptions que j'ai recueillies dans les endroits par où j'ai passé : vous pourriez en faire faire des lithographies que vous donneriez aux amateurs. J'ai voulu emporter avec moi un petit morceau de corniche en marbre blanc de cette église d'Announah.

Lorsque l'on quitte Announah, l'aspect du pays change totalement. Cette ville semble être la limite qui sépare le pays fertile et habité d'avec les contrées arides et désertes. Nous montâmes presqu'à pic jusqu'au Raz-el-Akba. Arrivés sur ce sommet, nous nous reposâmes un instant, sans mettre pied à terre, à l'ombre de quelques figuiers, le seul bois, le seul oasis que nous devions trouver jusqu'à Constantine, qui est encore à vingt lieues de là. Il y avait en cet endroit une petite fontaine ; on nous apporta un peu d'eau dans un pot de terre pour étancher un peu la soif qui nous dévorait. Pendant ce temps-là, des Arabes d'un petit douar situé sur ce sommet nous apportent du couscous et du lait. Nos spahis seuls en prirent un peu. Ce douar est aussi le seul que nous rencontrerons jusqu'à Constantine.

En passant dans ce douar, je jetai, de dessus mon cheval, quelques médailles de la sainte Vierge, auprès de ces quelques tentes... en priant cette bonne Mère de prendre en pitié ces pauvres gens, et d'être elle-même le missionnaire de ce pays où nous ne faisions que passer.

Après avoir franchi le Raz-el-Akba, nous descendîmes le versant sud de cette montagne au pied de laquelle nous retrouvâmes l'Oued-Zenati que nous avions quitté à Hammam-Meskoutine; nous le laissâmes encore à notre gauche pour le retrouver plus tard à Sidi Tam-Tam, où nous arrivâmes le soir au coucher du soleil, après avoir traversé d'immenses et solitaires vallées. Nous passâmes la nuit à ce camp de Sidi Tam-Tam, auprès duquel quelques Arabes sont venus placer leurs tentes pour être protégés contre des tribus voisines qui leur sont hostiles.

Le lendemain, vendredi 11, nous partîmes de Sidi Tam-Tam, et nous cheminâmes sur la rive gauche de l'Oued-Zénati. Cette rivière coule au pied d'une chaîne de montagnes derrière laquelle (à l'Est) sont les Haractas, peuples voisins des Hennenchahs, dont je vous ai parlé. Les Haractas sont aussi une tribu des plus grandes, des plus puissantes et des plus guerrières de ce pays. Ils habitent, comme les Hennenchahs leurs voisins, dans les plaines les plus vastes et les plus riches de la Numidie. Ils viennent de payer, cette année, 80,000 fr. d'impôts à la France. C'est le fameux Kaïd-Aly, un de nos meilleurs et plus dévoués amis de Constantine, qui est le khalifat des Haractas.

Ces vallées découvertes et nues que parcourt l'Oued-Zénati, et que nous avons suivies dans toute leur étendue, étaient aussi, autrefois, habitées par une grande tribu appelée les Ouled-Zénati (les enfants de Zénati).

Maintenant, c'est un vrai désert; on n'y trouve pas un arbre, aucune verdure; on n'y rencontre d'autres êtres vivants que quelques rares petits oiseaux qui semblent s'être égarés dans ces vastes solitudes. A six lieues au delà de Sidi Tam-Tam, nous laissâmes enfin cette rivière qui est souvent sans eau, dans ces cantons-là, au pied d'une montagne qu'on appelle Raz-Zénati.

Tagzah, l'ancienne Tagaste, patrie du grand saint Augustin, n'est qu'à huit lieues de là, au sud. Nous eûmes le regret de ne pas pouvoir y aller, parce que nous ne pouvions raisonnablement pas exiger de notre escorte, déjà si harassée de fatigue, qu'elle se détournât autant de la route ordinaire de Constantine, qui tourne à l'ouest, pour nous accompagner dans ce saint pèlerinage. Et puis, comme le pays n'était pas sûr en ce moment, c'eût été véritablement nous exposer. On nous avait même avertis, la veille, que des Arabes avaient poursuivi, ce jour-là même, nos spahis chargés de la correspondance de Constantine, et qu'ils pourraient bien nous attaquer nous-mêmes. Par précaution, on doubla notre escorte.

Nous voilà arrivés à Mœris, à sept lieues de Constantine. Mœris, qui n'a d'autre ressemblance avec le fameux lac Mœris en Egypte, que le nom, n'est autre chose qu'un petit ruisseau qui coule au milieu de ce désert sec et aride. Aucun arbre ne l'ombrage, il n'y a pas même de la verdure sur ses bords. C'est là qu'on fait une grande halte pour déjeuner. A peine avions-nous mis pied à terre, que nous vîmes paraître, sur la crête de la montagne que nous venions de traverser, plusieurs Bédouins à cheval et armés. En voyant notre escorte aussi imposante, ils n'osèrent pas nous approcher; ils restèrent seulement là en observation. Mais nos ardents spahis s'élancèrent aussitôt sur leurs chevaux et chargèrent au galop sur ces Bédouins. Quelques-uns prirent la fuite; deux ou trois mirent bas les armes; on les laissa généreusement aller rejoindre leurs camarades. Il était midi. Le soleil était ardent, nous ne pûmes pas rester longtemps sur ce sol brûlant. Nous nous remîmes en route pour ne plus nous arrêter qu'à Constantine.

A quelque distance de Mœris, nous trouvâmes le Bou-Mersoum, rivière qui se jette dans le Rummel, aux portes de Constantine. Toujours la même solitude jusqu'au Somha. Le Somha est un monument romain qu'on croit être un grand mausolée. Il est très-bien conservé; il se compose de deux tours carrées, réunies au bas par plusieurs gradins assez élevés. Il est situé sur le haut d'une montagne d'où on aperçoit Constantine, qui en est encore éloignée de près de trois lieues. Enfin, à la chute du jour, nous arrivâmes, harassés de fatigue, à cette ville que j'aime tant.

Nous trouvâmes Constantine presque dégarnie de troupes françaises, et les indigènes dans l'inquiétude et dans l'attente des résultats de l'invasion des troupes d'Abd-el-Kader dans leur province. Le général était parti quelques jours avant notre arrivée avec tout ce qu'il avait pu réunir de troupes, pour tenir tête à l'orage, et le conjurer avant qu'il eût étendu plus loin ses ravages. Le fameux cheik-el-arab, le khalifat Ben-ham-la-Honi, et Bou-Akas, le vieux khalifat de la Medjanah, sont avec le général, en sorte que nous ne trouvâmes à Constantine aucun de nos Arabes de distinction. Néanmoins, ceux qui restaient rendirent à Monseigneur les plus grands honneurs. Le conseil municipal, composé des dix principaux Arabes de la ville, vint dès le premier jour lui présenter ses hommages.

Pendant les dix jours que Monseigneur passa à Constantine, les notables Arabes de la ville lui firent une espèce de cour. Il fallut aller dîner tour à tour chez le fameux Kaïd-Aly, puis chez le Hakem, ensuite chez Sala-Bey, le fils d'un ancien Bey de Constantine qui fut comme le père de toute cette immense province, et dont la mémoire est en vénération dans tout le pays. Chaque jour, c'étaient de nouvelles invitations à dîner de la part des Arabes. Le vieux Cadi et le grand Mufti, désespérant de pouvoir avoir Monseigneur à manger chez eux, lui envoyèrent un dîner au palais où il était logé avec nous. Monseigneur ne put pas se dispenser pourtant d'aller prendre le café chez quelques notables Arabes de la ville, entre autres chez le grand Cadi. Une députation de Juifs vint aussi l'inviter à aller à une de leurs réunions. Mais le grand Cadi des Arabes fit plus; il rassembla un jour tous les autres Cadis, les Muftis, les Ulémas, Lakdars, etc., tous les chefs des mosquées, et pria Monseigneur de les recevoir chez lui, au palais, et de présider leur assemblée. Là, ils soumirent à Monseigneur des questions du plus haut intérêt, et tout ce qui regardait la moralité et le bien-être des Musulmans... Ils protestèrent tous qu'ils s'en tiendraient à ses décisions, qu'il était l'envoyé de Dieu, et qu'ils le regardaient comme leur père à tous.

D'autres Arabes marquants venaient aussi lui

parler des intérêts du pays, et lui confier leurs intérêts particuliers, lui demandant ses conseils et sa protection. Enfin, d'autres lui offraient leurs enfants pour qu'il les fît élever dans son petit séminaire d'Alger.

Monseigneur parla au hakem (gouverneur de la ville) du projet qu'il aurait de fonder à Constantine une maison d'asile pour les orphelins arabes des deux sexes, sous la direction des religieuses. Il lui demandait si, dans le cas où ces enfants, élevés ainsi sous la tutelle de la religion catholique, avaient quelques désirs d'embrasser cette religion qui leur aurait servi de mère, ce serait, dans l'esprit des Arabes, un obstacle à la fondation de cet établissement. On lui répondit que cela n'offrait pas la moindre difficulté; que Monseigneur pouvait établir, quand il voudrait, cette maison d'asile; que dès le lendemain elle serait remplie, et que personne ne s'opposerait à ce qu'on fît tout ce qu'on voudrait de ces enfants. Vraiment ces dispositions des habitants de Constantine ont quelque chose d'extraordinaire, d'admirable. Je persiste à croire que Dieu a de grands desseins de miséricorde sur ce bon peuple.

Monseigneur fit aussi des visites à quelques notabilités arabes, en particulier au grand cheik, ou chef de la religion musulmane de tout ce pays. C'est le père du hakem, ce respectable vieillard dont je vous ai parlé dans mes premières lettres ; il fallut aussi prendre le café chez lui. Il regarde Monseigneur comme le chef suprême des religions dans toute l'Algérie, ou, si vous le voulez, comme le ministre des cultes.

Je ne vous parle pas de l'honorable et cordiale réception que firent à Monseigneur toutes les autorités militaires et tous les officiers qui restaient à Constantine. Messieurs les fabriciens et les autres notables colons vinrent aussi avec empressement lui présenter leurs hommages. C'était vraiment pour tous une fête de famille. Monseigneur fit faire la première communion à quelques enfants catholiques qu'il confirma ensuite. Il bénit aussi une chapelle que la reine fait ériger dans l'église de Constantine en l'honneur de Notre-Dame-des-Sept-Douleurs. Enfin, notre saint évêque a bien voulu promettre de faire distribuer chaque semaine pendant quatre à cinq mois mille pains de deux sous aux pauvres indigènes de Constantine. Voilà qui ne manquera pas de faire bénir notre sainte religion par ces pauvres infidèles.

Nous fîmes plusieurs courses dans la ville et hors la ville pour explorer les antiquités : nous voulûmes visiter une dernière fois l'église antique que Constantin fit bâtir sur l'emplacement de ce beau temple dont je vous ai parlé. Cette église est bien plus grande que celle que nous avons trouvée à Announah. J'en ai aussi fait le croquis, et j'ai pris toutes ses dimensions, afin que nous puissions dire au moins ce qu'elle était, puisque Monseigneur n'a pas pu obtenir qu'on la conservât. Le génie militaire l'a déjà démolie en partie ; elle doit l'être entièrement d'après le plan qu'il a tracé dans cet emplacement pour la construction d'un hôpital militaire et d'une caserne.

Un capitaine, attaché à la commission scientifique d'Afrique, nous a montré un monument bien précieux pour l'histoire de notre sainte religion à Constantine dans les temps anciens ; ce monument avait échappé à nos premières investigations. C'est une inscription gravée sur le roc vif, tout près de l'endroit où le Rummel s'engouffre dans les rochers sous les murs de Constantine. Cette inscription porte en substance, que ce lieu est consacré par le martyre de Marianus et de Jacobus, et que ceux qui connaissent ces noms veuillent bien se rappeler d'eux devant le Seigneur.

J'ai trouvé dans Godescard l'histoire du martyre de ces deux saints. D'après cet auteur, saint Jacques et saint Marien ne seraient pas morts à Constantine même, mais à Lambèse qui en est à douze lieues; néanmoins, il est constant que ces deux saints furent arrêtés près de Constantine dans un lieu appelé Mugas, et qu'ils y souffrirent d'horribles tortures. Or, ce Mugas, ce sont les grottes du Mansoura dont je vous ai parlé dans une précédente lettre écrite de Constantine l'année dernière, où je vous disais que ces grottes avaient dû servir de retraite aux chrétiens. C'est précisément au-dessous de ces grottes, dans le ravin du Rummel, que se trouve cette inscription. Il est évident que c'est comme souvenir et pour consacrer la mémoire de ces premiers tourments, dont parle Godescard, qu'on fit souffrir en cet endroit à saint Jacques et à saint Marien, que cette inscription a été faite.

Pour les saints évêques Agape et Secondin, que saint Jacques et saint Marien avaient rencontrés dans cette retraite de Mugas, c'est à Constantine même qu'ils souffrirent le martyre avec saint Emilien et les saintes vierges Tertulla et Antoinette, ainsi qu'une femme et ses deux enfants jumeaux. Les saints Jacques et Marien étaient restés à la prison de Cyrta (Constantine) pendant qu'on faisait mourir tous ces martyrs ; on les en fit sortir pour les conduire à Lambèse, où ils eurent la tête coupée le 6 mai de l'année 259, durant la persécution de l'empereur Valérien. Les saints de Cyrta (Constantine) avaient reçu la couronne du martyre quelques jours avant. Ces derniers sont cités dans le martyrologe romain, le 29 avril, et les deux premiers, le 30.

Comme il y a beaucoup de lettres effacées dans l'inscription, il est possible qu'il y soit parlé des martyrs de Cyrta... Je l'ai copiée, du reste, très-fidèlement. Je la joindrai à la collection de croquis que je vous enverrai. Je pourrai vous donner aussi, dans ma prochaine lettre, une notice assez détaillée sur cette ville de Lambèse, la plus grande et la plus importante ville de la province après celle de Cyrta.

J'oubliais de vous dire que nous avons été visiter les immenses citernes qu'on savait devoir exister à Constantine, mais que l'on n'avait pu encore découvrir. Elles ont été retrouvées au mois de mai dernier. Elles sont au nombre de soixante, et c'est bien l'ouvrage le plus gigantesque, le plus prodigieux que j'aie vu en ce genre. Je ne pourrais vous préciser leur profondeur ou plutôt leur hauteur, parce que nous les avons vues d'en bas; comme Constantine est bâtie en pente, le fond de ces citernes se trouve de niveau avec une rue qui est elle-même une des plus élevées de la ville, c'est vous dire que ces citernes sont tout à fait au haut de la ville. Leur hauteur m'a paru être à peu près de vingt-cinq mètres. Leurs murs en béton ont plus de cinq mètres de largeur. On reconnaît bien encore là la puissance et la grandeur romaines.

Enfin, nous quittâmes tous à regret Constantine, le mercredi matin, 23 septembre, pour nous rendre à Philippeville. Rien de remarquable sur cette route que j'ai déjà parcourue tant de fois. Monseigneur a été reçu dans tous les camps par où il a passé avec les plus grands honneurs de la part des officiers et des soldats. Ils paraissaient tous heureux de voir un évêque au milieu d'eux, partageant, en quelque sorte, leurs fatigues et leurs dangers.

Nous arrivâmes à Philippeville, le jeudi 24. Monseigneur ne put y rester que deux jours au grand regret de l'armée et de tous les habitants de cette ville. Il les consola un peu avant de les quitter, en bénissant solennellement le terrain, et posant la première pierre d'une église qu'on va bâtir à Philippeville. Comme à Bône, cette église sera sous l'invocation du Sacré-Cœur de Marie. Ce fut le même empressement, pour cette belle cérémonie, à Philippeville qu'à Bône. C'était aussi le même besoin. Je crois vous avoir dit que, depuis plus de quinze mois, c'est un tout petit magasin d'entrepôt qui sert d'église à Philippeville, dont la population, presque toute catholique, s'élève à plus de 3,500 âmes. Monseigneur, ici comme à Bône, a pris l'initiative des dépenses, pour la construction de cette église; il a promis 25,000 fr. pour faire commencer les travaux.

Ce jour-là même, Monseigneur s'embarqua sur le bateau à vapeur qui retournait de Bône à Alger, où l'appelaient des affaires urgentes qui nécessitaient sa présence dans sa ville épiscopale. Pour moi, je suis resté à Philippeville pour me rendre, de là, partout où les intérêts de la religion et le salut des âmes de la province m'appelleront.

SUCHET,

Vic. gén.

Philippeville, 6 novembre 1840.

Mon cher ami,

Je pars dans quelques jours pour Constantine, où je compte rester au moins trois ou quatre mois. C'est là que vous voudrez bien m'adresser vos lettres jusqu'à ce que je vous donne une autre adresse. J'y vais pour y établir une mission permanente avec deux bons missionnaires qui vont venir m'y rejoindre incessamment. L'un d'eux nous arrive tout exprès des missions du Levant, et sait très-bien parler l'arabe. Nous voilà bientôt en mesure de faire quelque chose de solide et de suivi dans ce pays où nous n'avons, pour ainsi dire, été jusqu'à présent que comme en éclaireurs, pour reconnaître le terrain. Nous pourrons maintenant parcourir un peu en apôtres les provinces de Bône, de la Calle, de Guelma (Calame), de la Medjana (Milève ou Mila); puis la belle province de Constantine, ensuite l'antique Lambèse et le désert de Sahara qui l'avoisine. Voilà un bien vaste champ. Voilà une œuvre immense que nous allons commencer. Priez Dieu de la bénir, et de soutenir, de diriger, d'embraser de zèle les ouvriers qui l'entreprennent en son nom et pour sa gloire.

Ce qui me rassure et m'encourage, c'est que cette mission ne sera pas tant la mienne que celle des bons, des saints, des habiles ouvriers que l'on m'envoie. Je n'aurai qu'à leur montrer le champ, et eux le cultiveront. Je vous mettrai au courant des travaux de cette mission. Encore une fois, priez et faites prier toutes les bonnes âmes, toutes celles à qui vous pourrez nous recommander, pour le succès de cette mission.

Le courrier part, je n'ai que le temps de vous renouveler tous les sentiments de ma respectueuse et bien vive amitié.

Votre vieil ami

SUCHET,

Vic. gén. d'Alger.

M. Laudemann, curé de Constantine, va en France, à Paris, pour donner suite à son ancien projet de colonisation chrétienne de l'Afrique.

Constantine, 8 février 1841.

Mon respectable ami,

Je reprends maintenant la suite de mon journal. Le dernier se terminait, je crois, à Philippeville, au 26 septembre dernier, jour du départ de Monseigneur pour Alger. Je restai dans cette ville jusqu'au 11 novembre suivant. Le curé étant malade alla passer plus d'un mois à Constantine, pour y respirer le bon air. Pendant ce temps, je demeurai seul chargé des fonctions pastorales. Cette ville, toute nouvelle quand j'y passai il y a près de deux ans, n'avait que quelques colons qui logeaient dans des baraques ou des cabanes en feuillages; maintenant on y compte plus de trois mille cinq cents habitants de différentes nations.

Les baraques disparaissent tous les jours pour faire place à de belles maisons bâties en pierre. Il y a même, dit-on, un ordre de l'autorité supérieure pour qu'il n'y ait plus que des maisons en pierre dans les principales rues.

Les hôpitaux militaires contenaient, à cette époque encore, plus de douze à treize cents malades; leur visite quotidienne prenait la moitié de mon temps. Je ne vous parle pas de mes consolations dans ce genre de ministère; on ne peut rien désirer de plus... Mais aussi ce sont les seules; car, du côté des colons, pitié, pitié, profonde misère !.. Je voudrais avoir le temps de vous faire un tableau de ce qu'on appelle *colons d'Afrique*, et vous jugeriez de ce que peut être notre saint ministère au milieu de cet épouvantable chaos. A Philippeville, il n'y a que des colons; on ne voit d'indigènes que ceux qui viennent, en petit nombre, apporter quelques denrées au marché, puis quelques pauvres *Biscris* ou enfants de *Biscarah et du désert*, qui sont, avec les Maltais, les portefaix du port. Notre population catholique se compose, en suivant l'ordre du plus grand nombre, de Français, de Maltais, d'Espagnols-Mahonais, d'Italiens et d'Allemands. Vous savez que ce n'est pas ce qu'il y a de plus sain, dans ces différentes nations, qui vient en Afrique. Ceux qui n'ont aucun intérêt à quitter leur pays natal n'y viennent pas. Quoi qu'on en dise, il en coûte toujours beaucoup de s'expatrier. Il faut, dans les prêtres, une foi vive, un zèle ardent, une abnégation complète; enfin une vocation tout apostolique. Toute autre vue rendrait le prêtre en Afrique bien malheureux. Et dans ce qu'on appelle *colons*, il faut ou quelques circonstances malheureuses, indépendantes de leur volonté, quelques violentes secousses, quelques désastreuses tempêtes qui les arrachent du sol natal, et les transportent, les transplantent dans cette terre inculte et sauvage où ils s'étiolent nécessairement et meurent bien souvent de chagrin ou de misère. Ou bien, ce sont des têtes exaltées, des esprits inquiets qui ne sont bien qu'où ils ne sont pas; des jeunes gens qui aiment la nouveauté, la vie aventureuse; des hommes imprudents, dévorés du désir d'accroître rapidement leur fortune, et qui veulent s'enrichir à tout prix; des hommes dont la probité et la délicatesse ne sont qu'un problème, ou qui ont quelques mauvaises affaires à rétablir. Ceux qui n'ont rien à perdre dans la patrie, parce qu'ils y ont gaspillé leur existence, qu'ils l'ont traînée dans la boue, qu'ils ont tout perdu, foi, vertu, honneur, réputation, biens, etc.; ceux enfin que la société européenne a rejetés de son sein, ou qui se sont fait justice à eux-mêmes en s'en séparant, et qui croient pouvoir continuer ici leurs désordres avec plus de liberté, à la faveur de cet horrible pêle-mêle de tout ce qu'il y a d'impur dans toutes les nations du monde. Voilà ce que sont ces différentes populations qui semblent s'être donné rendez-vous sur le sol africain.

Il y a pourtant d'honorables exceptions : quelques familles honnêtes, chrétiennes même, que le désir de s'enrichir par des moyens légitimes, ou que d'honorables infortunes ont amenées sur cette terre étrangère; quelques personnes enfin qui se conservent fidèles, comme Tobie et Daniel, au milieu de ces peuples sans foi, je dirai presque sans Dieu; ou qui, comme les enfants dans la fournaise, restent intacts au milieu de ce foyer de vices et de corruption.

Vous voyez que tous ceux qui habitent l'Algérie ne sont pas, pour le présent, dans un état normal. Ce sont différents éléments qui ont été déplacés, qui se remuent, s'agitent en tous sens, qui sont dans une sorte d'effervescence, d'ébullition, en attendant qu'ils se fondent, se refroidissent et se consolident en une masse homogène. Ce sont des atomes qui tourbillonnent dans l'espace pour former un monde; il faut des formes, des combinaisons à l'infini, pour qu'ils puissent s'accrocher et former un tout. Or, qui pourrait ne pas comprendre que la religion a de la peine, en ce moment, à dominer par sa voix, forte et puissante pourtant, ce bruit du choc de tant d'intérêts divers, de tant de passions mauvaises, et à imprimer à ce mouvement une salutaire et heureuse direction? Qui ne comprendra pas facilement que cette disposition actuelle des esprits et des cœurs n'est pas favorable à cette religion sainte qui demande essentiellement le calme et le repos de l'âme, pour être goûtée et pratiquée? J'avais cru pourtant que je rencontrerais, en Afrique, quelques-uns de ces cœurs qui, dégoûtés de la patrie où ils n'avaient trouvé, hors de la religion, que mécomptes, déceptions, chagrins, tortures en tout genre, seraient venus chercher dans un monde nouveau, quelque diversion au moins à leurs souffrances, et, n'y ayant trouvé qu'aridité, solitude, abandon, se seraient jetés, de *guerre lasse*, dans le sein de cette religion qui leur promet le repos, qui les aurait devinés, compris, qui serait allée au-devant d'eux, leur aurait ouvert avec tendresse ses bras maternels, leur aurait prodigué les consolations qu'elle a pour chaque peine... Eh bien! depuis deux ans, je n'ai pas encore pu trouver de ces cœurs-là, malgré tout le zèle que j'ai mis, ce me semble, à les chercher, à les découvrir.

Vous comprenez maintenant un peu la cause de ce fond de tristesse, de ces plaintes étouffées que je laisse quelquefois entrevoir ou entendre dans mes lettres.

L'une de mes consolantes occupations à Philippeville fut encore de préparer à la première communion des enfants que le bon curé avait déjà instruits avec zèle, pendant une partie de l'année. Le jour de la Toussaint, j'eus le bonheur de les conduire à la sainte table; ils étaient douze, tant garçons que filles, en nombre égal.

C'est la première fois que cette touchante cérémonie avait eu lieu sur ce coin de la terre d'Afrique, depuis plus de mille quatre cents ans que *Reusicada* chrétienne n'était plus. Cette angélique fête, à laquelle présidait Marie, la patronne de Philippeville, et à laquelle assistaient tous les saints du ciel, causa une joie universelle. Presque toute la ville voulut y assister et semblait heureuse du bonheur de ces enfants. Le soir après vêpres, nous fîmes avec ces chers enfants une procession hors de l'église, dans les rues de la ville et sur les bords de la mer, en chantant les litanies de la sainte Vierge. La foule s'était rendue à l'église comme au matin; un grand nombre d'hommes, Italiens et Maltais et quelques Français, se rangèrent spontanément en procession à la suite de ces enfants, et unirent leurs voix aux nôtres pour invoquer Marie, la reine des anges, le refuge des pécheurs et la douce étoile de la mer. Les femmes, dont la plupart tenaient leurs petits enfants par la main ou les portaient dans leurs bras, suivaient en foule par derrière. C'était un saint enthousiasme.. En rentrant dans l'église, je fis la cérémonie de la rénovation des promesses du baptême, et la consécration à la sainte Vierge. C'était comme en

France, à Tours, un beau jour de première communion !.. Je terminai par la distribution des prix et des souvenirs de première communion. Parmi les filles, il n'y avait qu'une seule Française.

Pendant les courts instants que me laissait l'exercice de mon ministère, je m'occupais à rédiger un martyrologe des saints de l'Algérie, et à continuer une histoire de la *Numidie*, à laquelle je travaille depuis que je suis en Afrique. J'allais quelquefois sur les bords de la mer, ma promenade favorite, où je parcourais les ruines, dont ce sol est couvert, pour chercher quelques médailles ou pour transcrire quelques nouvelles inscriptions qu'on découvre tous les jours dans les fouilles que le génie militaire ou l'administration des ponts et chaussées font faire sur l'emplacement de l'ancienne Rusicada. Je poussai quelquefois mes investigations dans la campagne, à travers les rochers et les bois, où j'ai souvent découvert d'importantes ruines. Le bon curé vient de m'écrire que, depuis mon départ, un capitaine du génie vient de trouver, dans une espèce de chapelle que j'avais moi-même découverte, aux environs de Philippeville, une inscription qui prouverait que ces ruines, très-bien conservées, ont été une chapelle dédiée à *Marie*, *mère de Dieu*. Les habitants du pays appelaient ces ruines, *la maison de la dame du maître*. J'espère que l'autorité nous permettra de rendre cette précieuse chapelle à sa première destination. Je continuai, un jour, ma promenade bien avant dans la plaine, jusque sur les bords charmants d'une rivière qu'on appelle *Saf-Saf*, à trois quarts de lieue de la ville ; on ne pourrait, sans courir quelques dangers, aller plus loin de ce côté. Je trouvai là, dans un endroit solitaire, près de la rivière, entre deux frênes touffus, la tombe d'un jeune médecin français, qui était à la pêche en cet endroit, et qui fut assassiné par les Bédouins, il y a quelques mois. Je plaçai une petite croix sur ce tombeau que la mère ou l'ami du pauvre jeune homme ne viendra jamais visiter... Puis je m'agenouillai, et priai pour le repos de son âme...

En revenant, je passai devant les ruines imposantes de ce cirque dont je vous ai déjà parlé. Je m'assis un instant sur un de ses gradins ; je pris mon crayon, et j'écrivis ces rimes sur mon calpin.

Quand se renouvelaient, dans ce vaste hyppodrome,
Les spectacles sanglants de la superbe Rome,
On voyait, sur ces bancs, d'avides spectateurs
Applaudir avec joie à ces gladiateurs,
Qui volaient au combat avec le plus d'audace,
Souriaient aux tourments, et mouraient avec grâce...
  Paisible voyageur, assis sur ces débris,
J'écoute... Je regarde... Aucune ombre, aucun cris...
Au milieu de l'arène, un torrent fangeux roule,
Et de ses murs rongés le dernier pan s'écroule.

Il se présenta une occasion extraordinaire qui me fit découvrir aussi un très-grand nombre de médailles antiques. On avait entassé beaucoup de décombres auprès d'une ancienne digue romaine qui longe la mer; une affreuse tempête, qui dura trois jours, poussait avec violence des vagues furieuses contre ces décombres qu'elles entraînaient en se retirant, et laissaient à découvert une quantité de médailles. Quand la mer fut calme, j'allai avec des hommes et des enfants, que je payais, ramasser ces médailles ; j'en recueillis plus de *cinq cents* de différentes grandeurs et de différentes époques. Cette tempête arriva en même temps que les inondations de Lyon. On fut obligé d'enlever les planches du débarcadère pour qu'elles ne fussent pas emportées par les flots. On eut à déplorer, à Stora, la mort d'un pauvre marin italien, qu'une vague broya contre un rocher, après avoir fait chavirer la barque qu'il montait avec deux autres matelots, dont l'un d'eux eut la jambe cassée. J'allai, le lendemain à Stora, faire enlever le corps qui gisait sur la plage déserte, et je le fis enterrer sur le flanc de la montagne, dans un bosquet de myrtes et de figuiers. Deux de ses camarades le portaient sur deux branches d'oliviers ; je les précédais en récitant les prières des morts, auxquelles ces braves gens répondaient en pleurant.

Faut-il vous dire encore que pendant le mois d'octobre plusieurs fois les Bédouins vinrent pendant la nuit, tirer des coups de fusil jusqu'au milieu de la ville, et commirent plusieurs assassinats, entre-autres celui d'un officier qu'ils tuèrent à 10 heures du soir, presque au milieu de la ville, à la porte de sa baraque. Dans une autre tentative d'assassinats et de vols, on surprit ces malheureux Bédouins, on en tua un sur la place, sa tête fut placée le lendemain au bout d'une pique, et exposée auprès de ce qu'on appelle *la Porte de Constantine.* Dans ces jours-là, d'après un ordre du commandant supérieur du camp, on alla détruire toutes les broussailles qui garnissaient les mamelons qui entourent la ville, et qui servaient de retraite aux Bédouins. Cet ordre met tout le monde en mouvement; soldats et colons grimpent avec ardeur sur la montagne, comme s'ils montaient à l'assaut; les hauteurs fourmillent de travailleurs, la hache, la pioche ou la serpe au poing; en un instant la montagne est dépouillée, et on voit rouler de son sommet d'énormes charges de bois de myrtes et de caroubiers.

Le jour de St-Martin, de glorieuse et toujours chère mémoire, après avoir eu le bonheur de célébrer la sainte messe pour que le bon Dieu daigne bénir les courses et les travaux d'un pauvre ancien *missionnaire de St-Martin*, je quittai Philippeville, et je m'acheminai vers Constantine, pour commencer cette nouvelle mission dont je vous ai déjà parlé. Le jour commençait à poindre, la caravane se met en marche, tout le monde se presse, s'agite : mais cette foule était aussi aride pour moi que le désert que nous allions traverser : on se réunit par groupes de la même nation, chacun avec ses connaissances, ses amis : et moi je restai *seul*... Le prêtre n'a pas de connaissances, d'amis sur cette terre étrangère. Cette sorte d'*isolement* me fit d'abord mal, et mon cœur battait bien fort, j'y portais machinalement la main pour comprimer ces battements, et ma main se posa sur mon petit crucifix d'ébène et sur la médaille de la bonne Marie immaculée. Je saisis vivement ces précieux objets, et les sortis de mon sein, je les pressai avec émotion, et, il me semble, avec amour sur mes lèvres : et je me disais : voilà mes amis à moi... c'est ma compagnie... ceux-là ne seront pas seulement avec moi pendant ce voyage, mais ils ne me quitteront jamais; ils sont bons, ils sont dévoués, ils sont fidèles, puissants ; oh ! ne suis-je pas plus heureux que ceux-ci ! Ce qui avait ainsi disposé mon âme à la tristesse c'était ce voyage même, la comparaison que je faisais de cette *seconde* mission de Constantine, *mission de douleur* (une bête cruelle avait fait tant de ravages pendant mon absence de *quatorze mois* dans ce premier champ que le père de famille m'avait donné à cultiver sur cette terre infidèle!) avec ma *première mission, toute de joie et d'espérance.*

Le voyage fut heureux, la physionomie de notre caravane me récréa un peu : rien de plus bizarre, de plus pittoresque qu'une caravane dans ces pays montagneux et déserts. Celle-ci se composait d'abord, de ce qu'on appelle *le convoi*, puis de quelques négociants de Philippeville et de Tunis, qui allaient à Constantine pour le recouvrement de leurs fonds et pour vendre leurs marchandises; d'officiers et de soldats qui allaient rejoindre leur régiment et qui servaient d'escorte; de plusieurs familles d'indigènes : les femmes arabes enveloppées dans des couvertures, semblables à d'énormes paquets de linges, étaient montées sur des mulets, ou perchées sur le dos des chameaux, et les petits enfants étaient placés dans des corbeilles ou paniers de joncs flexibles qui pendent sur les flancs écorchés des petits bourriquets; un *seul* mulet porte le bagage, la tente et les pauvres ustensiles de ménage de toute la famille avec leurs provisions de voyage; le père suit par derrière en faisant ainsi marcher ou poussant joyeusement devant lui tout ce qu'il possède sur la terre.

Pour *le convoi*, c'est une longue file de charrettes, de trains d'artillerie, de caissons, de fourgons, de prolonges, etc. traînés dans des chemins difficiles, puis nos énormes ohevaux de France, et nos gros mulets de Provenec, qui contrastent d'une manière frappante avec les maigres mulets et les chevaux petits et légers des Arabes. Tout ce matériel qui ressemble au déménagement d'une ville entière, est précédé et suivi de plus de mille bêtes de somme (le convoi précédent se composait de *douze cents chameaux* et d'un grand nombre de mulets, bourriquets, etc.), chargés pour le compte du gouvernement, ou pour ce qu'on appelle le commerce. Ces bêtes de toutes sortes sont suivies d'un même nombre de conducteurs, muletiers, chameliers arabes, différents aussi de costumes et de couleur ; ce sont de sales Bédouins en guenilles, des enfants du désert au teint cuivré, aux allures sauvages, des nègres demi-nus, s'agitant, criant, tempêtant chacun de leur côté, pour faire avancer ces pauvres animaux qui se heurtent, se bousculent, se renversent ; tout ce mouvement, joint aux jurements affreux des Français, aux cris, ou espèce de mugissements des chameaux, fait un vacarme difficile à décrire.

Dans les haltes, le soir auprès d'une fontaine, ou auprès d'un camp français, chacun choisit l'endroit où il doit passer la nuit ; ceux qui ont des tentes les dressent ; les autres couchent à la belle étoile ; les feux s'allument ; chaque société fait sa petite cuisine, son petit repas ensemble ; arrange sa couche qui n'est pour la plupart qu'un manteau, ou une couverture, une peau de mouton ou un peu d'herbe sèche, qu'on ne trouve pas toujours partout.

Après le repos plus ou moins confortable, suivant les provisions que vous avez apportées avec vous, commencent les causeries du soir sous les tentes et et dans les différents groupes assis ou couchés autour des tisons à demi éteints. Rien n'est curieux comme ces diverses causeries, par une de ces belles nuits qu'on ne trouve que dans ces pays ou dans l'Orient.

Là, comme dans les réunions, les soirées de

France (au luxe des salons, à la variété des toilettes, et aux tables de jeu près), on y règle les affaires de l'État, on y déchire la réputation du prochain, on y rapporte les anecdotes scandaleuses... ; les soldats s'égaient, de leur côté, par leurs vanteries, leurs bons mots, leurs originales et quelquefois très-spirituelles réparties ; ils fredonnent aussi quelques airs, ou chantent quelques chansons de la patrie ; car c'est toujours la patrie, la France, qui est le fond de toutes les conversations, comme elle est la pensée qui semble remplir tous les cœurs.

Les Arabes, de leur côté, sont, je pense, comme les Français ; je ne les comprends pas assez, je ne pourrais pas vous rapporter ce qu'ils disent ; mais on juge facilement par leurs entretiens animés, leur air tantôt grave, tantôt gai, qu'ils parlent des malheurs de leur patrie, de leurs intérêts, ou de leurs plaisirs. Ils chantent aussi des chansons dialoguées, selon leur coutume. Ces dialogues, où le récit et les gestes se mêlent à un chant toujours très-bien mesuré, souvent très-énergique, et cela dans une langue rude et barbare, avec des voix rauques et sauvages ; ces dialogues, dis-je, ont quelque chose d'étrange et de piquant qui captive l'attention et cause un certain plaisir. Ces sortes de chants sont le plus souvent accompagnés et entrecoupés du son de la flûte en roseau qui est leur seul instrument à vent, et d'une espèce de *cliquetis* d'une sorte de petite castagnette en fer ou en bronze; leurs airs sont presque toujours monotones, endormants et quelquefois assourdissants.

Représentez-vous maintenant les chevaux, les mulets, les chameaux rangés en couronne, les pieds attaché à des piquets, autour des tentes, et de ces différents groupes, passant paisiblement et d'une manière caressante leur tête sur les épaules de leurs maîtres à qui ils semblent demander à manger; et pour achever ce singulier tableau, voyez à quelques cents pas de la caravane en repos, les chacals, les hyènes, des lions et des panthères, comme il m'est arrivé d'en entendre dans la tribu des *Seïbah*, qui viennent pour guetter quelque proie, et nous donnent, pendant une grande partie de la nuit, un concert qui nous glace d'effroi.

Ces caravanes ne manquent pas d'offrir aussi

matière à réflexion : j'ai toujours été frappé de voir des hommes de diverses nations, de religion, de mœurs, de passions et d'intérêts différents, qui se réunissent comme en une même famille, pour traverser ensemble ces dangereuses solitudes, et aux yeux de la foi, il me semble que c'est une des images les plus frappantes *du passage* de l'homme sur cette terre.

J'arrivai à Constantine le 12 novembre au soir ; je vous ai écrit, alors, mes premières impressions à mon arrivée en cette ville, et la cordiale réception qu'on m'y fit. Le lendemain, comme j'étais arrêté sur la place du Palais, dans un groupe d'officiers, pour nous exprimer le plaisir mutuel que nous avions de nous revoir à Constantine après une si longue absence, je me sentis les flancs vigoureusement pressés par derrière, c'était un chef arabe des plus influents qui m'enlaçait dans ses bras nerveux. Il me tira brusquement la tête en arrière pour m'embrasser ; deux amis d'enfance qui ne se seraient pas vus depuis des siècles n'auraient pas éprouvé le même bonheur que nous avions de nous serrer dans les bras l'un de l'autre. Il me dit avec son langage énergique : *C'est que tu es toujours mon père , cette fois je ne veux plus que tu nous quittes.* Il me fait de fréquentes visites avec quelques-uns de ses parents et les grands de sa suite que le roi a tous décorés. Il vient dîner sans façon chez nous , et s'établit dans mon cabinet pour écrire ses lettres. Il agit vraiment avec moi comme un grand enfant avec un père qu'il aime et qu'il respecte.

Dans une de ses visites avec son secrétaire *Sidy Khaled* , qui est aussi son parent , il m'écrivit plusieurs choses aimables sur mon calpin. Je lui donnai deux grandes images enluminées pour sa femme et pour lui ; il me remercia mille fois. Je lui fais lire un petit abrégé de la croyance catholique que j'ai écrit moi-même en arabe : il trouve cela fort bien ; j'ai aussi prêté à son secrétaire le catéchisme de Bellarmin , en arabe ; il me promit de le lire souvent et de réfléchir sur ses lectures ; ce jour-là nous nous mîmes ensemble à régenter son désert, ses États , je distribuai les dignités , les places ... Lui , *grand chef arabe* , *Bouasis - Ben - boulakhras-Ben-Ganah-Cheikh el arab* , était de droit le *Grand Sultan* du désert et de ses dépendances , du *Bildugérid* (ou mieux *Bled-el-djerid,* pays des dattes) du

Lakhdas, du pays de *Zab*, de *Touabah*, *Malachlah*, etc., *Djebel-auren*, *Djebel-Tell*, etc., etc. Je nommai les ministres; un directeur général des ponts et chaussées et des portes; des généraux.... *pas de chambre de députés*; une *chambre haute* seulement ou espèce de sénat composé des *Cheiks* et des anciens du désert, un juge de paix dans chaque *Douair*... Je ne m'oubliai pas moi-même, et je lui dis: *Je serai votre marabouth. Tu seras quelque chose de plus*, reprit-il vivement, *tu seras notre père à tous.*

Quinze jours après moi, arriva à Constantine le supérieur des nouveaux missionnaires que Dieu nous envoie dans sa miséricorde. Je ne saurais vous peindre la joie, le bonheur que j'éprouvai en embrassant ce bon père... Il me semble que tout va reprendre maintenant une nouvelle vie à Constantine et dans toute cette belle province de *l'est* qu'ils sont chargés d'évangéliser. Depuis qu'ils sont ici, ils n'ont pu s'occuper que de la visite des hôpitaux et du service de la paroisse; nous attendons, pour entreprendre de nouveaux travaux, le père *Planche* qui nous arrive du mont Liban et qui sait fort bien l'arabe; ils seront trois alors. Pour moi, je me suis retranché à la distribution des aumônes aux pauvres indigènes, et à la visite de leurs malades. J'avais su qu'à Constantine beaucoup de pauvres musulmans mouraient de faim pendant l'hiver, et qu'un grand nombre d'entre eux émigraient chaque année pour se fixer dans les tribus des montagnes, où ils vivaient, comme des bêtes, d'un peu d'orge, qu'ils ne pouvaient se procurer dans la ville à cause de la cherté de toutes les denrées. J'en écrivis à Monseigneur, dont la charité est inépuisable; il voulut aussitôt que je fisse chaque semaine une distribution de pain à tous les pauvres qui se présenteraient.

Depuis la fin de novembre, cette distribution a lieu dans la cour de notre église tous les dimanches après vêpres. Plus de *quatre cents* pauvres indigènes viennent ainsi avec confiance recevoir l'aumône des mains de la religion, qu'ils bénissent, au moins, pour le bien qu'elle leur fait. Pour que cette aumône soit faite avec plus d'ordre et de discernement, j'ai dressé une liste de tous les pauvres et leur ai donné à chacun un billet sur la présentation duquel ils reçoivent du pain. Les voilà organisés comme les pauvres de Tours... Mais les pauvres honteux ont fixé surtout notre sollicitude; j'ai voulu aussi en faire une liste particulière et *secrète*.

C'est là où le bien est le plus réel et le plus grand. C'est un travail que j'avais déjà commencé et qui avait produit un effet prodigieux dans *des temps, hélas! plus heureux*. Alors les Arabes riches me donnaient; le conseil municipal même m'avait alloué certaines sommes comme au *distributeur* le plus naturel des aumônes de la ville. Cette année, ce même conseil a pris une autre marche; il a voté une somme de 300 fr. par mois qui doit être répartie en proportion des populations différentes; ainsi, les catholiques reçoivent chaque mois 60 fr., les juifs 90 fr. et les musulmans 150 fr. On a chargé les chefs de chaque religion de la distribution de cette aumône à ses coreligionnaires; ainsi, nous avons *chaque mois* 60 fr. à distribuer. Ce n'est pas la moitié de la somme que je distribue *chaque semaine* aux pauvres de toutes les religions, qui viennent à nous de préférence et avec plus de confiance qu'à leurs *imans, cadis* ou *rabbins*. Cette aumône de la ville, ainsi distribuée, ne peut, comme vous le pensez bien, apporter aucun soulagement *aux pauvres honteux*, qu'elle ne saurait atteindre.. D'abord, parce que l'islamisme s'oppose à ce qu'aucun homme vivant franchisse jamais le seuil d'une maison musulmane et pénètre dans le sanctuaire de la famille ; ensuite, je le dis avec peine, parce que la compassion et l'aumône, quoique si fort recommandées dans le Coran, sont des vertus qui semblent être inconnues parmi eux. Il n'a été donné qu'à la religion chrétienne, qui a vaincu le monde, de faire tomber devant elle ce préjugé que la passion, les lois et l'usage constant semblaient rendre indestructible. Ce Dieu des chrétiens, qu'ils repoussent comme une fausse divinité, ils le reconnaissent, je dirai presque ils l'aiment sous les traits de la charité ; et, dans la personne du prêtre charitable, ils le reçoivent avec joie dans leurs maisons : tout lui est ouvert, ils se confient à lui comme à un père. Dans ces visites, dans ces confidences intimes, combien j'ai trouvé d'existences déplacées, brisées par suite de ce bouleversement qui suit toujours une conquête, surtout dans une ville capitale prise d'assaut ! Que de familles entières réduites à ce tranquille désespoir que le Coran qualifie du beau nom de résignation à la volonté de Dieu, mais qui n'est autre chose, vu de près, que le plus horrible, le plus déchirant fatalisme! Que de nobles et de grandes infortunes qui se dérobent à la connaissance de tous, et qui seraient restées toujours ignorées et sans secours, sans cette religion toute d'amour et de dévouement, sans cette charité chrétienne, universelle, seule vraie, qui sait découvrir et comprendre, mais surtout adoucir et soulager toutes les misères, toutes les infortunes, sans acception de personnes; qui donne à tous, avec cette tendre sollicitude d'une mère, avec ces ménagements délicats, cette joie, cet amour qui ôtent à l'aumône, au bienfait tout ce qu'il y a d'humiliant pour celui qui les reçoit!

Vous dirai-je encore que, parmi les familles respectables de pauvres honteux, j'ai trouvé la veuve d'un homme qui appartenait à la plus noble, la plus ancienne, et à une des plus riches familles de Constantine? Cette famille a tout perdu dans le dernier siége, et est réduite à la plus affreuse misère. Je sus, quelques jours après, que cette dame n'était point musulmane, qu'elle était née chrétienne; qu'elle appartenait à une riche famille espagnole d'Oran, d'où elle avait été enlevée à l'âge de deux ans par le père de son mari. Cette dame et ses cinq enfants sont enchantés d'être sous la protection d'un marabouth des chrétiens. J'ai encore trouvé deux Italiennes et une autre Espagnole, toutes femmes de musulmans enlevées très-jeunes de leur pays ; elles sont aussi chrétiennes, et se glorifient de l'être. Pauvres femmes ! elles ne le sont plus que par le baptême ; elles ne savent pas ce que c'est que la religion chrétienne, et probablement qu'elles ne le sauront jamais, étant sous la puissance de maris et de parents musulmans qui ne leur permettront jamais de se faire instruire du christianisme. Les lois musulmanes sont là aussi pour les empêcher de rentrer dans le sein de leur mère qui leur tend vainement les bras. C'est déchirant !.. Que Dieu au moins les prenne en pitié !.. Mais ce qui est encore bien plus déplorable, c'est le grand nombre d'hommes catholiques, italiens, allemands, polonais, espagnols, tous marins ou soldats de la légion étrangère, qui ont été pris en différents lieux et en différents temps, et qui, retenus en esclavage, ont lâchement et volontairement apostasié, et se sont alliés à des musulmanes. Ce qui rend ces malheureux renégats plus coupables, c'est que depuis que nous, français catholiques, sommes les maîtres de ce pays, ils pourraient, eux, revenir à la foi qu'ils ont abandonnée, et ils restent néanmoins tranquilles dans leur apostasie. Mais ce qui vous révoltera, sans doute, ce qui nous fait rougir et nous brise le cœur, c'est que des Français, des catholiques indignes de ce nom, sans autre raison que celle, sans doute, de satisfaire plus tranquillement leurs passions en vivant sous la loi de Mahomet qui les favorise, ont criminellement et de sang-froid abjuré publiquement la foi de leurs pères, au scandale des musulmans eux-mêmes, et portent avec orgueil les marques de leur apostasie.

Je n'ose ajouter, car ici le mal est bien autrement grave, que non-seulement, du côté des Français, on trouve cela tout naturel, mais que ces vils renégats sont en honneur et remplissent souvent des emplois très-importants... Ce qu'on ne trouve pas naturel, ce qui serait non-seulement blâmé, mais défendu peut-être, c'est de parler à un musulman de se faire catholique. Ce serait un crime qu'on ne pardonnerait pas... Insensés, ils ont donc oublié que la religion chrétienne s'est établie malgré la puissance des empereurs païens, et malgré la rage des bourreaux !

Enfin, quels que soient les efforts de l'enfer, notre sainte religion commence de nouveau à être bénie dans ce pays infidèle. Les pauvres Arabes, les voilà qui reviennent un peu à nous... On les avait éloignés, je dirai presque chassés, et cela, au nom de cette même religion qui était allée les chercher, il y a quatorze mois, avec tant de sollicitude, qui leur prodiguait ses soins avec tant de tendresse!... Oh! priez, priez pour que nous puissions bientôt réparer tout le mal qui a été fait pendant ces temps de malheurs, dans cette portion toujours si chérie de notre héritage.

Vous m'avez dit de vous communiquer quelques notes sur les usages de ce pays. J'en ai déjà tant recueilli, que je ne sais par où commencer. Je vais aujourd'hui vous faire simplement le détail d'une sépulture dont je viens d'être témoin, pour achever ce que je vous en ai déjà dit dans une lettre que je vous écrivais il y a plus de dix-huit mois, car je crois ne vous avoir pas parlé alors des cérémonies qui ont lieu dans la maison du défunt, ni du convoi funèbre.

A peine un homme a-t-il rendu le dernier soupir, qu'une explosion de gémissements et de cris se fait entendre de toutes les personnes de la maison. Une matrone, ou une proche parente du défunt lui ferme les yeux. On le place au milieu de la cour, ou on le laisse dans son appartement pour lui faire les ablutions prescrites, c'est-à-dire qu'on le lave; on l'enveloppe ensuite dans du linge neuf ou très-propre; les personnes riches le parent quelquefois de ses beaux habits, et lui tournent les pieds vers l'Orient. Pendant ces premiers préparatifs, une personne de la famille va louer les pleureuses. Elles viennent avec une espèce de tambour de basque. Alors commencent les lamentations. On prélude en frappant lentement sur ce tambour de basque, et en laissant échapper quelques longs soupirs. Les sons deviennent progressivement plus précipités; alors, les femmes, les cheveux épars, se balancent, selon la mesure de l'instrument, et tournent autour du cadavre en poussant des cris cadencés, comme une espèce de chant lugubre; en même temps elles se déchirent, aussi en mesure, le visage et le front avec leurs ongles. Pendant cette espèce de danse des pleureuses, la mère, l'épouse, ou les filles du défunt sont accroupies auprès de celui qu'elles pleurent, et se déchirent aussi le visage avec une sorte de fureur fanatique, en énonçant aussi en cadence les qualités du défunt, et lui donnant les noms qui expriment leur tendresse et leur douleur. Leurs doigts sont teints du sang qui ruisselle de leur front et de leur visage. Elles sont toutes défigurées. Et cette sanglante cérémonie se renouvelle en famille, pendant longtemps, tous les jours, puis tous les huit jours, etc., selon la qualité du défunt et l'intensité de la douleur. Je persuadai pourtant à une jeune mère qui venait de perdre son petit enfant, de ne point se martyriser ainsi, que le grand Allah réprouve cette barbare coutume; elle me promit de suivre mon conseil, et elle a tenu parole. La douleur des hommes est bien plus raisonnable; ils restent tranquilles, on dirait presque insensibles témoins de ces lugubres cérémonies. Enfin, le défunt est placé, sans cercueil, sur un brancard; on brûle quelques parfums autour de lui, on jette quelques fleurs sur son cadavre, et on le porte au lieu de la sépulture. Le convoi marche dans l'ordre suivant : des marabouts, un Iman, et les chefs des mosquées ouvrent la marche, et chantent en chœur, d'un ton grave et monotone, quelques versets du Coran, qu'on appelle *prière pour les morts.* Ils s'avancent ainsi lentement sur cinq ou six de front, et forment plusieurs lignes selon leur nombre qui est déterminé par le rang du défunt. Vient ensuite le corps du défunt, porté par quatre musulmans sur un brancard recouvert d'un drap en soie de différentes couleurs, et qui forme draperie tout autour. Immédiatement après vient la mère, l'épouse, etc., ou la plus proche parente du défunt, la tête nue, les cheveux épars, le visage ensanglanté et noirci avec de la suie, les bras nus et noircis comme le visage, une grosse corde autour du cou, et une autre qui lui sert de ceinture... Elle pousse des hurlements en faisant d'horribles contorsions. Elle est escortée et suivie de la foule des pleureuses gagées et voilées qui font entendre de sourds gémissements et pleurent selon l'usage. On arrive dans cet ordre au cimetière. Vous savez maintenant le reste. Tous les jours, pendant quelque temps, puis seulement les mercredis et vendredis au lever du soleil, ou au moins toujours avant midi, les femmes avec le cortége de leurs parents ou amies, voilées, vont pleurer et prier sur la tombe des personnes qui leur sont chères. Elles restent d'abord un instant accroupies en rond autour de la tombe; puis elles se lèvent par moments, et se déchirent le visage en pleurant et criant en cadence; elles s'accroupissent de nouveau et prient en silence. Souvent aussi pour calmer leur douleur, sans doute, elles tiennent ensemble une tranquille conversation qu'elles prolongent assez longtemps.

Je veux vous parler maintenant d'une autre cérémonie plus gaie en apparence, mais qui est aussi bien digne de larmes. C'est d'une danse superstitieuse, d'une espèce d'exorcisme. Je tiens ces détails d'un de mes amis qui m'a dit ce qu'il a vu lui-même. Voilà à peu près son récit : « J'ai » été témoin, me dit-il, d'une de ces danses qu'on » emploie pour chasser le mauvais esprit (Chitan), » qui révèle sa présence dans un corps affecté » de maladies au-dessus des remèdes, et surtout » au-dessus des ressources des *amulettes* et du » charlatanisme des Arabes. C'était un soir, je » fus introduit dans une maison arabe dont la

» cour était garnie de tapis, et éclairée par un
» lustre composé de quatre verres qui projetaient
» une lueur douteuse. Autour de cette cour, de
» jeunes femmes en habits de fête, étaient accrou-
» pies près de grands réchauds, sur lesquels on
» faisait brûler de l'encens et du benjoin. De
» temps à autre, quatre vieilles femmes chantaient
» en s'accompagnant d'instruments en harmonie
» avec leurs voies glapissantes; ces instruments
» étaient quatre tambours de basque de dimen-
» sions décroissantes sur lesquels elles frappaient
» pour accompagner un chant tantôt grave et
» monotone, tantôt accéléré et frénétique : quel-
» ques-unes des jeunes filles répondaient à la
» voix des musiciennes par un cri aigu et bizarre,
» espèce de rire, dont on n'a pas l'idée en France;
» puis elles accompagnaient aussi de leur chant
» celui que psalmodiaient les quatre vieilles...
» Tout à coup une d'entre elles se lève, se place
» devant l'orchestre, et balançant, en sautant en
» cadence, son corps et ses bras en avant et en
» arrière, elle s'agite avec une telle frénésie, qu'on
» éprouve un sentiment pénible en la regar-
» dant.

» Enfin, épuisée, elle tombe; mais se relevant » bientôt avec le secours de ses compagnes, elle » reprend, avec une nouvelle fureur, l'exercice » fatigant qui l'avait terrassée. Alors les cheveux » flottant sur les épaules, les yeux largement » ouverts et l'écume à la bouche, ce n'est plus une » femme, c'est une bacchante, c'est une convul- » sionnaire.

» Il faut alors entendre les chants et les cris » aigus des spectatrices, la cadence précipitée des » tambours de basque. Il faut voir quelques-unes » de ces pauvres jeunes filles agitées de mouve- » ments convulsifs, balancer leurs corps et leurs » bras, tomber dans un état cataleptique, dont » elles ne sortent que pour reprendre l'exercice » que leur compagne anéantie vient de quitter; » il faut voir, dis-je, cette saturnale pour s'en » faire une idée; dans l'état d'épuisement et d'a- » néantissement où les jettent cette danse et cette » exaltation nerveuse, la sensibilité est abolie à » tel point, qu'elles ne sentaient pas la piqûre » d'épingles enfoncées profondément aux bras... » Dans ces assemblées, toutes les femmes présentes » n'ont pas leur tour pour la danse. C'est la con- » vulsionnaire la plus tôt prête qui remplace celle » qui succombe. »

Que de choses j'aurais encore à vous dire sur tant d'autres déplorables superstitions, sur les pratiques cruelles, les usages bizarres et ridicules qui démontrent la profonde ignorance, la barbarie et le fanatisme de ces pauvres peuples. Mais je veux profiter de ce courrier pour revenir sur ce que je vous ai écrit des martyrs saint Jacques et saint Marien, qui vont devenir, à notre grande satisfaction, comme vous pouvez le penser, des saints de Constantine et non pas de Lambèse, comme on l'avait cru jusqu'à présent. Car, d'après une savante notice du capitaine Carette que je viens de lire dans le journal *l'Univers*, du 6 janvier, (jour bien mémorable pour moi), il paraîtrait constant que ces deux saints ont consommé leur martyre glorieux à Cyrtha, à l'endroit même où nous voyons aujourd'hui l'inscription dont je vous ai parlé. Je suis tout à fait du sentiment de ce savant et chrétien archéologue; et ce Lambèse, dont parlent le martyrologe romain, dom Ruinart et l'abbé de Fleury, ne serait véritablement qu'une prison de Constantine qui portait le nom de Lambèse, ville considérable de ces pays, comme, par exemple, une des prisons de Lyon qui porte le nom de prison de *Roanne*, chef-lieu du département de la Loire. Voilà que nous sommes heureux à Constantine de posséder un si authentique et si glorieux témoignage de son antique foi, et surtout d'avoir au ciel de puissants protecteurs, qui ne manquent pas de prier pour les pauvres habitants d'une terre qu'ils ont arrosée de leur sang. J'espère que l'autorité militaire, sous laquelle nous sommes heureux de vivre, nous permettra d'élever, contre ce rocher mémorable, une petite chapelle dont la précieuse inscription des martyrs serait le fond. Cette roche nue, partout abrupte, excepté dans l'endroit où se trouve l'inscription; ces lettres à demi rongées par le temps, mais dont les seuls mots essentiels, *Passione martyrum Mariani et Jacobi,* semblent avoir été miraculeusement conservés, seront, aux yeux du vrai catholique, le plus beau tableau qui puisse orner le fond de ce monument. Située à la porte de la ville, près de l'engouffrement du Rummel, dont les ondes font entendre là un majestueux murmure, couronnée de ces imposantes et pittoresques masses de rochers, cette chapelle sera tout à fait remarquable, en attendant qu'elle devienne célèbre par le concours de bons catholiques qui viendront, avec foi, implorer le secours de ces saints patrons et protecteurs de la nouvelle *Cyrtha chrétienne.*

Ce serait peut-être ici le lieu de vous parler de Lambèse, comme je vous l'ai promis dans ma dernière lettre. Voici ce que j'ai pu recueillir sur cette ville et le pays qui l'avoisine, soit en parcourant le peu d'écrivains qui en ont parlé, soit en consultant les Arabes qui connaissent le pays, qui ont vu ces ruines, et en particulier le *Cheik-el-Arab*, ou grand serpent du désert, qui est aussi le souverain de ces contrées. L'ancienne Lambèse est appelée *Tezzoute* par les Arabes. La première fois que j'en parlai au *Cheik-el-Arab*, il me dit : « *Oh! Tezzoute serait une de mes plus grandes et plus puissantes villes, si mes Mestouhhches* (sauvages) *savaient relever les ruines et en faire de nouvelles villes comme les Français. Tezzoute n'est éloignée de Constantine que de deux petites journées de marche. Je t'y mènerai si tu veux.* — Avant d'y aller, lui répondis-je, dis-moi, explique-moi ce que c'est que *Tezzoute*, ce que sont ses ruines, ses habitants, etc., etc. » Le récit qu'il m'en fit s'accorde assez bien avec ce qu'en a écrit un auteur qui a visité ces pays, il y a plus de cent ans... car ces peuples sont essentiellement *stationnaires*. Ils sont comme ils étaient après que l'islamisme leur eut fait courber la tête sous son joug avilissant et barbare.

Lambèse ou *Tezzoute* est située sur un petit ruisseau nommé *Zootus*, qui se jette non loin de la ville dans l'*Oued-Serka*. Elle est entourée de montagnes qu'on appelle *Djbell-Auress*. Elles viennent après les monts *Hirkaut* qu'on voit s'élever au sud de Constantine.

Le *Djbell-Auress* ou *Mont-Aurus* de l'historien Ptolomée, est, non pas une seule montagne, mais une longue chaîne de hauteurs qui se perdent l'une dans l'autre, avec quelques petites plaines et des vallées fort agréables. Ces vallées, ces coteaux, ces montagnes enfin sont très-fertiles jusques à leurs cimes, et forment comme le jardin du *Cheik-el-Arab*. C'est ainsi que ce souverain appelle lui-même ce beau pays qui n'est pourtant habité que dans sa partie septentrionale. Du côté du sud, les montagnes sont tout à fait inaccessibles et brûlées par le soleil et le vent du désert. Il y a, de ce côté, au sud-est, une source intermittente qui ne coule, dit-on, que les vendredis (le dimanche des Musulmans). La tribu qui habite cette partie sud s'appelle les *Ouled-Néardy* (enfants du feu). Leurs tentes sont placées dans des lieux inaccessibles. Aussi, un de leurs marabouths répondit un jour à quelqu'un qui lui demandait si on pouvait aller visiter sa tribu: *Ne regarde pas même les Néardy, tu mangerais du feu* (*La chout Nhardy, la Koul Nahar*). En avançant vers le nord, on trouve dans ces montagnes une grande quantité de ruines: les plus remarquables sont celles de Lambèse (Tezzoute); elles ont près de trois lieues de circonférence. On y trouve différentes sortes d'antiquités, entre autres de magnifiques restes de plusieurs des portes de la ville. Les Arabes du pays disent, par tradition, que ces portes étaient au nombre de quarante. On y trouve encore des bains et les dessins d'un amphithéâtre; le frontispice d'un beau temple de l'ordre ionique, dédié à Esculape; une grande chambre plus longue que large avec une vaste porte à chaque bout; enfin, ce que les Arabes appellent le *Qbba-el-ároussa*, ou le *dôme de la mariée*: c'est une espèce de petit mausolée assez beau, bâti en forme de dôme, soutenu par des colonnes d'ordre corinthien.

Tous ces restes assez bien conservés, cette énorme quantité de ruines parmi lesquelles on trouve encore plusieurs inscriptions, où on lit en toutes lettres le nom de Lambèse, ne laissent aucun doute que cette ville chrétienne, antique, n'ait existé en cet endroit, lors même qu'on n'aurait pas, là-dessus, les témoignages de tous les historiens et des voyageurs modernes de l'Afrique. Ces inscriptions attestent, de plus, qu'une légion de l'armée de César, qui passa en Afrique en l'année quarante-six avant Jésus-Christ, était en station à Lambèse.

Pour les temps chrétiens, nous savons, par une lettre de saint Cyprien, évêque de Carthage, au pape Corneille, « qu'il était venu à Carthage un ancien hérétique, nommé Privat, qui avait été publiquement condamné dans la ville de Lambèse, à cause de ses fautes graves et nombreuses, par une assemblée de quatre-vingt-dix évêques. » Voici les propres expressions de saint Cyprien : *Per Felicianum autem significavi tibi (Cornelio pontifici maximo), frater, venisse Carthaginem, Privatum veterem hereticum, in Lambasitanâ coloniâ, ante multos, ferè omnes, ob multa et gravia delicta, nonaginta episcoporum sententiâ, condemnatum.* Il est évident qu'il y eut à cette occasion dans cette ville un concile convoqué et présidé par l'évêque de Lambèse, qui se trouvait alors le primat, c'est-à-dire le plus ancien des évêques de cette province, qui avait le droit de convoquer et de présider de telles assemblées, comme c'était alors l'usage en Afrique. Aussi, lisons-nous dans le dictionnaire des conciles qu'en l'an 240, il se tint un concile à Lambèse, en Numidie, composé de quatre-vingt-dix évêques, contre un nommé Privat; cet hérétique y fut condamné et sévèrement puni en vertu des lettres du pape Fabien, alors sur le siége de saint Pierre. Dix-neuf ans après, vers l'an 259, suivant ce qu'on avait cru jusqu'à présent, saint Jacques et saint Marien auraient reçu à Lambèse la couronne du martyre.

Les habitants actuels de Lambèse (Tezzoute) ne sont pas Arabes mais Kabaïles, ainsi que ceux de toutes les *Djbell-auress*, c'est-à-dire indigènes propriétaires du sol africain, du temps où les Arabes en firent la conquête. Ceux qui les ont vus m'ont dit qu'ils forment un peuple tout à fait à part, essentiellement différent de leurs voisins et par leur physionomie et par leur langage même. D'abord, ils n'ont point, comme les Arabes, le teint basané, ils sont blancs, et ils ont, comme les habitants de nos pays du nord de l'Europe, les cheveux blonds, tandis que ceux de leurs voisins sont noirs. Ils parlent ce qu'on appelle dans le pays le *chaouia*, qui est un arabe presque inintelligible (je vous dirai plus tard ce que sont les *Chaouia*, sur lesquels je m'occupe en ce moment à faire des recherches). L'historien Procope, dans la guerre des Vandales, dit que ces peuples, quoique mahométans, pourraient bien être quelques restes des Vandales qui, ayant été chassés de leurs villes, de leurs forteresses, par Bélisaire vers l'an 533, sous le règne de Justinien, se seraient dispersés parmi les familles africaines dont ils auraient partagé le sort, lors de l'envahissement des Arabes en Afrique; qu'ils auraient comme eux été forcés d'embrasser l'islamisme: mais dans la suite, ils auraient trouvé moyen de se réunir et de former dans ces montagnes une tribu à part, un peuple particulier.

Bagaïe, peu éloignée et à l'est de Lambèse, fut aussi une ville célèbre par son évêque saint Maximien, qui, après avoir souffert en différentes fois de cruels tourments des donatistes, fut précipité du haut d'une tour. Ayant été laissé pour mort, il se releva et vécut encore quelque temps; il mourut en paix dans une retraite où il s'était caché.

Bagaïe conserve encore aujourd'hui son ancien nom; ses immenses ruines attestent qu'elle fut autrefois une ville considérable. Elle est sur le chemin qui conduit de Lambèse à Tibessa; je vous parlerai plus tard de cette ville aussi très-célèbre, d'où *Achmet-Bey* vient d'être chassé, comme je vous l'ai écrit dans ma dernière lettre.

Je voudrais vous dire encore qu'on est sur le point de détruire entièrement l'antique chapelle que le grand Constantin a fait bâtir à Constantine. Je viens d'écrire à Monseigneur pour qu'il fasse tous ses efforts auprès de qui de droit, pour la conservation du sanctuaire au moins de cette précieuse chapelle. Voici à quelle occasion on veut la détruire: le génie construit en ce moment un superbe hôpital militaire à la Cosbah, et, dans le plan qu'il en a dressé, cette antique église se trouve renfermée dans la vaste cour de cet hôpital. On aurait bien pu, dans ce plan, l'utiliser en la destinant au service du culte catholique, pour le besoin des pauvres malades.... Mais non, elle offre une petite irrégularité dans le plan général, qu'on pourrait cependant très-facilement modifier. Et à cause de cette petite irrégularité, il faut renverser, détruire ce précieux monument de la foi des anciens habitants de Constantine. Il me semble qu'il n'est pas possible que des chrétiens, des Français, détruisent le seul monument en ce genre qui existe au milieu de ces pays infidèles; ces restes si authentiques de la pieuse munificence de Constantin pour les chrétiens de *Cyrtha;* cette preuve matérielle et si frappante du règne de Jésus-Christ dans ces contrées, devenues si malheureuses depuis qu'il n'y règne plus; ces titres si irrécusables, si honorables de notre noblesse catholique. Le roi, à qui Monseigneur en a parlé à notre dernier voyage à Paris, lui dit: « Nous conserverons cet antique sanctuaire catholique, sous le vocable de saint Ferdinand, patron de mon fils. » Ces paroles royales ne peuvent pas avoir été prononcées en vain.

D'ailleurs cette destruction serait une perte irréparable pour l'archéologie chrétienne dans ces pays; on pourrait presque l'appeler un vandalisme impie. Ce n'est point, à la vérité, un monument remarquable sous le rapport de l'art, de l'architecture, mais c'est un monument chrétien.... C'est le seul reste de notre bel et antique héritage dans ces pays. Il sera là....; ces pierres parleront bien éloquemment aux yeux de ces peuples infidèles. Elles protesteront continuellement contre l'usurpation de l'islamisme sur l'antique foi chrétienne.

Avec quel zèle, quel religieux respect le père commun des fidèles veille à la conservation des monuments de Rome païenne! Les Français, les glorieux conquérants de l'Algérie, auraient-ils moins de zèle, moins de respect pour la conservation des monuments si rares de l'Afrique chrétienne!

Il faudrait peu de dépenses pour la réparation de ce précieux monument. Le sanctuaire solidement bâti, avec ses deux chapelles latérales, existe presque en entier sur les deux tiers de son hémicycle, jusqu'à la hauteur de la voûte qui s'est écroulée; et sur l'autre tiers, il n'y aurait qu'un mètre ou deux de maçonnerie à élever pour le mettre au même niveau : alors il n'y aurait plus que le toit à placer. Et pour tout ornement, je demanderais seulement qu'on plaçât dans le fond de ce sanctuaire, ou au-dessus de la porte extérieure, une plaque en marbre sur laquelle serait gravé un court extrait de la lettre que le grand Constantin écrivait à l'évêque de Constantine, pour la construction de cette église.

Peut-être seriez-vous bien aise de connaître en

entier cette lettre mémorable, et de savoir à quelle occasion elle a été écrite. Voici :

Constantin avait d'abord fait construire à Constantine une *première basilique catholique* (ce sont ses propres expressions). Les donatistes, ces hérétiques qui désolèrent et ravagèrent si fort l'Église dans ces temps-là, s'étaient emparés injustement de cette basilique, et en chassèrent les bons catholiques. Ceux-ci s'en plaignirent à Constantin, qui ordonna de bâtir, aux frais de l'État, cette *seconde basilique* qui existe maintenant, comme il est facile de s'en convaincre par les expressions mêmes de cette lettre de Constantin, citée dans l'*Africa christiana*, et par l'inspection du lieu qu'occupe cette basilique, qui est véritablement l'emplacement du bâtiment désigné par Constantin sous le nom de *bâtiment des biens* ou *domaines de l'État*. Voici maintenant cette lettre de Constantin à l'évêque de Constantine, traduite à peu près littéralement. — « J'ai vu, lui dit-il,
» par la lettre que vous m'avez adressée, dans votre
» sagesse et dans votre prudente gravité, que les
» hérétiques ou schismatiques avaient cru, avec
» leur injustice accoutumée, pouvoir s'emparer
» de cette basilique catholique que j'avais donné

» ordre de construire à Constantine, et qu'ils » n'avaient pas voulu rendre ce qui ne leur ap» partenait pas, malgré les avertissements réitérés » qu'ils en avaient reçus soit par moi, soit par » ceux que nous avons chargés de rendre la jus» tice. Pour vous, imitant le calme du Dieu » souverain et cédant avec patience à leur ma» lice, vous leur avez abandonné ce qui vous » appartenait, et vous demandez qu'on vous » donne plutôt un autre endroit, un local qui » fasse partie des domaines de l'État. J'ai accueilli, » selon la règle que je me suis faite à moi-même, » favorablement votre demande, et j'ai donné » sur-le-champ à *Rationalis* les lettres nécessaires » pour qu'il mette, avec tous ses droits, à la dis» position de l'Eglise catholique, le bâtiment de » notre domaine, que j'ai donné avec un grand » empressement, et que j'ai ordonné de vous » livrer aussitôt. En même temps, *j'ai donné » ordre que cette basilique fût élevée en cet » endroit aux frais de l'État. J'ai écrit aussi » et j'ai ordonné au consul de Numidie, de » seconder en tout votre sainteté, dans la con» struction de cette même église.* » Ce que je viens de souligner pourrait être l'inscription qu'on placerait sur cette plaque de marbre dont je vous parle plus haut.

Je vous écris tout cela, cher et respectable ami, pour que vous vouliez bien vous intéresser à cette affaire (si grave, si éminemment catholique), en France, d'où nous attendons toujours, après Dieu, toute protection et tout secours....

Je suis persuadé que vous plaiderez chaudement cette cause, la cause de l'archéologie chrétienne, plus importante dans ces contrées que partout ailleurs; et que vous emploierez enfin tout votre crédit, tous les moyens que votre zèle vous suggèrera, pour que nous puissions conserver ce pieux monument. Il en est encore temps.

Je n'ai pas le courage de relire cette lettre d'une longueur si effroyable; vous excuserez ses nombreuses fautes avec votre indulgence accoutumée, et vous lui ferez subir toutes les corrections nécessaires.

Votre très-humble et bien affectueusement attaché ami

SUCHET,
Vic.-Gén.

Alger, 5 juin 1841.

Mon cher ami,

Les journaux vous ont appris le grand événement de l'échange de nos prisonniers : fait immense, accompli par le zèle et la tendre charité de notre saint évêque, et dont les résultats peuvent être immenses aussi pour l'avenir de notre sainte religion en Afrique. Je vais entrer, si vous le voulez, dans tous les détails de ce fait si extraordinaire; je pense qu'ils pourront vous intéresser. Je ne vous dirai rien des premières négociations, que je ne connais pas assez; je ne vous parlerai que de ce que j'ai vu moi-même.

Je reprends depuis l'entrée des prisonniers arabes à Alger. Le 12 mai, on vit arriver à Alger une longue file de chevaux et de mulets, sur lesquels étaient montées des femmes tenant entre leurs bras ou devant elles leurs petits enfants. Elles appartenaient à la tribu des *Zoug-Zoug*, dans le Chélif : ces malheureuses avaient été prises dans une *razzia*, par la colonne expéditionnaire qui était allée, vers la fin d'avril dernier, sous le commandement du général Bugeaud, ravitailler *Medéah* et *Milianah*. Peut-être ne savez-vous pas ce que c'est qu'une *razzia*. C'est une dévastation complète, c'est-à-dire que des soldats français tombent sur une tribu, brûlent les tentes ou les *gourbis* (cabanes en feuillages), tuent les hommes, les femmes et les enfants, pillent ce qu'il y a à prendre, et emmènent les troupeaux, ordinairement la seule richesse des Arabes, et aussi le seul résultat positif de la *razzia*. Voilà en résumé à quoi se réduisent toutes les opérations militaires en Algérie, depuis plus de dix ans. Aussi, beaucoup d'officiers et de soldats disent-ils tout haut que ce n'est pas une guerre qu'on fait en Afrique, mais des assassinats perpétuels, un véritable brigandage. Ces femmes et ces petits enfants avaient échappé au massacre, sans doute, parce que le soldat avait reculé devant l'acte barbare de tuer un aussi grand nombre de si faibles et si intéressantes créatures. Cependant quelques-unes d'elles avaient été grièvement blessées, entre autres les femmes d'un cheik, d'un marabouth et d'un *khodja* (ou secrétaire). Avec celles-ci était une jeune négresse qui, au moment de leur enlèvement, se voyant blessée, avait, en se défendant, tué d'un coup de pistolet un capitaine de gendarmerie.

En tout il y avait 49 femmes, et 43 enfants dont quelques-uns de deux à six mois; les plus âgés n'avaient pas sept ans. Parmi eux il y avait plusieurs orphelins, dont les pères et les mères avaient été tués dans la *razzia*. Sept autres femmes et trois enfants, épargnés aussi dans une précédente *razzia*, avaient été enfermés dans la prison militaire. Pour les dernières, on les enferma avec leurs enfants dans une grande maison à la Casbah, sous la garde de deux Arabes, qui savaient un peu le français, pour pouvoir servir d'interprètes, et qui les traitaient assez durement. Elles reçurent de nombreuses visites, qui, eu égard aux usages des femmes musulmanes, les contrariaient beaucoup, comme elles s'en plaignirent à moi plus tard. Cependant elles reçurent avec plaisir quelques visites des dames de la ville, à qui elles inspiraient, comme vous le pensez, le plus tendre intérêt, et qui leur distribuèrent quelques secours, car elles étaient dans un affreux état de misère; la nourriture exceptée, que le gouvernement leur donnait, elles manquaient absolument de tout. Monseigneur obtint que les sœurs de charité iraient leur donner des soins.

Le surlendemain, Monseigneur alla visiter lui-même ces infortunées; il voulut bien que je l'accompagnasse. Il est difficile de vous peindre le spectacle déchirant qui s'offrit à nos yeux : des enfants nus, des mères couvertes de haillons de la plus dégoûtante malpropreté. Une d'elles, qui n'avait pas quinze ans, pressait contre son sein desséché un enfant de deux mois, demi-mort; elle-même, pâle et maigre, avait presque perdu le sentiment de la douleur, tant elle avait souffert. Toutes portaient sur leur visage une profonde impression d'accablement et de désespoir. Aux larmes qu'elles nous virent répandre, et aux quelques paroles d'une douce compassion que leur adressa Monseigneur, elles parurent reprendre un peu de sensibilité. On voyait que ces paroles de consolation et ces promesses de secours leur faisaient du bien; mais elles semblaient dire : « Nous ne voulons rien que notre liberté, que nous n'osons pas espérer. » Monseigneur les avait comprises, et il leur donna aussitôt l'assurance que, dans l'échange des prisonniers, dont il s'occupait si fort en ce moment, il demanderait qu'elles fussent les premières rendues. En ce moment on vit leur front s'éclaircir, une lueur d'espérance était entrée dans leur cœur. Elles remercièrent Monseigneur, et lui dirent qu'en les rendant on serait plus sûr d'obtenir des Arabes tous les prisonniers français retenus chez eux.

Monseigneur écrivit, dans leur prison même, un mandement ou appel à la charité chrétienne, pour le soulagement de ces pauvres prisonnières arabes. Je vous laisse à penser quel fut ce mandement, écrit par l'ardent évêque d'Alger, sous l'impression d'un tel spectacle. Le lendemain, je retournai les visiter; elles étaient moins abattues que la veille. Elles me dirent qu'elles remerciaient Dieu, dans leur malheur, de les avoir conduites auprès d'un marabout du *babas-el-kbis* chrétien, qu'elles regardaient comme l'instrument de la Providence à leur égard. Je leur amenai en même temps deux chèvres que Monseigneur avait achetées pour nourrir, de leur lait, les petits enfants. Ces pauvres petites créatures semblaient deviner que ces chèvres étaient pour elles. Ceux qui pouvaient se traîner, vinrent eux-mêmes téter ces nouvelles nourrices, et les autres, que leurs mères portaient dans leurs bras, agitaient leurs petites mains, et semblaient vouloir s'élancer vers ces chèvres bienfaisantes. Les femmes ne voulaient pas manger les mets français auxquels leur estomac n'était point habitué; elles avaient surtout déclaré qu'elles mourraient de faim plutôt que de manger de la viande d'animaux tués à la manière française, c'est-à-dire sans qu'on leur coupât la tête. Leur religion le défendait. Il fallut leur amener des moutons qu'on tuait devant elles à la manière arabe, pour les décider à manger de la viande.

Monseigneur m'avait chargé de faire donner de suite des habits à ceux des enfants qui étaient orphelins, et qu'il voulait adopter. Il les fit conduire ce soir-là même à la maison des orphelins qu'il a établie à *Moustapha*. Je devais aussi le lendemain, par ordre de Monseigneur, faire habiller toutes les prisonnières et leurs petits enfants. Quand je l'annonçai à ces pauvres femmes, elles furent toutes joyeuses, et me répondirent qu'Abd-el-Kader traitait aussi très-bien les prisonniers français, qu'il les avait aussi fait habiller, et qu'il les nourrissait aussi bien qu'il était possible, dans un pays où l'on ne pouvait pas se procurer tout ce que les Français trouvaient à Alger. Plus tard, les prisonniers eux-mêmes nous tinrent le même langage.

En sortant d'auprès d'elles, comme je rentrais à l'évêché, arrivait, tout couvert de sueur et de poussière, un envoyé d'Abd-el-Kader, le cheik des *Alloul*. Monseigneur était à la campagne. Cet Arabe me remit de la part de l'ex-bey de Milianah, khalifat d'Abd-el-Kader, un paquet de lettres pour Monseigneur. Après avoir fait rafraîchir ce singulier messager, je partis avec lui pour la campagne. C'était M. Massot, sous-intendant militaire, prisonnier depuis dix mois, que le khalifat avait établi chef de tous ses autres compagnons d'infortune, qui écrivait à Monseigneur une lettre dans laquelle étaient renfermées beaucoup d'autres lettres que les prisonniers écrivaient à leurs parents et amis, pour leur annoncer leur prochaine délivrance, demandée et obtenue par l'évêque d'Alger.

M. Massot disait à Monseigneur, de la part du khalifat, « que tous les prisonniers qu'on avait pu réunir pour le moment, étaient sous ses ordres en attendant l'échange si désiré; qu'ils n'avaient tous qu'à se louer des bons traitements des Arabes; et qu'il recevrait incessamment une lettre de Sidy Mouhamed-ben-Allal-ben-Embrak, ex-bey de Milianah et khalifat (lieutenant) d'Abd-el-Kader, qui lui indiquerait le lieu et le jour où se ferait l'échange.» Et le lendemain dimanche 16, à 2 heures du soir, Monseigneur recevait cette heureuse lettre du khalifat. Cette fois, c'était l'ancien *kaïd des Hadjoutes* qui en était le porteur; il était accompagné de deux autres Arabes de distinction : tous trois ne devaient pas quitter Monseigneur que l'échange ne fût effectué. La lettre portait « que Monseigneur voulût bien se rendre, le mardi 18, à une heure, à la *Houche-Mouzaïa* (ferme de Mouzaïa), avec tous les prisonniers arabes...; que lui Sidy Mouhamed-ben-Allal, etc., y serait avec tous les prisonniers français qu'il avait pu réunir, pour opérer l'échange convenu. »

Monseigneur écrivit aussitôt et fit parvenir, ce soir-là même, cette bonne nouvelle au général Baraguay d'Hilliers, qui était parti la veille à la tête d'une colonne qui devait opérer de ce côté-là, afin que ses opérations ne dérangeassent point cet heureux échange.

Pendant que Monseigneur prend ces dispositions et donne ses ordres pour notre départ fixé au lendemain matin, je cours à la prison des femmes arabes leur annoncer leur délivrance... « C'est demain, demain, à sept heures du matin, que vous serez libres.... et Monseigneur lui-même vous rendra à votre pays, à vos familles... » A ces mots prononcés avec émotion, toutes poussent des cris de joie; elles sautaient, elles pleuraient, elles riaient... elles se précipitent sur moi, elles m'embrassent les pieds, les mains; j'ai cru qu'elles devenaient folles... elles jetaient leurs enfants dans mes bras. « Tiens, me disaient-elles, embrasse-les, nos chers enfants... ils te devront la vie aussi bien que leurs heureuses mères... oh! quel bonheur! demain... c'est demain. » Je leur dis de remercier Dieu, et Monseigneur qui avait tout fait. « Oh! que Dieu, Dieu soit mille fois béni! reprennent-elles, qu'il rende au bon *babas-el-kbis* (à l'évêque) tout le bien qu il nous fait. Nous l'aimons bien, *babas-el-kbis*, ainsi que tous ses marabouts; nous vous plaçons tous sur notre tête, dans notre cœur. »

C'est la plus grande marque d'honneur et d'affection chez les Arabes que d'être placé sur leur tête et dans leur cœur. Ces pauvres femmes, si elles avaient pu inventer des mots pour exprimer leur joie et leur bonheur, elles l'eussent fait. J'avais pour interprète, auprès de ces captives, la fameuse *Aïcha*, autrefois l'épouse du célèbre ex-bey de Constantine, *Achmet-Bey*, et maintenant fervente chrétienne, du nom de *Marie-Antoinette;* elle aussi avait été captive, elle comprenait tout le bonheur de celles à qui elle annonçait l'heureuse délivrance. Je m'occupais en même temps avec elle et les sœurs de charité, de l'achat des vêtements pour ces femmes et leurs chers petits enfants; nous les leur distribuâmes en partie le soir même, et le reste le lendemain avant leur départ.

Je m'arrachai d'auprès des prisonnières pour courir dans la prison militaire annoncer cette même nouvelle aux hommes arabes prisonniers. Je les trouvai couchés sur le carreau, chargés de fers. « Vous n'êtes plus prisonniers, » leur dis-je d'une voix forte; aussitôt ils agitent leurs chaînes et me tendent les mains, et s'écrient en levant les yeux au ciel : « *Amni in-ch'Allah, Allah mélemek.* » (Ainsi soit-il, puisque Dieu le veut, que Dieu te bénisse), et ils voulurent m'embrasser les mains. Ils pleuraient et je pleurais avec eux. Quelques femmes arabes, aussi prisonnières depuis longtemps, étaient dans une pièce voisine; elles ont compris qu'il s'agit de délivrance, elles grimpent et s'attachent fortement aux barreaux de leur cachot. « Et nous, et nous! — Et vous aussi, vous êtes délivrées. Demain, demain, nous partons ensemble pour vos montagnes. » Elles lâchent les barreaux et retombent dans leur cachot; elles ne purent pas me parler, seulement je les entendis sangloter.

Monseigneur voulut aussi habiller les prisonniers. Je leur achetai des burnous, que je leur distribuai le lendemain un instant avant le départ. Tous, hommes et femmes, etc., devaient se rendre le lendemain, à sept heures du matin, dans la vaste cour de la Casbah, qu'on appelait autrefois la cour des Gazelles, c'était le jardin du sérail du dey d'Alger. Personne, comme vous pouvez le penser, ne manqua au rendez-vous. Cependant deux Algériennes, du nombre des prisonnières, la mère et la fille mariée, qui avait elle-même un petit enfant, ne voulurent pas s'en retourner avec les autres; elles avaient été emmenées par les Hadjoutes depuis quelques années, et elles étaient restées malgré elles dans leurs montagnes.

La fille avait été reconnue, d'une manière singulière, par son père, gendarme maure au service de la France. Cet homme avait été chargé de conduire toutes les prisonnières arabes en prison; l'une d'elles, qui tenait un jeune enfant dans les bras, faisait quelques difficultés; le gendarme, en se débattant avec elle pour la faire entrer, lui arrache son voile, et il reconnaît sa fille, et la fille se jette dans les bras de son père, en lui demandant en grâce de ne plus se séparer de lui. La mère vint sur ces entrefaites et ne voulut plus quitter son mari... On ne les força pas à suivre les autres, comme vous le pensez bien.

Monseigneur avait fait louer douze grandes voitures pour les femmes et leurs enfants; elles y montent joyeuses et étonnées; elles n'avaient jamais vu de voitures. Les hommes devaient suivre à pied. La voiture de Monseigneur allait en avant, et nous voilà partis avec une toute petite escorte. C'était le lundi des Rogations. En nous voyant ainsi avancer à la suite les uns des autres, sur la grande route, sous le fort de l'Empereur, nous disions : « Voilà pourtant une singulière procession des Rogations!.. en a-t-il jamais existé une semblable?... » et nous avancions toujours en récitant, avec Monseigneur dans sa voiture, les litanies des saints et les autres prières de l'Église pour ce jour-là.

Je ne vous dis pas si notre voyage fut heureux.... pouvait-il ne pas l'être!...

Nous n'allâmes ce jour-là que jusqu'à Bouffarik, à sept lieues d'Alger; nous n'y arrivâmes qu'à cinq heures du soir à cause de l'escorte qui se fit un peu désirer à *Déli-Ibrahim*.

Là Monseigneur acquit la triste certitude d'un bruit fâcheux qu'il avait entendu murmurer à notre passage à *Douéra* : c'est que l'armée française venait de s'emparer de la *Houche-Mouzaïa*, l'endroit même où devait se faire, le lendemain, l'échange des prisonniers. Monseigneur fut stupéfait de cette nouvelle, qui compromettait sa belle mission et qui laissait la plus déchirante incertitude sur le sort de nos pauvres prisonniers. Nous craignions que les Arabes, qui auraient pu se croire trahis par cette brusque attaque des Français dans le lieu même où devait se faire l'échange, se fussent portés à quelque représaille, et n'eussent tué nos pauvres prisonniers. Une vive fusillade, que le commandant supérieur du camp de Bouffarik avait entendue de ce côté-là chez les Arabes, augmentait encore nos angoisses. Monseigneur en était malade. Nous tînmes conseil, et nous résolûmes qu'un des Arabes qui était venu nous chercher à Alger, partirait sur-le-champ pour porter une lettre au khalifat, qu'il devait chercher, car il ne savait pas où il était alors. Dans cette lettre, Monseigneur témoignait au khalifat toute la peine qu'il avait eue d'apprendre, à son arrivée à Bouffarik, la brusque occupation de la Houche-Mouzaïa par les Français ; qu'il avait lieu d'attendre que rien de ce qui était convenu ne serait dérangé, d'après la prière qu'il en avait faite au général Baraguay d'Hilliers par une lettre qu'il lui avait écrite d'Alger. Il lui disait encore qu'il avait avec lui, à Bouffarik, tous les prisonniers arabes, et qu'il priait le khalifat de vouloir bien tenir toujours à cet échange, et qu'ils avaient maintenant à s'entendre de nouveau sur le temps et le lieu où il devrait se faire.

Le lendemain 18, à une heure après midi, deux autres Arabes apportaient la réponse du khalifat. Cette réponse, un peu acerbe, reprochait aux Français presque leur cruauté d'avoir empêché cet acte d'humanité, qui devait les intéresser, les toucher si fort; qu'il ne pouvait pas s'expliquer leur conduite... qu'il consentait pourtant à reprendre, pour cet échange, des négociations qu'il croyait rompues.

Monseigneur, sans perdre de temps, voulut bien me charger d'aller traiter de vive voix cette importante affaire avec le khalifat ; il me fit accompagner par MM. Berbruger, de Franclieu, et par l'interprète M. Toustain-Dumanoir ; ce sont les mêmes qui avaient déjà montré tant de dévouement et d'habileté pour entamer d'abord, avec M. l'abbé Gstaller, les premières négociations de cet échange.

Les deux Arabes, qui avaient apporté la réponse du khalifat, nous servirent de guides ; en un clin d'œil nous eûmes franchi nos lignes et nous arrivâmes sur le terrain de nos ennemis. Nous avancions en silence à travers une belle plaine émaillée de fleurs et couverte d'herbes qui dépassaient la hauteur d'un homme à cheval, le cœur en proie à mille conjectures sinistres.

Un essaim d'abeilles, que les Arabes nous montrèrent sur les bords du sentier, nous tira un instant de nos tristes rêveries. Cet essaim s'était abattu et fixé sur une jeune branche d'olivier qu'il faisait incliner jusqu'à terre; j'en tirai un heureux présage pour notre mission... Au même moment, et pendant que Monseigneur disait la messe à Bouffarik, un essaim d'abeilles entra dans l'église et vint s'abattre et se fixer paisiblement auprès de l'autel. En approchant de Sidy-Klifat, marabout, ou petit tombeau vénéré des Arabes, l'un de nos conducteurs fredonna un petit air du pays, espèce de mot d'ordre, pour avertir les siens qui étaient sans doute cachés en cet endroit de nous laisser passer. Une heure après, nous étions arrêtés par un fort détachement de cavaliers arabes, armés de lances, de fusils et de yatagans; l'un d'eux sort des rangs, il était porteur de deux lettres pour Monseigneur, l'une de M. Massot, et l'autre du khalifat; celle de M. Massot que je décachetai était ainsi conçue : « Sidy Mouhamed-ben-Allal (le khalifat) est avec nous à quelques lieues de Blidah; il me charge de vous prier, Monseigneur, de vous rendre à la Houche-Bihak, parce que les prisonniers sont horriblement fatigués par la marche rétrograde de ce matin. Le cavalier Mohamet-Ahmet connaît cet endroit; nous espérons en vous, Monseigneur, car la matinée, qui devait être si belle, a été bien horrible!!! Que Dieu vous rende tout le bien que vous nous faites. Je vous prie d'agréer tous mes sentiments de profonde gratitude. — Massot. — Ce 18 mai, à une heure. »

La lettre du khalifat, que l'interprète me lut, contenait à peu près les mêmes choses. Il était quatre heures, et le messager avait grande hâte. Nous nous lançons au galop à la suite de notre nouveau conducteur et des autres cavaliers; une heure après, nous étions à la *Chifa*, que nous traversâmes sur nos chevaux. Nous parcourons ensuite pendant une demi-heure de belles prairies, d'agréables oasis; nous trouvâmes un petit *douar*, ou plutôt quelques *gourbis*, où nous aperçûmes quelques femmes couvertes de haillons qui sortaient pour nous voir passer, d'un œil assez indifférent; enfin à cinq heures trois quarts, nous voyons de forts groupes de cavaliers se presser autour de nous auprès du fameux bois des *Karésas*. Je crus apercevoir de loin un chapeau français. Mon cœur battait bien fort. Un instant après, nous étions arrêtés par une troupe de cavaliers la lance en arrêt. Celui qui les commandait nous dit assez poliment d'attendre là en silence quelques instants, qu'on allait prévenir de notre arrivée le khalifat qui n'était pas loin. Un morne silence régnait autour de nous; nous nous regardions d'un air étonné, et pourtant tranquille et résigné. Nous cherchions des yeux nos pauvres captifs; nous les vîmes de loin assis sur l'herbe dans l'attitude de l'accablement. Ces pauvres gens ne savaient pas encore que nous étions là. Ce silence, ce mouvement inaccoutumé de cavaliers autour d'eux les étonnaient; ils nous dirent plus tard qu'ils s'attendaient alors à être fusillés. Enfin, on vint nous dire que le khalifat nous attendait, que nous pouvions avancer... Nous traversâmes encore des rangs pressés de cavaliers armés jusqu'aux dents; ils avaient mis pied à terre, et ils nous regardaient passer d'un air fier; mais nos yeux comme notre cœur étaient fixés sur nos pauvres prisonniers... Ils nous aperçoivent enfin comme nous arrivions à cinquante pas d'eux... ils se lèvent comme un seul homme, ils nous tendent les bras; toutes leurs têtes s'inclinent, ils pleurent... ils ne pouvaient pas nous parler, on le leur avait défendu.

Pour nous, nous arrêtons machinalement nos chevaux, et nous ravalions nos larmes... Les Arabes eux-mêmes semblaient partager notre émotion, et j'en vis plusieurs qui s'essuyaient les yeux. — Nous approchions du *khalifat;* il était accroupi sur l'herbe, sous un saule-pleureur, auprès d'un ruisseau sans nom qui le séparait encore de nous. Ses conseillers, son *khodja* (secrétaire), et les principaux chefs des tribus, tous en burnous noirs, signe de leur grandeur (Abd-el-Kader porte, dit-on, un burnous noir), étaient rangés en demi-cercle auprès de lui. A quelques pas de là, plus de six cents cavaliers, la lance en main et le fusil en bandoulière, se tenant debout devant leurs chevaux, formaient autour de nous une formidable couronne.

Nous traversâmes le ruisseau à cheval, nous mîmes pied à terre, et l'interprète, suivi du *khodja*, nous fit avancer auprès du *khalifat*. Il ne se leva pas; il nous salua de la main, et nous fit signe de nous asseoir à ses côtés. Ce premier abord fut froid et pourtant solennel. Après les compliments d'usage, le khalifat nous reprocha d'une manière presque acerbe la conduite des soldats français a son égard et à l'égard des prisonniers français, leurs compatriotes. Il voyait là de la cruauté, il ne parla pourtant pas de trahison ; mais il s'étonnait et était indigné que des Français eussent refoulé des Arabes qui leur amenaient leurs prisonniers... Dans ce moment, tout parut déconcerté.... Mais, après des explications assez vives de part et d'autre, le khalifat demeura convaincu que Monseigneur n'était point responsable de ce qui leur paraissait si répréhensible : que sa mission était une mission toute de charité, toute pacifique, absolument en dehors de la question de la guerre et des opérations de l'armée.

Après avoir consulté son conseil, il voulut bien consentir à reprendre les négociations de l'échange. Une discussion assez embarrassante pour nous s'éleva alors sur le nombre et la qualité des prisonniers arabes que nous lui rendions. Comme il nous remettait tous ceux qui étaient en son pouvoir en ce moment, il exigeait que tous les Arabes réputés prisonniers et qui étaient restés écroués dans la prison d'Alger, lui fussent rendus; il tenait surtout à avoir un certain Ali-Ben-Dahman, un de leurs cheiks. Nous répondîmes que notre départ ayant été si précipité, Monseigneur n'avait pas pu recueillir tous les prisonniers arabes détenus à Alger, mais qu'il ferait son possible pour lui renvoyer à son retour tous ceux qui ne seraient pas détenus pour crimes ou délits, ou passibles des lois françaises; que nous prenions cet engagement au nom de Monseigneur, qui le confirmerait lui-même.

L'échange fut alors convenu ; mais en quel lieu et comment se fera-t-il ? Sur la première question, le khalifat dit qu'il désirait que l'échange se fît à Oued-l'Alley, à quatre lieues de Bouffarik ; et, sur la seconde, il voulait que Monseigneur lui-même lui amenât les prisonniers arabes sans escorte aucune. Je répondis d'abord, sans lui laisser apercevoir l'extrême imprudence qu'il y aurait eu de livrer ainsi Monseigneur entre leurs mains, que Monseigneur était un peu malade de tout ce qui s'était passé depuis le matin à l'égard des prisonniers ; que cela, avec sa dignité d'évêque, ne lui permettait d'aller qu'en voiture, et qu'il était impossible de se rendre en voiture à Oued-l'Alley, à cause de la difficulté des chemins tout à fait impraticables ; ensuite, que nous avions aussi amené en voiture leurs femmes, dont quelques-unes étaient blessées grièvement ; que presque toutes aussi avaient avec elles des enfants en bas âge ; qu'il y aurait une espèce de barbarie de les forcer à faire cette route à pied. Cette dernière raison parut toucher le khalifat, et il consentit à ce que l'échange se fît près de Bouffarik, mais hors la portée du canon du camp ; de plus il fut stipulé qu'il ne paraîtrait pendant l'échange aucun soldat français sur les fossés ou à l'entour du camp ; qu'on ferait dire au commandant supérieur de Blidah de ne faire aucune démonstration militaire, s'il apercevait les cavaliers arabes dans la plaine ; enfin que moi et mes trois compagnons resterions ses otages jusqu'après l'échange ; nous acceptâmes avec joie toutes les conditions, et nous convînmes que l'échange se ferait le lendemain à midi, dans le lieu désigné et que lui-même y conduirait les prisonniers français, sans escorte. Nous lui proposâmes d'écrire à Monseigneur ce que nous venions de conclure et de lui faire porter notre lettre de suite par un messager sûr qu'il choisirait lui-même. Il nous répondit en souriant : « Mais je n'en vois pas de plus sûr que vous-même. Vous repartirez de suite, et il me suffit de votre parole pour être assuré que demain vous reviendrez vous constituer mes prisonniers. — Cette confiance nous flatte autant qu'elle t'honore, lui répondis-je ; nous partons donc, puisque tu le veux, et demain matin à huit heures nous serons entre tes mains. Nous allons en passant, si tu le permets, consoler nos pauvres prisonniers en leur apprenant ta gracieuse décision. — Je suis heureux, reprit-il, de rendre la liberté à vos Français ; je rends moi-même de grandes actions de grâces au *babas-el-kbis* (Monseigneur), de ce qu'il me rend aussi nos pauvres Arabes. Le jour de demain sera un des plus beaux de ma vie. »

Nos cœurs ne se contenaient plus de joie, et nous nous levâmes pour aller la répandre au milieu de nos chers captifs, qui étaient à trois cents pas de là, et qui, pendant toute cette conférence, qui dura plus d'une heure, étaient dans une anxiété difficile à décrire dans l'attente de ce qu'on aurait décidé sur leur sort. Le *khalifat* me dit de rester auprès de lui, qu'il avait quelque chose de particulier à me dire. Mes heureux compagnons allèrent donc sans moi annoncer à nos pauvres prisonniers leur délivrance.

Je n'entrerai pas dans les détails de cet entretien intime que j'eus avec le khalifat : c'était l'épanchement de deux cœurs étonnés et heureux de s'entendre et de pouvoir se le dire sans contrainte aucune. Ce moment, et il dura plus d'une demi-heure, fut sans contredit un des plus heureux de ma vie. Qu'il me suffise de vous dire que nous parlions de notre sainte religion !.... Il interrompit un instant cet entretien pour me parler des malheurs de la guerre; il fit approcher son *khodja*, et lui dit de m'amener quelques notables de sa province que la guerre avait rendus bien malheureux : « Que de larmes, que de sang répandus ! me dit-il. Vois (et il me montrait un cheik qui tenait un jeune enfant dans ses bras), il pleure. Tu m'as dit que sa femme est retenue blessée à Alger; oh ! promets-moi, promets-lui de prier le babas-el-kbis de nous la rendre. Vois son enfant, il ne peut pas se passer de sa mère. » Je lui promis que Monseigneur la lui ferait rendre, et j'ajoutai que Monseigneur et nous tous, ministres de paix, nous déplorions plus que lui les malheurs de la guerre. Le voyant si bien disposé, je lui dis que s'il voulait faire plaisir à Monseigneur et à nous tous, il devrait nous permettre d'emmener cette nuit un de nos prisonniers avec nous, en échange du jeune officier de réguliers d'Abd-el-Kader que Monseigneur nous avait chargés de lui ramener. Il sourit à ma demande et me dit : « Je vois bien que tu veux que je te donne M. Massot ; eh bien, il partira à l'instant avec toi, et je lui fais en même temps cadeau d'un beau cheval pour qu'il puisse arriver plus vite. » Je le remerciai. Je ne me possédais pas de joie, et, oubliant les convenances, je me lève d'auprès de lui, et je crie de toutes mes forces, en me tournant vers nos prisonniers : « M. Massot est libre à l'instant ! le bey vient de me permettre de l'emmener cette nuit avec nous. » Ce fut alors une explosion de joie, aussitôt comprimée par le respect que tous portaient au bey. Je pris alors congé de lui. Il prit ma main, qu'il pressa sur son cœur, et me dit : « A revoir, demain, que Dieu t'accompagne ! » Je lui répondis : « Que Dieu te bénisse ! » Et me voilà parti.

Je cours vers nos chers prisonniers, que je n'avais encore vus que de loin. Tous se mirent à pleurer en me voyant, et s'épuisaient en remerciements pour Monseigneur, qu'ils appelaient leur saint Vincent de Paul, leur seul libérateur. La nuit tombait ; il fallut nous quitter, nous arracher d'auprès d'eux : « Courage, leur dis-je, mes bons amis ; remerciez Dieu, qui a tout conduit à une si heureuse fin. C'est la dernière nuit de votre captivité... Vous en avez tant passé de mauvaises, de cruelles... Celle-ci sera bonne. Demain, demain nous venons prendre pour quelques instants votre place, et vous serez délivrés.

— A demain donc, » répétèrent-ils tous avec joie en nous voyant partir.

Nous restâmes près d'un quart d'heure à chevaucher dans les bois sans nous dire mot, tant nous étions émus de tout ce qui venait de se passer. Deux cavaliers arabes nous accompagnaient; nos chevaux volaient à travers les broussailles, sautant les fossés au milieu des ténèbres; je ne sais pas comment nous ne nous sommes pas rompu le cou et nous n'avons pas cassé les jambes de nos chevaux. La nuit était sombre et orageuse; nous ne nous voyions les uns et les autres qu'à la lueur de quelques éclairs, et nous nous appelions de temps en temps pour ne pas trop nous séparer.

Arrivés dans nos lignes, près des fossés de Bouffarik, nous craignions le danger d'être fusillés par nos soldats sentinelles, qui, en entendant approcher des cavaliers au milieu de la nuit, auraient pu facilement croire à une attaque de leur camp par les Arabes. Nous défendîmes aux Arabes qui étaient avec nous de parler, et nous, nous parlions français aussi haut que nous pouvions, pour qu'on pût nous connaître. Enfin nous arrivâmes à la porte du camp, qu'on nous ouvrit après le *qui vive* et la réponse d'usage. Nous reprenons notre course à travers ce qu'on appelle la grande ville, mais qui serait bien mieux nommée les vastes champs de Bouffarik. Nous voilà à la porte de la maison où Monseigneur était logé avec M. Dogret, mon confrère, le curé de Bouffarik et deux autres ecclésiastiques que Monseigneur avait amenés avec lui. Tous dormaient d'un profond sommeil ; l'évêque seul, pasteur vigilant et inquiet sur le sort de ses brebis captives et de ceux qu'il avait envoyés à leur délivrance, veillait et priait.

Je frappe à coups redoublés : « Ouvrez, c'est nous, nous amenons un captif, M. Massot... et demain, demain nous irons chercher les autres.... tous, tous vous seront rendus. » Voilà ce que j'avais déjà crié dans l'excès de ma joie à Monseigneur, qui avait paru à sa fenêtre... Son émotion, sa joie lui permirent à peine de nous répondre. Les ecclésiastiques, éveillés par le vacarme que nous faisions à la porte, se lèvent et s'habillent à la hâte. La porte s'ouvre : M. Massot se précipite et saute au cou du curé de Bouffarik, qu'il a pris pour son libérateur, Mgr l'évêque d'Alger. Celui-ci se tenait derrière la porte pour cacher son émotion ; mais M. Massot voit briller sur la poitrine de l'évêque la croix pastorale : il se jette dans ses bras ; il ne peut parler, il pleure ; ses larmes se confondent avec celles du bon pasteur, du tendre père qui le presse sur son cœur. Nous pleurions, puis nous parlions tous à la fois. Enfin, après avoir expliqué à Monseigneur les conditions de l'échange, qu'il ratifia et accepta toutes d'un grand cœur, après avoir pris un peu de nourriture (nous n'avions pas mangé depuis vingt-quatre heures), nous nous laissâmes aller à un court mais bien délicieux repos. Nous devions repartir le lendemain matin pour nous rendre chez les Arabes, comme heureux otages pour la délivrance de nos captifs.

Le beau jour est arrivé. Avec quel bonheur nous franchissons nos lignes et nous volons sur la terre ennemie, accompagnés de nos deux Arabes de la veille. Déjà nous avions fait deux lieues, lorsqu'un gros détachement de cavaliers arabes nous arrêta pour parlementer ; on nous dit que le khalifat s'était mis en marche avec les prisonniers et qu'il s'approchait. Quelques instants après, nous vîmes encore un grand nombre de cavaliers venir à nous au galop dans toutes les directions, et le khalifat et nos prisonniers ne paraissaient pas encore. Nous commencions à nous inquiéter, lorsque nous aperçûmes au loin un nuage de poussière : « Le khalifat ! » murmuraient tout bas nos sauvages arabes. Ils se rangent en bataille, nous font placer au milieu d'eux, et attendent, dans le plus profond silence, l'arrivée de leur seigneur et maître. Nous le voyons bientôt s'avancer fièrement à la tête de six cents cavaliers ; il était entouré, comme la veille, des grands de sa nation en burnous noir ; quant à lui, il avait un burnous blanc ; il était précédé d'un *chaous* ou bourreau, qui brandissait dans sa main un énorme yatagan ; nos pauvres captifs venaient après, escortés par cette cavalerie : l'un d'eux, vieillard et malade, qui n'avait pas pu marcher, était porté, couché dans un drap, par quatre de ses compagnons de captivité. Déjà ils nous ont aperçus; ils avaient la permission de nous parler; ils nous entourent, et pensent que nous allons les suivre. Mais quand ils surent que nous devions rester en otages pour eux, ils nous dirent, dans un premier mouvement, qu'ils veulent rester avec nous, qu'ils ne veulent pas de leur liberté au prix de la nôtre et peut-être de notre vie. Nous les rassurons en riant, et nous leur disons de partir tranquilles; qu'aussitôt l'échange fait, nous serions aussi, nous, remis en liberté; que nous en avions pour garants la parole du khalifat et la joie secrète que nous éprouvions. Ils partent en nous disant : « A revoir bientôt! » Un de nous, c'était l'interprète, M. Toustain, est chargé par le khalifat d'aller à Bouffarik pour amener Monseigneur au lieu du rendez-vous, où le khalifat se rendait lui-même avec une faible escorte, sans armes. Déjà nos prisonniers sont loin de nous; ils s'approchent du lieu où la main d'un père, d'un évêque doit briser leurs fers. Pour nous, entourés d'une troupe innombrable de farouches Arabes, nous craignîmes un moment de devenir leur proie. C'était lorsqu'ils entendirent le canon français qui mitraillait les leurs au col Mouzaïa, dont nous n'étions pas très-éloignés. Ils tressaillirent alors sur leurs chevaux, et lançaient sur nous des regards d'indignation. Et nous, descendus à terre, nous attendions, tranquilles et calmes, l'issue des événements. Je m'agenouillai pour prier, puis je récitai mon bréviaire ; tous me regardaient avec respect et gardèrent un religieux silence tout le temps que durèrent mes prières.

Pendant que nous attendions ainsi le moment où on viendrait nous délivrer, un chef arabe s'approcha de nous et nous dit : « Par où vous en irez-vous? par l'est ou par l'ouest (l'est était le côté des Français) ? — Par l'est, lui répondîmes-nous. — Si nous le voulons, ajouta-t-il d'un ton malin. — Et c'est justement pour cela que nous t'avons répondu que nous nous en irons par l'est, parce que nous savons que vous le voulez. » Cette confiance, cette assurance de notre part le flatta; il nous dit alors : « Oui, certainement, vous vous en irez par l'est. » Trois heures s'étaient déjà écoulées, et nous ignorions si l'échange avait eu lieu et si on nous rendrait bientôt notre liberté, lorsqu'on vit arriver un cavalier nègre, couvert de sueur et de poussière, qui venait me dire de la part du khalifat, son maître, de monter à cheval et de le suivre sur-le-champ. Mes deux compagnons furent un peu peinés de me voir séparé d'eux ; je leur dis que s'il m'était possible je reviendrais bientôt les rejoindre ; et me voilà parti au galop avec mon guide, sans savoir où il me conduisait. Nous traversâmes rapidement la plaine, à travers de nombreux groupes de cavaliers, dont quelques-uns avaient des lunettes d'approche pour observer si les Français ne feraient pas quelques mouvements dans les camps de Bouffarik, de Coléah et de Blidah. Enfin, après avoir couru pendant plus d'une heure, j'aperçus de loin, à peu près à une lieue en avant de Bouffarik, la voiture de Monseigneur arrêtée, et quelques Arabes qui l'entouraient avec le khalifat. Je vis alors qu'on me conduisait au lieu de la conférence. J'arrive; je ne pus me défendre d'un sentiment de crainte en voyant ainsi Monseigneur accompagné seulement de l'abbé Dogret et de son cocher, le fidèle Antoine, tout à fait à la merci des Arabes.

Pourtant la parole du khalifat et l'air de dignité et de calme que je remarquai sur le visage de Monseigneur me rassuraient un peu. Le khalifat me salua fort gracieusement, et me dit d'aller chercher les prisonniers arabes, qui étaient tous restés à Bouffarik, et de les amener le plus promptement possible sur ce lieu, que Monseigneur appela *le Champ de Bénédiction*, et qu'on pourrait aussi appeler *le Champ de la Délivrance des Captifs*. Je ne vous dirai pas ce qui se passa entre l'évêque et le khalifat pendant plus de deux heures que dura leur conférence. Monseigneur a pris soin d'en instruire le public dans une lettre touchante qu'il écrivit sous l'inspiration du moment, et qu'il a envoyée au journal *l'Univers*, vous l'avez lue, sans doute, et vous avez dû remarquer surtout la première entrevue de ces deux personnages, étonnés de se trouver là réunis pour accomplir le plus grand acte d'humanité. Ces deux mains qui se tiennent longtemps serrées, et ces paroles de l'évêque, prononcées avec une si sainte émotion : « L'union de nos deux mains est le signe de l'union de nos âmes dans cet acte solennel que nous allons accomplir. » Puis, lorsqu'ils déploraient ensemble les malheurs de la guerre, Monseigneur prenant sa croix pastorale dans ses mains, et disant au chef arabe : « Je voudrais placer cette croix, signe de salut, entre le yatagan et l'épée. comme un lien de paix entre les deux nations. » Pendant ce temps-là je volai vers Bouffarik, et je ramenai bientôt avec moi les prisonniers arabes. Les hommes marchaient joyeusement en tête, puis venaient les voitures chargées des femmes et des enfants ; après quelques retards causés par les difficultés des chemins, nous arrivons enfin. Le khalifat était monté dans la voiture de Monseigneur ; les prisonniers français étaient rangés auprès sur deux rangs. Cet instant, où tous les prisonniers des deux côtés étaient réunis avec Monseigneur et son clergé, sans défense aucune, eut quelque chose de grave et d'imposant : la moindre démonstration militaire dans les camps français, le moindre caprice du khalifat, nous perdait tous ; car nous étions tous, en ce moment suprême, à la merci des Arabes ; on entendit même l'un d'entre eux qui disait à un autre : « Si, dans ce moment, nous emmenions avec nous la voiture et tout ce qu'il y a dedans, la paix serait bientôt faite ; mais... » Mais Dieu était là, il avait adouci les cœurs de nos farouches ennemis, il les avait inclinés devant le ministre d'une religion toute de charité et de paix... Et Marie, ce puissant secours des chrétiens, cette douce consolatrice des affligés, veillait sur nous ; nos anges gardiens nous protégeaient.... Aussi étions-nous tous calmes et tranquilles ; nous pensions à peine aux dangers auxquels nous étions exposés.

Mon cher ami, je ne peux plus continuer ma lettre ; le khalifat vient d'écrire à Monseigneur qu'il vient de prévenir Abd-el-Kader de notre prochaine arrivée auprès de lui, et de la mission dont nous sommes chargés ; c'est-à-dire d'aller lui demander la délivrance des prisonniers français qui restent encore en son pouvoir. Je pars demain ; priez et faites prier pour cette importante mission, dont Monseigneur a bien voulu me charger. Je ne sais pas où j'irai ni quand je reviendrai ; je pars seul avec un interprète et un domestique arabe. Je porte aussi à Abd-el-Kader les présents de Monseigneur. Aussitôt que je pourrai, je vous enverrai la suite de mon journal.

Votre tout dévoué ami,

SUCHET, *Vic. gén.*

Alger, 30 juin 1841.

Mon cher ami,

Je vous ai promis de vous donner la suite de la relation du premier échange de nos prisonniers, brusquement interrompue par mon départ subit auprès d'Abd-el-Kader : je crois en être resté au moment de mon arrivée à la tête des prisonniers arabes au lieu de l'échange.

Donc, je fais défiler les prisonniers arabes devant le khalifat qui était toujours dans la voiture de Monseigneur, et qui m'avait fait signe de les faire passer derrière. Là se tenaient des Arabes qui étaient venus avec des chevaux, des ânes et des mulets pour emmener leurs femmes et leurs enfants. En un instant les voitures sont vides ; un spectacle déchirant et consolant tout à la fois s'offrit alors à nos yeux. Des maris, des pères, des frères ivres de joie, se précipitent et reçoivent dans leurs bras leurs femmes, leurs enfants, leurs frères, leurs amis ; mais à ces accents de joie et de bonheur se mêlent des gémissements, des sanglots, des cris de désespoir; c'étaient des veuves et des orphelins qui, dans cette foule où chacun se presse pour reconnaître, pour embrasser les siens, ne retrouvaient pas leurs maris ni leurs pères... elles apprennent alors qu'ils étaient morts dans le combat... elles étaient parties si joyeuses pourtant, dans l'espérance de les revoir! Les unes se roulaient dans la poussière, les autres se déchiraient le visage avec leurs ongles, toutes demandaient à mourir, tandis que leurs enfants poussaient des espèces de hurlements en embrassant leurs mères... Je m'arrachai à cette scène si attendrissante pour être témoin d'un autre spectacle rempli de bien douces émotions, c'étaient nos chers captifs français qui montaient dans les voitures que les captives arabes venaient de quitter. Le khalifat, descendu de la voiture de Monseigneur, avait pressé une dernière fois la main du prélat; il veut aussi presser la mienne, et nous nous séparons en faisant des vœux pour notre bonheur commun; il s'élance sur son coursier fougueux qu'il fait caracoler devant nous; une nuée d'Arabes qui s'étaient tenus cachés tout près pendant l'échange, paraît aussitôt et l'entoure; d'un signe de sa main il les dirige vers l'ouest et marche à leur tête, vers leurs montagnes; et nous, avec nos chers prisonniers nous nous tournons vers l'est, vers nos camps français. Dans ce moment, il sembla que nous respirions tous plus librement... ce fut un moment de silence joyeux et solennel.

La voiture de Monseigneur ouvrait la marche ; elle était précédée de M. Massot, chef des captifs, de MM. Berbrugis, Defranc-Lieu et Toustain, qui avaient été chargés la veille avec moi de négocier cet heureux échange. Il ne manquait, pour compléter cet heureux cortége, que l'excellent abbé Gstalter, secrétaire de l'évêché, qui avait été chargé de faire les premières ouvertures des négociations de cet échange... Il se couvrait de gloire en ce moment-là même, en portant les secours de la religion, au milieu des balles des Arabes, à nos soldats qui combattaient sous les murs de Mascara. Après eux venaient M. de Berthier, commissaire civil de Bouffarik, M. le curé de Bouffarik, M. le Boucher, digne supérieur du petit séminaire d'Alger, M. Questel, pro-secrétaire de l'évêché ; ces derniers étaient venus avec moi de Bouffarik lorsque j'y étais allé chercher les prisonnières arabes... M. Dogret, vicaire-général, était dans la voiture avec Monseigneur, et moi je suivais à cheval, à la tête de nos chers captifs dont quelques-uns, qui n'avaient pu trouver place dans les voitures, les précédaient à pied.

Ceux-ci entonnèrent aussitôt une chanson sur leur délivrance, composée par l'un d'eux, M. Amédée Mellier, jeune architecte, sous les ordres duquel le khalifat avait mis les autres prisonniers depuis le départ de M. Massot, rendu la veille ; le refrain de ce chant de liberté, répété par tous avec une espèce d'enthousiasme était : *Nous ne sommes plus prison-*

niers!.. Le nom de Monseigneur, leur courageux libérateur, n'était point oublié, comme vous le pensez bien... Il y avait un couplet d'adieux adressé à quarante-trois de leurs compagnons d'exil, qui étaient morts de maladie ou plutôt de chagrin, à Telkedempt; ils les avaient enterrés tous dans le même champ... C'est là qu'ils allèrent tous, la veille de leur départ, répandre leurs larmes et leurs prières et adresser à leurs compagnons d'infortunes leurs derniers adieux. Ce chant des captifs à peine délivrés et encore sur la terre ennemie fit couler de nos yeux de bien douces larmes.

Maintenant comment vous parler de notre entrée à Bouffarik, de notre marche jusqu'à Alger? C'était le triomphe après la victoire, ou plutôt une suite d'émotions qui auraient fini par nous rendre malades, si elles eussent duré plus longtemps... Toute la population civile de Bouffarik, tous les militaires du camp, officiers et soldats, franchissaient pêle mêle les fossés et se précipitaient aux barrières, ou se jetaient dans les bras les uns des autres en pleurant; tous bénissaient notre sainte religion, qui, dans la personne de son saint apôtre, venait de briser les fers des captifs. Quel doux triomphe pour le cœur de notre bon évêque! Comme il était alors dédommagé de toutes les peines, de toutes les sollicitudes, de toutes les angoisses que lui avait causées cette sainte entreprise!..

Au milieu de ce premier et universel enthousiasme, je remarquai une jeune femme, en deuil, avec un petit enfant dans ses bras ; elle était pâle, appuyée sur le bord du fossé, ses jambes refusaient de la soutenir ; elle avait aperçu parmi les prisonniers, son mari (sous-officier de gendarmerie), qu'elle croyait mort... Elle lui tendait son enfant, le père le saisit dans ses bras, et resta immobile et suffoqué d'émotion... tous deux pleuraient et ne pouvaient parler. Près de là le jeune fils de l'instituteur de Bouffarik se précipitait dans les bras de son père, de sa mère et de ses jeunes sœurs, qui l'accablaient de caresses ; il avait été pris en allant à Alger, au-devant de sa mère qui venait de France avec ses sœurs ; ils se voyaient pour la première fois sur cette terre d'Afrique... On voyait çà et là, dans Bouffarik, des groupes entourer les prisonniers, qui croyaient à peine qu'ils étaient libres : on se les arrachait ; c'est à qui leur prodiguera les soins dont il ont tant besoin. Quelle délicieuse soirée ! Quelle douce nuit succéda à un si beau jour ! c'était la veille de l'Ascension. Le lendemain, à sept heures, Monseigneur célébra la messe d'action de grâces ; tous les heureux captifs délivrés la veille s'y rendirent avec empressement. C'était le glorieux anniversaire de la délivrance, par Jésus-Christ, des âmes justes qui avaient vécu avant sa venue. Un enfant de douze ans, le jeune Pelletier, prisonnier depuis vingt mois, ex-enfant de chœur de Dély-Ibraïm, servait cette messe, ayant encore entre les mains son livre de prière qui ne l'avait pas quitté pendant sa captivité; sa tête rasée, son teint basané, ses babouches arabes trahissaient le jeune captif, sous la blanche tunique dont il était revêtu... Monseigneur, avec cette chaleur d'âme que les circonstances rendaient, s'il est possible, plus ardente, adressa des paroles brûlantes à son auditoire attendri; les sentiments de joie et de reconnaissance débordaient tous les cœurs... Monseigneur entonna le *Te Deum* pour rendre de solennelles actions de grâce à *Dieu seul*, qui avait conduit cette œuvre si difficile à cette fin si admirable; ce *Te Deum* fut suivi d'un *De profundis*, pour les quarante-trois prisonniers, dont les cendres reposent sous les murs de Tékedempt, sans qu'aucune croix les protége, et *sous la garde de Dieu seul*, comme le chantaient leurs compagnons d'infortune.

Après cette messe, nous nous mîmes en route pour Alger, ou plutôt nous continuâmes notre marche triomphale. Avant d'arriver à un port français, *Ouled-Mandil*, situé à deux lieues de Bouffarik, un de nos prisonniers déjà d'un certain âge, sauta de la voiture et se prit à courir de toutes ses jambes, malgré les dangers qu'il y avait de s'écarter de notre escorte... En un clin d'œil, il arriva à *Ouled-Mandil*; il criait de loin, de toutes ses forces: « Mes enfants! mes enfants! où sont mes enfants? » C'était là qu'ils étaient restés pendant sa captivité de quinze mois; nous les trouvâmes, en passant sur le chemin, entre les bras de leur père. Une petite chevrette suivait, comme un chien fidèle, les pas d'un prisonnier à chevelure blonde, (c'était un Hollandais); ce prisonnier me paraissait calme et presque insensible à tout ce qui se passait autour de lui; je lui demandai s'il avait quelque peine, et pourquoi il semblait étranger à cette joie universelle; il me répondit: « Je suis étranger partout, chez les Arabes comme parmi les Français; je suis seul partout... Cette petite chevrette que j'amène de Saïda s'est attachée à moi; et cela me fait du bien... aucun ami ne viendra me reconnaître, ni m'embrasser comme ceux-ci; » (il me montrait les autres prisonniers), puis en caressant sa chevrette, « toi au moins tu seras mon ami! »

En arrivant à Douera, la femme d'un huissier d'Alger, avec son jeune fils, a reconnu son mari parmi les prisonniers; elle aussi avait pris le deuil; et, soit accablement, soit besoin d'exprimer à Dieu leur reconnaissance, ils tombaient sur leurs genoux, et levaient tous trois ensemble leurs mains et leurs yeux baignés de larmes vers le ciel. Deux jours auparavant, la femme était accourue tout en pleurs à la voiture de Monseigneur sur cette même route, en le conjurant de lui ramener son mari....

Nous approchons de Dély-Ibraïm, joli village à une lieue et demie d'Alger; c'est là que le gouvernement a fait bâtir la première et l'unique église, pour le culte catholique. Là nous fûmes témoins d'un spectacle qui bouleversa délicieusement nos âmes.... Une jeune mère, c'était la mère du jeune Pelletier, haletante, couverte de poussière et de sueur, accourait au-devant de nous, les bras étendus, demandant son fils. Elle entraînait après elle toute la population du village; déjà elle a atteint la voiture de Monseigneur, elle ne peut lui parler, elle lui saisit convulsivement la main qu'elle embrasse. Tout le convoi s'arrête spontanément; l'avant-garde se replie et suit la jeune femme; son enfant l'a vue de loin; il est à terre qui court à la rencontre de sa mère..., ils sont dans les bras l'un de l'autre..... Un instant, la mère douta de son bonheur..., elle ne pouvait croire qu'elle pressât contre son cœur ce fils tant pleuré, si longtemps attendu; le costume arabe qu'il portait, comme tous les autres prisonniers, avait sans doute contribué à cette erreur; ou plutôt, c'est que le cœur a peine à croire un grand bonheur qu'il n'espérait plus.... On fit monter en voiture la mère et l'enfant; leurs bras étaient restés enlacés, la mère n'avait pu consentir à se séparer de son enfant, même pour un instant. Il est impossible de vous dire l'impression que produisit sur le cœur de tous les témoins cette scène si attendrissante. Un des farouches Arabes qui nous accompagnait, *Kouïder-ben-Chaban*, entraîné et comme subjugué par ce qu'il voyait, s'écria : « Enfant ! ô enfant ! c'est bien ta mère (*ia ouled ! ia ouled ! emmak ! emmak !*), » et de grosses larmes roulaient dans ses yeux.... Pendant ce temps-là, une jeune épouse demandait à tous son mari, aussi du nombre des captifs délivrés. Le mari l'a vue de loin ; il dit à ses camarades de le cacher ; car, connaissant l'extrême sensibilité de son épouse, il craint l'effet de cette première entrevue. Il n'est plus temps, sa femme est là, elle s'est jetée à corps perdu dans la voiture, et est tombée évanouie entre les bras de son mari ; et lui, pleure. Une autre jeune femme, vêtue de noir, soutenue par deux de ses amies, cherchait aussi en pleurant son mari ; on la renvoie de voiture en voiture ; arrivée à la dernière, une voix émue lui répond : « Mort à Tekedempt ! » A ces mots, la jeune veuve tombe comme frappée par la foudre sur la poussière du chemin, et on la rapporte demi-morte dans sa maison solitaire.

Je ne finirais pas si je voulais vous rapporter toutes les scènes attendrissantes que nous avions à chaque pas sous les yeux. Notre pauvre cœur se fendait de ces émotions si réitérées. Un des jeunes hommes qui avaient été en otage avec moi, en avait l'âme tellement bouleversée, qu'il vint me dire qu'il ne pouvait plus y tenir, et qu'il allait lancer son cheval au galop à travers les champs pour se secouer de toutes ces émotions. Le fait est que je n'ai jamais rien vu de semblable. Le cœur humain révélait bien alors tout ce qu'il renferme de sensibilité et d'amour pour ses semblables. Et les Arabes qui en étaient les témoins pouvaient dire : Ces chrétiens..., voyez comme ils s'aiment !!!

En sortant de Dély-Ibraïm, je ne sais quelle sorte d'activité subite, de besoin extraordinaire de mouvement, d'expansion, s'empara de nous tous; les chevaux semblent deviner et partager notre ardeur, ils s'élancent tous au galop. Ceux qui étaient venus d'Alger au-devant de nous, ne voient qu'un tourbillon de poussière qui semble poussé par un vent impétueux; ils se rangent précipitamment sur les bords de la route pour ne pas être écrasés par cette singulière *fantasia* (évolutions des arabes sur leurs chevaux fougueux.) Nous voilà arrivés sous le fort de l'empereur. Un ordre des autorités militaires d'Alger arrête notre course joyeuse et défend aux prisonniers d'entrer en ville avec Monseigneur. Le bon prélat rentra donc seul avec nous dans la ville épiscopale..., il bénit Dieu de cet étrange contretemps qui le dérobait ainsi aux ovations de la foule qui se pressait dans toutes les rues pour voir arriver les prisonniers et leur libérateur.... Monseigneur descendit à l'église où je l'accompagnai seul; les vêpres se terminaient. Monseigneur donna la bénédiction du saint Sacrement aux fidèles que l'église contenait à peine...; il annonça en peu de mots à son peuple si heureux de le revoir, la merveilleuse issue de sa mission, et l'engagea à s'unir à lui pour en rendre toute la gloire à Dieu seul qui avait manifesté d'une manière si particulière, par cette œuvre, sa puissance et sa bonté; il leur dit encore que le dimanche suivant on chanterait le *Te Deum*, et que l'on ferait la prière pour les morts, comme à Bouffarik. Ce dimanche-là, Monseigneur put rendre encore aux Arabes deux hommes et deux femmes, à qui leur état de santé n'avait pas permis de suivre les autres. Monseigneur voulut bien encore me charger de leur acheter quelques vêtements, et je les fis partir tout joyeux sous la conduite des quatre Arabes qui nous avaient accompagnés depuis le lieu de l'échange.

Le jour de la Pentecôte fut encore un jour de bonheur. A cinq heures du soir, deux Arabes, aussi de la puissante tribu des Hadjoutes, ramenèrent à Monseigneur neuf prisonniers qui n'avaient pas pu être rendus avec les autres à cause de leur éloignement. C'étaient sept hommes, une femme et une petite fille de dix ans, prisonnière depuis douze mois. Ils étaient suivis de vingt chèvres avec leurs petits chevraux, envoyés par le khalifat. Dans la lettre pleine de respect et de cordiale amitié que ce lieutenant d'Abd-el-Kader écrivait à Monseigneur, il lui disait : « Avec ces nouveaux prisonniers, je t'envoie vingt chèvres avec leurs petits pour nourrir de leur lait les enfants qui n'ont point de mères; car je n'ai pas oublié que tu en avais acheté deux pour nourrir les petits enfants de nos femmes arabes pendant qu'elles étaient prisonnières à Alger. »

L'arrivée de ces nouveaux prisonniers et de ces vingt chèvres fit sensation à Alger.... Monseigneur voulut bien encore se reposer sur moi des soins à donner à ces heureux captifs délivrés... Les hommes, tous militaires, rentrèrent le lendemain dans leur régiment. La femme, âgée d'environ quarante ans, ex-cantinière du 3e léger, s'était distinguée par les soins touchants qu'elle prit d'un capitaine de son régiment, M. Morisot, avec lequel elle avait été faite prisonnière. Ce capitaine avait été grièvement blessé dans l'affaire où il tomba au pouvoir des Arabes. La bonne cantinière était restée pendant les onze mois de captivité avec les sept hommes prisonniers, rendus avec elle, chez Sidy-Miloud-ben-Aratch, beau-frère d'Abd-el-Kader, son *aga* ou premier ministre, et son ex-ambassadeur en France à l'époque du traité de la Tafna.... Ils y furent tous fort bien traités; les hommes s'occupaient à la culture d'un petit jardin de l'aga, et la femme était traitée en grande dame auprès de la maîtresse de la maison.

Mais la petite fille, nommée Marie, excitait surtout l'intérêt de tous. Quelque temps avant le premier échange, son père, nommé Tessère, aubergiste à Hussein-Dey, banlieue d'Alger, était venu tout en pleurs me raconter la catastrophe affreuse qui l'avait privé, en une nuit d'absence, de sa femme, de ses quatre enfants en bas âge et de deux domestiques. C'était le 15 mai de l'année dernière; il avait suivi la colonne expéditionnaire de Miliana, comme cantinier. Dans la nuit qui suivit le jour de son départ, les Arabes fondirent sur sa maison, massacrèrent sa femme et un domestique ; ils enlevèrent ses quatre enfants, trois filles et un garçon, savoir : Marceline âgée de douze ans, Marie, de neuf, Joachim, de sept, et Marguerite qu'ils prirent au berceau, elle n'avait pas encore six mois. Le pauvre père, averti par un domestique qui s'était échappé, revint aussitôt ; il trouva sa femme gisant sur les carreaux de la chambre, dans une large mare de sang ; le domestique avait été tué dans la cour, la maison était bouleversée de fond en comble, tout l'argent avait été volé ; mais ce qui mettait le comble au désespoir de ce père malheureux, c'était de ne pas savoir ce qu'étaient devenus ses quatre enfants. Il sanglotait encore en me racontant cette horrible scène, passée depuis plus d'un an. Après les consolations qu'un prêtre peut donner dans de telles circonstances, je lui protestai que je comptais partir bientôt pour me rendre comme otage auprès d'Abd-el-Kader, jusqu'à ce qu'il lui eût rendu ses chers enfants s'ils vivaient encore..., et quelques jours après, la petite Marie, restée seule, (les trois autres étant morts), lui était rendue....

Je reviens à son arrivée chez Monseigneur, le jour de la Pentecôte, avec les autres prisonniers... Ce fut moi qui les reçus d'abord... La petite Marie, en costume arabe, me dit aussitôt en me baisant la main : « Et maman, maman, mène-moi auprès de maman.—Pauvre enfant ! lui dis-je.—Tu es triste, reprit-elle vivement, est-ce que maman est morte comme mes sœurs et mon frère ? » Je ne lui répondis rien. Je lui demandai : « Est-ce que tes sœurs et ton frère sont morts ; raconte-moi cela, ma chère petite enfant. » Alors cette enfant, de beaucoup d'esprit et nullement timide, me raconta ainsi sa petite histoire si tragique et si pleine d'intérêt : « Il y a longtemps, longtemps, que j'entendis tirer des coups de fusil dans notre maison où j'étais couchée avec maman, mes sœurs et mon frère. Mon père n'y était pas, j'avais grand'peur. J'entendis des cris, ma grande sœur pleurait et mon frère aussi. Je n'y voyais rien ; je me sentis emportée par un méchant homme à qui je donnai des coups de poing. Je criais beaucoup ; il m'emporta bien loin, bien loin, au pied d'une grande montagne (c'était le Foudouk) ; il était jour. Là, je retrouvai ma petite sœur Marguerite et ma grande sœur Marceline, et mon petit Joachim que les Arabes amenaient. Je ne vis pas maman... Ma grande sœur vint m'embrasser ; nous embrassâmes aussi notre petit Joachim et notre petite sœur Marguerite. Nous pleurions beaucoup tous trois, nous avions faim. Il y avait là beaucoup de tentes d'Arabes et des femmes très-malpropres qui vinrent pour nous embrasser, nous ne le voulions pas. L'une d'elles prit soin de ma petite sœur Marguerite, et à nous, on nous donna de la galette avec un peu de lait et des dattes qui étaient bien bonnes. Nous demandions notre mère, nous pleurions encore, et personne ne voulait nous dire où était notre mère. Nous demandions à nous en retourner chez nous et on ne voulait pas. On nous emmena à travers les montagnes jusqu'auprès d'Abd-el-Kader. » Cette enfant me dit encore que dans le chemin on avait bien soin d'elles, et qu'on arrêtait, en passant dans les tribus, les femmes arabes pour allaiter sa petite sœur. Chez Abd-el-Kader, cette petite enfant fut confiée à une nourrice négresse qui aimait beaucoup sa petite *roumie* (chrétienne). Comme elle habitait une tribu voisine, on ne sait pas ce qu'est devenue cette pauvre enfant. La petite Marie m'a dit qu'elle était morte; elle me dit encore que son petit frère Joachim était mort quelque temps après son arrivée chez Abd-el-Kader, et que sa grande sœur était aussi tombée malade tout de suite; qu'on la faisait coucher dans une tente à part, mais qu'elle allait la voir tous les jours. « Je volais du pain, des galettes et des fruits, pour les porter en cachette à ma pauvre sœur; mais elle ne pouvait plus manger. Vers les derniers temps de sa maladie, elle pleurait beaucoup et demandait toujours maman; elle me faisait faire ma prière, elle priait elle-même beaucoup, beaucoup; elle me disait toujours qu'elle allait mourir, et moi je ne voulais pas qu'elle mourût, et je pleurais beaucoup et je l'embrassais en lui disant que bientôt nous reverrions maman. » Pauvre enfant ! elle devait en effet bientôt aller la rejoindre au ciel ! Elle était horriblement enflée... Un matin que la pauvre Marie allait lui porter encore à manger, elle trouva sa sœur Marceline morte. On la lui laissa voir, elle se jeta sur elle pour l'embrasser, mais elle était bien froide. Marie eut peur et se sauva en pleurant ; elle ne sait pas si on l'a enterrée.

La petite Marie resta auprès d'Abd-el-Kader, qui avait pour elle l'affection d'un père ; elle couchait sous la tente de sa femme qui en avait soin comme de sa propre enfant. Aussi cette petite enfant est-elle devenue grosse et grasse à ravir ; elle parle fort bien l'arabe, elle m'a dit qu'elle faisait sa prière matin et soir, et qu'elle n'a jamais voulu prier avec les Musulmans. Je lui demandai si on lui avait parlé de se faire Musulmane. « Oui, oui, souvent on me disait : puisque tu es avec les Arabes, il faut te faire Musulmane. Non, non, répondais-je, jamais, jamais. Vous n'avez pas de messe, vous autres. »

Abd-el-Kader ne lui en a jamais parlé lui-même. Un jour une de ses esclaves la pressait de *Chéheder* (d'apostasier). « Quoi ! répondit l'enfant avec un ton de mépris, le sultan (Abd-el-Kader) ne me l'a pas demandé, et toi, sa domestique, son esclave, tu me le demandes et tu penses que je le ferai ; tu es donc folle ? » Elle m'a dit encore que tout le monde la respectait, et qu'Abd-el-Kader aurait fait couper le cou à celui ou celle qui lui aurait fait quelque peine.

Ce soir-là même, Monseigneur confia la petite et si intéressante Marie à une demoiselle venue de Paris pour consacrer sa vie au soulagement de toutes les infortunes, mais surtout aux soins des pauvres orphelines et néophites musulmanes et juives.

La célèbre *Aïcha*, autrefois épouse du souverain de Constantine, et maintenant la pieuse et fervente chrétienne Marie-Antoinette, est auprès de cette demoiselle. La petite Marie devint l'objet de leurs plus tendres soins, mais ce ne fut pas pour longtemps. Le lendemain, de grand matin, une femme, avec son mari, se présentait toute tremblante à la porte de l'évêché; elle voulait parler à Monseigneur, qui, étant occupé dans ce moment, m'envoya auprès de cette femme. « Marie, ma petite Marie ! elle est ici, me dit cette femme en pleurant. » Je lui répondis : « Elle n'est pas loin. — Rendez-la moi; elle m'appartient, ajouta-t-elle, c'est mon enfant ! »

Sachant que la mère de Marie était morte, je dis à cette femme : « Mais..... » Elle ne me laissa pas achever : « Marie n'a plus de mère, reprit-elle vivement, c'est moi qui suis devenue sa mère ; je suis sa tante... Oh! ma pauvre Marie, ma chère enfant;

rendez-moi mon enfant. » Le bon mari fondait aussi en larmes. Je les conduisis tous deux à la maison où était Marie. Cette enfant m'entend heurter, déjà elle est sur la galerie intérieure. La porte s'ouvre; sa tante l'a aperçue, elle tombe évanouie; la petite Marie accourt, se précipite sur le corps de sa tante, elle arrose son visage de ses larmes en l'embrassant. La pauvre tante, revenue de son évanouissement, accable de caresses sa chère petite Marie. « C'est moi, c'est moi qui te servirai de mère, ma chère enfant. » Et l'enfant, un instant interdite, dit : « Je n'ai donc plus de maman ! » Et elle pousse des cris aigus, et s'attache convulsivement au cou de sa tante, en répétant au milieu de ses sanglots : Oh ! maman, maman !

Quelques instants après, l'oncle et la tante emmènent leur enfant adoptive auprès de son père, à Hussein-Dey, mais ils doivent la ramener ce soir-là même. C'est la cérémonie de clôture du mois de Marie, et la petite captive doit être présentée et consacrée à sa bonne patronne, sa gardienne fidèle.

Je ne vous parle pas de cette touchante cérémonie qui avait attiré une foule immense, ni de la profonde émotion de tous, quand on vit la petite Marie, vêtue d'une robe d'une éclatante blancheur, venir déposer, sur l'autel de sa douce libératrice, les dépouilles de sa captivité. Le lendemain, la petite Marie repartit avec son père pour Hussein-Dey.

Que Dieu la garde de nouveaux malheurs!.. Les deux Arabes qui avaient amené ces derniers prisonniers reprirent ce jour-là même la route de leurs montagnes, pour continuer une guerre qu'ils semblent maintenant nous faire à regret.

Il est encore resté, écroués à la prison d'Alger, plusieurs prisonniers arabes qu'Abd-el-Kader réclame comme prisonniers de guerre. Parmi eux est un ancien *cheik* (chef de tribu) et un khodjà (secrétaire) d'un chef célèbre, Ben-Salem, qui commande du côté du Foudouk et des Portes-de-Fer.

L'autorité a cru devoir, jusqu'à présent, les retenir et les employer aux travaux forcés. Monseigneur vient d'écrire en leur faveur au général Bugeaud, qui est encore en expédition du côté de Mostaganem. Il espère obtenir leur délivrance et hâter par là la délivrance d'un grand nombre des nôtres qui sont encore retenus captifs dans la province de Titérie. En attendant, Monseigneur m'a chargé d'aller visiter tous les jours ces prisonniers arabes et de leur donner quelques secours. Ces pauvres gens sont on ne peut plus reconnaissants de cet intérêt et de ces soins. Ils le disent eux-mêmes au khalifat d'Abd-el-Kader, dans une lettre qu'ils ont chargé Monseigneur à lui faire passer. Vous auriez peut-être du plaisir de connaître cette lettre que j'ai fait traduire en français. Vous verrez un peu quel est leur style quand ils écrivent à un grand de leur nation.

Lettre d'Aly-Ben-d'Ahman, ancien cheik, et de Mohamed-Ben-Mohamed, ex-khodjà de Ben-Salem, au khalifat d'Abd-el-Kader, Sidy Mohamed-Ben-Allal-Ben-Sid-Ali-Ben-Embrak, ex-bey de Miliana.

« Louanges à Dieu.

« Que la prière et le salut soient sur le prophète « de Dieu.

« Que le salut soit sur Hadji-Abd-el-Kader, « sultan.

« Nous sommes ses enfants, et il nous laisse dans « l'oubli. Dieu sera notre juge.

« Que d'innombrables saluts soient sur lui.

« A celui qui est fort et sage, dont l'âme est « compatissante, dont les conseils sont précieux, « qui tient la puissance du Très-Haut.

« A celui que nous aimons, respectons et vé- « nérons.

« A celui que notre cœur brûle de revoir.

« A la seigneurie des seigneuries, la lampe des « ténèbres, la chaîne d'or, le puits de science et « de vertu.

« Lune que rien n'éclipse, flamme que rien n'é- « teint.

« A Sidy Mohamed-ben-Allal, Ben-Sid-Ali- « ben-Embrak, que Dieu le protège. Ainsi « soit-il.

« Salut : que Dieu répande sur toi sa bénédiction « et ses faveurs; qu'il soit miséricordieux et indul- « gent à ton égard. Si tu t'informes de notre posi- « tion, nous te répondrons que, grâce à Dieu, « nous sommes en bonne santé, nous désirons « que tu penses à nous et que tu prennes nos in- « térêts.

« Ensuite, nous t'apprendrons, si Dieu le per- « met, ce dont tes enfants, tes serviteurs, la « poussière de tes pieds, Aly-ben-d'Ahman, et « Mohamed-ben-Mohamed, ont à t'entretenir.

« Or, sache qu'un *prêtre* est venu nous visi- « ter, il nous a demandé nos noms; lorsque nous « les eûmes prononcés, il nous dit avec bonté : *j'es-* « *père que vous serez bientôt délivrés ; certaine-* « *ment, c'est par erreur que vos noms n'ont* « *pas été portés sur la liste de ceux qui ont été* « *rendus à la liberté. Mais dès que le Babas-* « *el-Kbir*, (l'évêque) *a su que le sultan vous* « *réclamait, il a écrit au général d'Alger, qui* « *a écrit au général en chef à Oran, pour votre* « *délivrance. La lettre est partie lundi dernier,* « *par un bateau à vapeur; je reviendrai, s'il plaît* « *à Dieu, dans dix jours, vous apporter la ré-* « *ponse.*

« Ensuite il nous a donné un douro (cinq « francs), et il a fait en cela une action géné- « reuse.

« Puis il a ajouté : *Confiance en Dieu, ne crai-*

« *gnez rien ;* chacun retournera dans son pays ;
« vous y seriez déjà, si on nous avait donné vos
« noms.

« Chaque fois que ce *prêtre* vient nous visi-
« ter, il nous distribue des secours, et nous re-
« pète que l'évêque a écrit lui-même au gouver-
« neur à Oran, afin de presser notre mise en
« liberté. Nous lui avons demandé de nous faire
« dispenser du travail ; il nous l'a obtenu.

« Aly-ben-d'Ahman.

« Mohamld-ben-Mohamed. »

Maintenant, il faudrait un volume pour vous dire tous les faits particuliers, les anecdotes, les épisodes dont quelques-uns offriraient la matière d'un vrai roman ou des drames les plus saisissants. Je veux pourtant vous rapporter quelques-uns de ces faits que j'ai recueillis de la bouche même de ceux qui en sont les sujets ou les témoins oculaires.

Ainsi, un soldat français se trouvait dans une tribu de Kabaïles, dont le chef, ardent zélateur de Mahomet, lui ordonna de faire avec lui la prière du prophète. Ce soldat, qui ne savait pas trop à quoi l'engageait la récitation de cette prière, la fit sans beaucoup de résistance; alors le Musulman, heureux d'avoir ainsi fait *ehéheder* (apostasier) un chrétien, lui dit : « Maintenant que tu es musulman, nous allons te raser les cheveux, et tu porteras le turban comme nous. — Comment, reprit le soldat chrétien, qui n'avait pas entendu renier sa religion en faisant une prière qu'il ne comprenait pas, mais je ne suis pas Musulman. — Tu dois l'être, lui dit le Kabaïle, et si tu ne veux pas qu'on te coupe les cheveux et être vrai Musulman, on te coupera la tête. — Voilà ma tête, répondit courageusement le soldat français : coupez la; je suis chrétien, je suis chrétien! » Et sa tête tomba à l'instant sous le yatagan du Kabaïle.

Un autre prisonnier, soldat de la légion étrangère, Espagnol d'origine, avait eu le malheur d'apostasier. Il tomba gravement malade; étant sur le point de mourir et pressé par ses remords, il fait appeler un de ses camarades, c'était un Français qui ne comprenait pas l'espagnol; il lui fait signe de lui apporter de l'eau; le Français lui en présente. L'Espagnol montre sa tête et cherche à faire comprendre qu'il fallait lui verser l'eau dessus en faisant le signe de la croix. Le Français ne comprend pas d'abord; le mourant insiste; le Français lui dit : « Est-ce que tu veux que je te baptise; tu es chrétien, pourtant. » Le mourant joint les mains et lève au ciel ses yeux remplis de larmes!... « Ah! ah! je comprends, dit le soldat; je me rappelle que tu t'es fait Musulman, et tu veux que je te rebaptise; eh! bien, fais ton acte de contrition; demande pardon à Dieu d'avoir renié ta religion, et je vais te baptiser de nouveau. » Ce pauvre soldat ne se rappelait pas alors que le baptême ne peut pas se réitérer. N'importe, il versa sur sa tête une eau qui ne pouvait pas effacer le crime de l'apostasie ; mais la contrition, le repentir du mourant avaient obtenu sa grâce auprès de Dieu, et il mourut en chrétien.

La formule dont les Musulmans se servent pour faire *chéheder* (apostasier) un chrétien est celle-là : « *La illa, illa, la : Sidna Mohamed ressoul alla*, c'est-à-dire : Il n'y a de Dieu que Dieu : notre Seigneur Mohamed est le prophète de Dieu. » Or, il advint qu'on voulut faire *chéheder* un soldat du bataillon d'Afrique, un des héros de Mazagran. Il s'en tira merveilleusement en conservant sa foi et sa tête. Lorsqu'on lui dit de réciter la formule, le Français, d'un air décidé, cria solennellement et à tue-tête. « *La illa, illa, la : Sidna, Mohamed est un vieux soldat !...* » Le Musulman lui dit d'un air satisfait en lui frappant sur l'épaule : « *Melihh, melihh Francés ;* bon, bon, Français... c'est bien ! pourtant ajouta-t-il, *ce n'est pas là tout à fait du bon Arabe ;* mais je sais que les Français ont de la difficulté à bien prononcer notre langue » C'est ainsi que le soldat français conserva sa foi, car il pouvait dire, sans être rénégat, *la illa, illa, la*, (il n'y a de Dieu que Dieu) ; mais il aurait apostasié s'il eût ajouté et reconnu que le seigneur Mohamed est le prophète de Dieu. Il lui parut plus vrai de dire que le seigneur Mohamed était un vieux soldat.

Cependant nous avons à déplorer la chute de quelques lâches chrétiens prisonniers ; l'un d'eux est mort dans son apostasie, et ses camarades indignés n'ont pas voulu l'enterrer dans ce qu'ils appelaient le cimetière des chrétiens ; mais ce qui est plus déplorable, c'est que ces renégats, heureusement en très-petit nombre, sont inexcusables, n'ayant été nullement forcés à renier la foi chrétienne ; Abd-el-Kader a formellement défendu de parler aux chrétiens prisonniers ou autres qui sont parmi ses Arabes, d'embrasser l'islamisme. Il a fait donner lui-même, un jour, cinquante coups de bâton à un Arabe qui avait parlé à un chrétien de se faire musulman. Ceux donc, qui ont forcé quelques chrétiens à *chéheder* sont quelques Kabaïles des montagnes, éloignés de l'autorité, et qui pouvaient ainsi impunément faire de l'arbitraire. Un des prisonniers notables, que je pourrais nommer au besoin, m'a dit que, dans un entretien qu'il eut lui-même avec Abd-el-Kader, il lui avait dit avec beaucoup d'abandon qu'il désirerait bien voir un prêtre catholique, pour discuter sur la religion chrétienne avec lui, et que, s'il était convaincu, il n'hésiterait pas à se faire chrétien. Celui qui m'a dit cela est un homme digne de foi ; du reste j'espère me convaincre par moi-même de la vérité de ces paroles, puisque Monseigneur compte m'envoyer bientôt auprès de cet homme extraordinaire, pour lui offrir des présents et lui demander la délivrance de tous les autres captifs européens qui sont encore en son pouvoir. Ce même prisonnier m'a dit encore, qu'Abd-el-Kader est un vrai admirateur des Français, qu'il méprise les apostats et les déserteurs; il dit que ceux qui ne sont pas fidèles à leur Dieu et à leur drapeau sont des hommes vils. Il a fait la remarque qu'il n'y a que des soldats de la légion étrangère qui désertent ou qui apostasient, presque pas de Français; nous valons donc mieux que notre réputation. Il a recommandé, sous peine de mort, à tous ses sujets de ne couper la tête qu'à ceux qui sont morts ou qui ont été tués en combattant; lui-même ne fait plus couper la tête à ses sujets condamnés à mort; il les fait fusiller. C'est un progrès vers la civilisation. Du reste, il n'y a qu'une voix parmi tous les prisonniers pour chanter les louanges d'Abd-el-Kader; tous se félicitent des bons traitements qu'ils en ont reçus, et ce que quelques-uns ont eu à souffrir sont des faits particuliers, isolés, qu'Abd-el-Kader n'a pu connaître; car il en aurait certainement puni les auteurs; aussi n'est-on plus généralement aussi effrayé de tomber entre les mains des Arabes. Les chefs de l'armée n'en sont pas contents, parce qu'ils craignent que leurs soldats ne combattent plus avec autant de courage, dans l'idée qu'on ne leur fait pas de mal s'ils sont prisonniers; ils craignent même que cela ne favorise les désertions.

Aussi quelques-uns, sous le rapport politique, n'ont pas vu, je crois, d'un bon œil cet échange de prisonniers. Pour nous chrétiens, nous prêtres, nous voyons, dans ce fait merveilleux, une double question résolue. D'abord, vous savez les craintes de ce qu'on appelle la France, ou plutôt des hommes de peu de foi, sur notre ministère au milieu des Musulmans. On pensait que notre présence en Algérie éloignerait peut-être les indigènes des Français et pourrait devenir le prétexte au moins d'une éternelle guerre. De là, ces recommandations, cette surveillance ridicule sur ce qu'on est convenu d'appeler l'esprit de prosélytisme.

Et voilà que, par ce fait éclatant, cette question est résolue en notre faveur. Elle l'était déjà depuis longtemps, si on avait voulu seulement donner quelque attention à ce qui s'est passé dans les différentes circonstances où Monseigneur a été en relation avec les indigènes, et à ce qui se voit dans la province de Constantine, depuis que notre sainte religion y a paru avec tous les biens qu'elle apporte avec elle. Ensuite, cet acte de bienfaisance et d'humanité, l'heureux retentissement qu'il a eu parmi ces nations barbares, les conséquences étonnantes qu'il a eues, et qu'il aura encore si on ne s'efforce pas de les détruire, prouvent d'une manière bien victorieuse que notre sainte religion est essentiellement civilisatrice.

Quel contraste pourtant entre les deux puissances qui se disputent la domination de l'Algérie et qui veulent la civiliser. D'un côté, la puissance matérielle, la force brutale qui détruit, et de l'autre la puissance morale qui édifie. Voyez plutôt, elles se sont manifestées l'une et l'autre par leurs œuvres; qu'on juge maintenant de l'arbre par son fruit; et pourtant, l'une ne fait que paraître, on la laisse agir à peine, et l'autre fonctionne librement et avec force depuis plus de dix ans, *Nisi Dominus œdificaverit domum, in vanum laboraverunt qui œdificant eam.* O France! auras-tu donc toujours des yeux pour ne rien voir?

Je vous ai déjà annoncé mon retour d'auprès d'Abd-el-Kader; j'ai pris des notes sur ce voyage et sur cette mission si belle et si extraordinaire. Je tâcherai de les mettre en ordre et de vous les envoyer dans une lettre suivante.

Votre bien affectionné,

SUCHET, *Vic. gén.*

Marseille, le jour de Saint-Martin 1841.

Mon respectable ami,

J'ai bien tardé de vous écrire la relation de mon voyage auprès d'Abd-el-Kader.... plus de quatre mois. Vous savez la cause de mon retard, cette longue et dangereuse maladie que j'avais rapportée de cette course fatigante et dont je ne suis pas encore bien remis. Ce long intervalle et cette maladie ne m'ont pourtant pas fait perdre de vue les principaux détails de ce singulier voyage. J'avais pris des notes sur tout ce qui me paraissait digne d'intérêt; il me sera donc facile de les mettre en ordre et de vous les envoyer. D'ailleurs, c'est un événement unique, sans doute, dans ma vie, et dont je ne peux oublier même les plus légères circonstances.

Quinze jours s'étaient écoulés depuis le premier échange de prisonniers; notre joie n'était pas complète; on savait qu'il était resté des nôtres à Tlemcen, capitale des États d'Abd-el-Kader, mais on en ignorait le nombre, lorsque le 6 juin nous arriva le bulletin de la colonne expéditionnaire de Mostaganem, commandée par le général-gouverneur. Ce bulletin nous annonçait la prise de Mascara et contenait les noms de cinquante-six prisonniers français qu'on avait trouvés inscrits sur les murs d'un fort de cette ville. En tête de ces noms écrits par les prisonniers eux-mêmes, était une croix, et au-dessous ces mots : *Nous ne savons pas où nous allons... A la garde de Dieu !* A la vue de cette liste, mon cœur battait bien fort. Je dis à Monseigneur : « Si vous vouliez m'envoyer à la recherche de ces pauvres captifs, je ne reviendrais qu'avec eux ; dussé-je aller les chercher à Tlemcen et les demander à Abd-el-Kader lui-même.» Monseigneur le désirait plus ardemment que moi, et notre espoir de réussir était d'autant mieux fondé, qu'il était convenu avec le khalifat qu'on nous rendrait tous nos prisonniers, à condition que nous lui rendrions quelques-uns des leurs qui étaient restés écroués à la prison d'Alger. Monseigneur avait déjà écrit au général Bugeaud pour lui demander la délivrance de ces prisonniers arabes réclamés ; et il attendait incessamment la réponse. Il attendait aussi les présents qu'il faisait venir de France, pour Abd-el-Kader, et qui devaient être comme la rançon de nos pauvres captifs. Et ce jour-là même les présents arrivèrent, ainsi qu'une lettre du gouverneur-général qui mettait en liberté les huit prisonniers demandés. Dès lors mon voyage fut décidé.

J'allai à l'hôpital du dey annoncer cette bonne

nouvelle à un des principaux prisonniers arabes qui s'y trouvait malade. C'était l'ex-khodjà (secrétaire) de Ben-Salem, celui qui a écrit au khalifat la lettre que je vous ai envoyée dans mon dernier journal. Il me serra fortement contre son cœur; la santé lui revint aussitôt. J'avais l'ordre de sa délivrance immédiate, en sorte que je l'emmenai de suite à l'évêché, où il passa la nuit. Il ne se possédait pas de joie en embrassant la main de Monseigneur. En allant à l'hôpital, j'étais entré dans le jardin des condamnés, où travaillaient les autres prisonniers arabes, pour les prévenir que le lendemain leurs fers tomberaient et qu'ils partiraient avec moi; que j'étais chargé de les rendre à leurs tribus et à leurs familles. Ils avaient peine à croire à leur bonheur; ils étaient stupéfaits et pleuraient de joie. Le lendemain, au point du jour, je cours à la prison avec un serrurier qui brise leurs fers. Les voilà libres; ils me suivent à l'évêché. Monseigneur les reçoit avec attendrissement et leur fait servir à manger, pendant que, de sa part, je vais leur acheter à chacun un burnous. En un instant les burnous sont distribués. Mon cheval est prêt, je vais à l'église recommander à Dieu le succès de cette belle et si importante mission; je me prosterne au pied de l'autel de Marie pour en obtenir aide et secours, et me voilà parti avec mes huit prisonniers arabes, mon interprète et deux petits Maures qui conduisent le mulet chargé de présents destinés à Abd-el-Kader.

Quel délicieux moment que celui de ce départ ! Je suivais, le cœur plein de joie, la bruyante rue de Chartres ; Monseigneur, monté sur sa terrasse pour nous voir partir, nous donnait une dernière bénédiction, et la foule de gens de différentes nations que nous traversions, se rangeait sur le passage des prisonniers, et semblait nous regarder avec admiration. Dans le premier moment d'exaltation, nos prisonniers marchaient assez bien ; mais bientôt leurs jambes, écorchées et affaiblies par les chaînes qu'ils avaient traînées, quelques-uns depuis deux ans, refusent de les porter. Je fis monter tour à tour les plus fatigués sur mon cheval, jusqu'à ce que nous eussions rencontré les prolonges d'un convoi militaire qui allait à Blidah. L'officier qui le commandait eut la bonté de permettre à nos prisonniers fatigués de monter dans ces prolonges. Nous arrivâmes ainsi à Douera où nous fîmes une halte de deux heures. Je conduisis mes prisonniers auprès de la modeste église de St-Antoine, construite en planches ; c'est là que je les fis asseoir à l'ombre d'un grand arbre pour s'y reposer et prendre leur petit repas. Ces pauvres Arabes étaient contents ; ils se trouvaient bien auprès de la *djema roumia* (église des chrétiens). Hé ! n'est-ce pas la maison de tous, la maison de la grande famille humaine ?

Le duc de Nemours se trouvait ce jour-là à Douera ; il s'était détaché de la colonne du général

Bugeaud pour venir voir son frère, le duc d'Aumale, qu'il ne put voir parce qu'il était retenu près de Médéah, où il commandait le 17e léger, dont il venait d'être fait colonel. Le duc de Nemours donc, passa justement devant l'église au moment où j'y étais avec mes prisonniers. Il nous vit tous assis par terre ; il s'arrêta un instant et me fit avec la main un signe de satisfaction. Le général Debar, qui l'accompagnait, vint à moi ; il me félicita sur ma belle et bien périlleuse mission, loua mon dévouement, et me souhaita, avec émotion, qu'il ne m'arrivât rien de fâcheux, et enfin tout le succès que je pouvais désirer.

A Douera, je rencontrai aussi le père Rigaud, aumônier de l'armée de l'est, commandée par le général Baraguay-d'Hilliers. Il allait rejoindre, après huit jours de congé, le gros de la colonne restée à Médéah. Nous nous séparâmes à Bouffarik : lui resta l'aumônier du camp français, et moi je devins l'aumônier du camp des Arabes, deux camps ennemis qui allaient combattre l'un contre l'autre. Aussi, je disais à nos officiers français : « Je vais passer dans le camp ennemi ; épargnez-moi si je tombe entre vos mains. » (J'y suis tombé, en effet, comme vous le verrez plus tard.)

Nous partîmes à quatre heures du soir de Douera, et nous arrivâmes à la chute du jour à Bouffarik. Un envoyé du khalifat d'Abd-el-Kader m'attendait là. Je le chargeai de porter de suite au kaïd des Hadjoutes une lettre que je lui écrivais pour le prévenir de mon arrivée avec huit prisonniers arabes. Le lendemain, le kaïd m'envoya un guide qui devait me conduire dans l'endroit où il campait avec sa belliqueuse et si redoutable tribu. J'eus le bonheur encore de célébrer la sainte messe à Bouffarik, avant de partir; je demandai à Dieu que mon voyage pût un peu contribuer à le faire connaître et glorifier chez ces pauvres peuples que j'allais visiter.

Je voulus emporter avec moi une petite provision de remèdes pour les maladies les plus communes parmi les Arabes, telles que les fièvres, les maladies de peau, les ulcères et la teigne pour les enfants; car je savais, par l'expérience que j'en avais faite à Constantine, combien l'exercice de cette espèce d'œuvre de charité donne de la considération et de l'influence chez les Arabes. D'ailleurs, ils sont persuadés que tous les *babas roumi* (prêtres chrétiens) sont médecins.

Un jeune docteur, M. Girard, major de l'hôpital militaire de Bouffarik, qui se consacre aussi avec un dévouement sans bornes au secours des pauvres colons malades, s'empressa avec plaisir de m'improviser ma petite pharmacie : il me fournit différents remèdes en y joignant une petite instruction sur la manière de les employer.

Tous ces petits préparatifs achevés, je pris congé du colonel commandant supérieur du camp, qui me vit partir avec une certaine crainte; j'embrassai bien cordialement le bon curé de Bouffarik en me recommandant à ses prières, et je me mis en route, seul avec mon interprète, mon guide arabe et mes prisonniers.

Un quart d'heure après, j'avais franchi les lignes françaises; j'étais au pouvoir des Arabes.... Mon rôle était changé; mes prisonniers étaient libres et moi j'étais leur prisonnier. Je vis avec une agréable surprise en passant dans le lieu où s'était fait le premier échange, de grosses pierres placées par les Arabes, comme pour consacrer la mémoire de ce touchant événement. Voilà qui est biblique.

Cent pas plus loin, un fort détachement de cavaliers Hadjoutes, embusqués derrière de hautes broussailles, viennent, ventre à terre, à ma rencontre, le fusil en avant, la lance au dos et le yatagan pendu au cou. Quoique j'eusse déjà vu de semblables charges arabes, je ne pus me défendre d'un premier sentiment de frayeur, en pensant que j'étais absolument seul au milieu de ces farouches et acharnés ennemis des Français, comme un agneau au milieu des loups; je fis à Dieu, dans ce moment rapide, le sacrifice de ma vie. Ce sacrifice me coûta un peu; mais une fois fait, il s'établit un calme parfait dans mon âme; aucune inquiétude de ce genre ne me vint même pendant tout mon voyage.

Il m'était facile d'apercevoir au ton brusque, au

regard impérieux de quelques-uns des plus sauvages de cette troupe que j'étais en leur pouvoir et bon plaisir. Je soutins pourtant mon personnage, et ma confiance leur imposa. Un peu plus loin, je vis arriver les parents et les amis de mes prisonniers, qui venaient au-devant d'eux. Leur rencontre et leurs embrassements eurent quelque chose de touchant; ils avaient amené pour eux des chevaux et des mulets, avec quelques petites provisions de vivres.

Déjà les prisonniers sont sur leurs montures; on leur distribue à manger, on m'offre aussi une espèce de pâte cuite à l'huile, semblable à peu près à ce qu'on appelle en France des crêpes, et quelques dattes que je mangeai comme eux en continuant notre route. Alors cette joyeuse compagnie entonne, sur un air national, le chant de la délivrance et d'autres couplets dialogués selon leur usage.

Les prisonniers nous eurent bientôt quittés pour prendre le chemin de leur tribu. Aucun d'eux, pourtant, ne s'en alla sans venir me faire ses remerciements et ses adieux; je restai seul avec une escorte beaucoup trop imposante, et j'arrivai à la nuit tombante auprès des tentes du Kaïd des Hadjoutes, dressées sur les bords d'un lac, près du tombeau de la chrétienne (*Qbr-Roumia.*) Ce chef puissant, beau-frère du khalifat, est, comme tous les autres grands chefs de cette guerre sainte, un homme de trente et quelques années. Il m'attendait et me reçut comme un personnage important ; je ne fus pas traité avec autant de distinction dans tout mon voyage. Il m'avait fait dresser une belle tente sous laquelle étaient étendus de superbes tapis ; il me donna une garde d'honneur et des domestiques de sa maison pour me servir. Je me reposais depuis quelques instants sous ma tente, lorsqu'on vint me dire que le Kaïd avait un mal de jambe qui l'empêchait de venir me visiter, et qu'il me priait d'aller le trouver moi-même. Je me rendis à sa tente, muni de remèdes pour le soulager ; il me reçut fort gracieusement. Après les compliments d'usage et quelques paroles échangées sur le but de mon voyage, je lui demandai la permission de voir sa jambe, lui disant que j'avais apporté avec moi des remèdes qui pourraient lui faire du bien ; il accepta mon offre avec reconnaissance. Le pansement fait, je ne prolongeai pas ma visite ; car je le voyais fatigué et soucieux.

Je passai tranquillement la nuit dans ma tente, malgré les causeries bruyantes de mes gardes qui m'empêchaient un peu de dormir. De grand matin j'étais sur pied pour aller visiter le *Qbr-Roumia* (le tombeau de la chrétienne). Ce monument antique, car c'est un vrai monument, quoi qu'en disent quelques historiens mal informés, et malgré les légendes insignifiantes, fabuleuses, j'ajouterai même scandaleuses, de nos modernes voyageurs en Algérie, qui veulent tout expliquer sans le secours de l'archéologie chrétienne ; le tombeau de la chrétienne, dis-je, n'en est pas moins et demeurera toujours un monument chrétien, dont l'origine remonte à ces temps dont parle Tertullien, où les chrétiens remplissaient l'empire romain tout entier. Des preuves matérielles l'attestent.

Il s'élève au bord de la mer, sur une petite colline qui est la continuation de cette partie de terre accidentée qu'on appelle le Sahel, et qui s'étend depuis la Maison-Carrée, près d'Alger, jusqu'à la montagne de Chénouan, à quelques lieues de Scherchell. Il est construit, mais sur une plus grande échelle, dans les mêmes formes que les nombreux tombeaux que j'ai vus à Scherchell (qui n'est qu'à cinq ou six lieues de là), lesquels ont été reconnus, par tous les archéologues qui les ont visités, pour des tombeaux chrétiens. Sa forme est pyramidale; je ne pourrais pas bien vous déterminer sa hauteur, ni la largeur de sa base, qui est en partie enfoncée dans la terre. Sur les côtés, on remarque la place des incrustations ou revêtements en marbre qui ont été enlevés, et sur lesquels étaient sans doute quelques bas-reliefs ou inscriptions. On le voit de très-loin en mer, ainsi que de tous les points de la plaine de la *Mitidja*, des sommets et du versant nord de la première chaîne de l'Atlas.

J'ai demandé ce que c'était que ce monument aux Arabes Hadjoutes, qui habitent cette contrée depuis plusieurs siècles, et chez qui la tradition orale se conserve si bien, puisqu'ils n'ont pas de livres; ils m'ont tous répondu que c'était le *tombeau de la chrétienne*, monument très-célèbre dans tout le pays par son antiquité et par les prodiges surprenants qui s'y sont opérés. Et ils me racontaient de fabuleuses et effrayantes punitions arrivées à ceux qui ont voulu, de tous temps, violer ou détruire ce tombeau. Quoi qu'il en soit de leurs légendes, qui se ressentent de la superstition à laquelle ils sont très-enclins, toujours est-il vrai que les Arabes ont pour ce monument un très-grand respect, et qu'ils assurent que c'est le tombeau d'une *chrétienne puissante* et regardée comme sainte par les chrétiens qui ont habité ou sont venus visiter ce pays.

J'aime donc mieux m'en tenir aux dires naïfs des Arabes qu'aux légères et dérisoires recherches de quelques archéologues français, qui parlent de ce monument sans l'avoir vu peut-être, ou qui ne l'ont vu que de loin; car ce point a toujours été le centre de réunion de la belliqueuse et féroce tribu des Hadjoutes, qui tient ici, depuis dix ans, la puissance française en échec.

Je partis avec le guide que m'avait donné le kaïd des Hadjoutes pour me conduire au camp du khalifat, qui était de l'autre côté de la première chaîne de l'Atlas, près le Schélif, entre Médéah et Milianah. A peine avais-je fait une lieue et demie que je rencontrai des cavaliers arabes, porteurs d'une lettre du khalifat au kaïd des Hadjoutes, touchant mon voyage, dont il avait été déjà instruit. Ils voulurent me faire rebrousser chemin pour retourner avec eux chez le kaïd, prétendant que je ne pouvais pas aller auprès du khalifat et encore moins auprès d'Abd-el-Kader; que le sultan et son khalifat étaient obligés de combattre contre les deux colonnes françaises, l'une qui s'avançait sur le Schélif, et l'autre qui ravageait et brûlait tout aux environs de Mascara; qu'il n'était pas convenable ni même prudent qu'un Français voyageât dans leur pays ainsi tourmenté de deux côtés par deux armées françaises. Je vis le moment où je ne pourrais pas aller plus loin. En effet, ma position était plus que critique, elle était dangereuse, et c'était une espèce de témérité que de vouloir passer outre.

Mais il me semblait entendre les plaintes des cinquante-six malheureux prisonniers qui attendaient leur délivrance et enduraient peut-être des souffrances inouïes... J'insistai donc pour continuer ma route, et je dis que je voulais voir le khalifat; que j'avais pour lui des lettres de Monseigneur, que je devais lui remettre en main propre. On ne m'écoutait pas, et on voulait me faire retourner au moins chez le kaïd des Hadjoutes pour m'expliquer. Je ne cédai pas; j'y envoyai seulement mon interprète; je descendis de cheval et m'assis près de deux tentes isolées, pour attendre la réponse du kaïd.

Pendant ce temps-là, les habitants de ces deux tentes vinrent causer avec moi : je distribuai des remèdes à des femmes et à des enfants malades, et ces pauvres gens m'apportèrent par reconnaissance un bon plat de couscous, le meilleur que j'aie mangé dans tout mon voyage. Un petit garçon d'une tribu voisine, qui avait été témoin de mes pansements, courut aussitôt l'annoncer à sa tribu par où je devais passer. Vous verrez bientôt ce qui en résulta.

Trois heures s'étaient écoulées, et je ne voyais pas revenir mon interprète; je commençais à être inquiet. Je recommandai de nouveau le succès de ma mission à la sainte Vierge : je la priai d'aplanir les difficultés et de rendre heureux mon voyage; je lui adressai avec l'Eglise cette belle prière, changeant toutefois le sens du mot *reis*, que j'appliquais à nos pauvres prisonniers : *Solve vincla reis, Profer lumen cœcis, Mala nostra pelle, Bona cuncta posce; Iter para tutum*.... Dès lors, il ne se présenta plus aucun obstacle, comme vous le verrez par la suite. J'aperçus de loin mon interprète et mon guide qui revenaient; j'en tirai bon augure. En effet, le kaïd, après avoir lu la lettre que lui écrivait le khalifat, eut quelques moments d'hésitation ; puis il dit à mon interprète que nous pouvions partir, mais qu'il ne répondait pas que nous pussions arriver jusqu'auprès du sultan Abd-el-Kader.

Je remonte joyeusement à cheval, et nous nous enfonçons dans la gorge des montagnes de l'Atlas. Une heure après, nous arrivons à cette tribu que le petit garçon avait soulevée tout entière. Elle venait en masse à ma rencontre : les femmes portaient leurs petits enfants malades entre leurs bras ; d'autres malades s'étaient fait apporter sur la route ; plusieurs s'y étaient traînés eux-mêmes comme ils avaient pu ; tous me demandaient de les guérir... J'étais confus et attendri jusqu'aux larmes....; je me représentais le touchant spectacle que l'on admirait, lorsque le Sauveur du monde passait dans les bourgades de la Judée, guérissant les malades et faisant du bien à tous... *Transiit benefaciendo*.. Je me rappelais surtout la mission des apôtres, que Jésus envoyait, comme son Père l'avait envoyé lui-même, pour opérer les mêmes prodiges, et je me disais : Qui suis-je ? et que fais-je ? la moisson paraît mûre et abondante, mais où sont les ouvriers ?.... Et je gémissais de mon indignité et de mon impuissance, ainsi que des difficultés que mon peu de foi, sans doute, me faisait entrevoir dans une mission parmi ce bon peuple.

Cependant mon guide me pressait en me disant que nous avions beaucoup de chemin à faire ce jour-là ; je ne pus que donner quelques remèdes sans descendre de cheval à ceux qui se trouvaient le plus près de moi. Je leur promis pourtant que, si je repassais chez eux, je m'y arrêterais et que je serais tout à leur service... Ces braves gens me remercièrent et me souhaitèrent un bon voyage et un prompt retour. Cette scène se passait sur les bords de la rivière que l'on appelle Oued-Gei, espèce de torrent qui roule sur des rochers dans les gorges des montagnes. Nous la suivîmes en amont pendant longtemps, et la traversâmes quatorze fois. Rien de plus pittoresque et de plus sauvage que les bords de cette rivière. En sortant de ces gorges, nous gravîmes un col assez élevé, appelé le *Bou-Alouan ;* il fait partie d'une suite de monts élevés qui se prolongent jusqu'à Milianah, et qu'on nomme le Kautas ; il donne le nom à ce pays. Pour les tribus qui l'habitent, on les appelle les Bou-Alouan. Avant d'arriver à son sommet, nous aperçûmes, à notre gauche, quelques ruines, que l'on appelle *Bordj-Bou-Alouan*, ce sont les restes d'un vieux fort. Nous ne trouvâmes sur notre route aucune tente, aucun douar ; on avait fui dans la crainte des Français. Nous remarquâmes seulement de beaux champs d'orge et de blé. Enfin, après dix heures de marche, sans nous arrêter, à travers ces montagnes, nous arrivâmes, au coucher du soleil, au pied de leur versant sud, à l'entrée de la belle plaine du Schélif ; mon guide me conduisit dans un fond assez resserré où campait le khalifat avec son état-major seulement. Ses troupes se composent de ce qu'on appelle les cavaliers rouges ou réguliers, pour les distinguer des autres Arabes, qui ne sont au service militaire qu'en temps de guerre, et qui marchent et se battent toujours sans ordre. Ces cavaliers réguliers, donc, étaient disséminés à un quart de lieue de là, sur les hauteurs, pour observer les mouvements de l'armée française qui venait de quitter Médéah et s'avançait vers l'ouest.

Le khalifat, avec qui déjà, il n'y a que quelques semaines, j'avais traité du premier échange, parut me revoir avec plaisir. Il était assis, en costume de guerre, sous un énorme caroubier; point de tente; les Arabes n'en ont pas quand ils sont en campagne.

Nous conversâmes ensemble avec beaucoup d'abandon; il voulut plaisanter un peu sur l'armée française; je lui répondis avec dignité qu'il devait connaître la valeur de notre armée, et que bientôt, peut-être, elle les forcerait à pleurer. Les Arabes, en général, aiment à voir dans un Français cette liberté et cette fierté même dans le langage. Notre entretien devint plus sérieux : je lui dis que je venais chercher le reste de nos prisonniers qu'il devait nous rendre et que je désirais parler à Abd-el-Kader lui-même et lui remettre en main propre les lettres de Monseigneur. Il me répondit assez froidement qu'il ne savait pas où était Abd-el-Kader, ni où on avait conduit nos prisonniers; que si je me sentais le courage, il me donnerait un guide pour aller à leur recherche, mais qu'il me faudrait peut-être pousser jusqu'à Tlemcen, à quinze journées de marche du lieu où nous étions. Je lui dis que j'étais disposé à tout, Dieu aidant, et que je ne m'en retournerais pas sans emmener nos prisonniers, ou que je resterais avec eux, si on ne voulait pas me les rendre.

Me voyant ainsi déterminé, il convint avec moi que je partirais le lendemain de grand matin, et que nous irions ainsi, à la garde de Dieu, chercher Abd-el-Kader pour lui demander la délivrance de nos prisonniers. Je récitai ensuite mon bréviaire, pendant qu'on nous apprêtait à manger.... Nous avions grand'faim, notre repas fut simplement du mouton rôti, sans pain, et de l'eau tant que nous en voulûmes boire.... Nous couchâmes à la belle étoile, sous une touffe de lauriers-roses, qui nous garantissait un peu du vent, qui était très-fort cette nuit-là. Le lendemain au jour nous nous mîmes en route, le khalifat n'ayant pas pu déterminer de quel côté nous nous dirigerions. On nous avait conseillé de tourner du côté de Tekedempt que les Français avaient abandonné, après l'avoir brûlé et démoli. C'était une retraite assez sûre par la nature même des lieux. On pensait qu'Abd-el-Kader s'y serait peut-être retiré après la prise de Mascara : enfin nous voilà partis sans trop savoir où nous allons.

Maintenant faut-il vous dire tout ce que j'eus à souffrir dans le cours de ce voyage, non pas de mauvais traitements, ni même d'aucune parole offensante, mais de la sauvagerie de mon capricieux guide? C'était un gaillard d'une taille et d'une force athlétiques, vrai type de Bédouin qui, ne consultant ni mes forces, ni mes besoins, ni mes fatigues, ni même celles de mon cheval, qui mourut en route, me menait sans ménagement et sans pitié, comme si j'eusse été le plus robuste des Arabes du désert. Il me faisait cheminer tout un jour souvent sans aucun relâche, sous un ciel de feu, à travers les rochers et les précipices, ou au milieu de plaines brûlantes. Je ne pouvais pas même m'arrêter auprès de quelques ruisseaux fangeux, ou de quelque mare croupie, pour étancher la soif qui me dévorait. Souvent, ne pouvant plus le suivre à cause de mon excessive fatigue, il me laissait, sans s'en apercevoir sans doute, à une très-grande distance derrière lui, au risque d'être assassiné par les brigands ou voleurs, qui sont assez nombreux chez les Arabes. Ce brave homme m'était pourtant dévoué, c'était ce qu'on appelle *un bon enfant;* il ne se doutait pas le moins du monde qu'il me tuait en me conduisant ainsi; et lorsque je m'en plaignais, il riait et ne me croyait pas.... Il y eut des moments où j'étais tellement anéanti par la chaleur et la fatigue, que volontiers je serais resté là en attendant tranquillement la mort. Je comprends maintenant comment des soldats, des officiers même, dans les expéditions d'été, se sont brûlé la cervelle pour finir une souffrance vraiment désespérante pour celui qui n'est pas chrétien. Quelquefois pourtant nous nous arrêtions au milieu du jour dans quelque *douar,* où on nous offrait à boire et un peu à manger; mais le plus souvent nous ne faisions qu'un repas, sur le soir, dans le douar où nous devions passer la nuit; et ce repas n'était guère propre à réparer nos forces et à nous délasser des fatigues du jour. On nous donnait du *couscous*, toujours du *couscous*; c'est de la farine roulée avec un peu d'eau tiède, assez semblable à des grains de millet. On fait cuire cette pâte ainsi préparée avec de la graisse ou de l'huile; on place dessus quelques morceaux de viande, de mouton bouilli ou rôti, qui se conserve salé, comme la chair du porc en France; mais le tout d'une saleté dégoûtante; point de pain, on ne sait pas ce que c'est dans ces pays.

Notre boisson était constamment de l'eau boueuse et saumâtre; car l'eau est très-rare dans ces vastes plaines ou espèces de déserts. Quelquefois, par honneur, onx m'offrait du petit lait mêlé au trois quarts d'eau; c'est la boisson par excellence chez les Arabes. Je ne pouvais pas me plaindre, car ce qu'ils m'offraient était ce qu'ils pouvaient faire de mieux; ces Arabes, pour la plupart, ne vivent que d'un peu de blé écrasé et détrempé dans l'huile, ou d'un peu d'orge, comme leurs chevaux. Aucun fruit, aucun légume; pauvres gens! ils pensaient me traiter en grand seigneur. Dès que j'arrivais, les femmes de la tribu se rassemblaient pour me préparer ce repas extraordinaire, qui n'était servi qu'à onze heures, minuit. Point de lumière, on allumait seulement un grand feu au milieu du douar, avec du menu bois ou des herbes sèches: c'est auprès et à la lueur de ce grand feu que nous mangions et faisions nos petites causeries. Les

Arabes aiment beaucoup à raconter ou à entendre des histoires ; ils s'occupent aussi beaucoup, comme les Français, des affaires de l'État.

Ce serait un tableau à peindre que tous ces Arabes d'un douar, jeunes gens, vieillards, petits enfants, accroupis autour du feu, avec un prêtre, mangeant, causant avec lui jusqu'à ce que le dernier tison s'éteigne ; et dans un coin de ce tableau, des ombres de Bédouines s'agitant en toutes manières pour nous servir, ou tendant, à une certaine distance, la tête, pour nous voir et nous écouter ; puis des chevaux, des ânes, des moutons, etc., couchés pêle-mêle autour de nous ; et tout à fait dans le fond, quelques gourbis ou cabanes en branchages, et quelques tentes noires et déchirées. Inutile de vous dire que nous couchions toujours en plein air et sur la terre nue. Mon guide était assez attentif à nous faire arrêter le soir d'assez bonne heure dans les douars où nous devions passer la nuit. Il n'aurait pas voulu coucher loin d'un lieu habité, à cause des lions, qui sont assez communs dans le pays, et dont il avait grand'peur. Ce n'était pas sans raison ; il y a environ huit mois qu'un Arabe, suivant le même chemin que nous tenions alors, faillit être dévoré par un énorme lion. Cet Arabe était parti d'Alger pour porter à Tlemcen, à Abd-el-Kader, la première lettre de Monseigneur par laquelle il demandait seulement à l'émir la délivrance de M. l'intendant

Massot, son prisonnier. Dieu fit servir cette lettre à l'ouverture des négociations qui amenèrent plus tard l'heureux échange de tous les autres prisonniers. Dès notre arrivée aux douars, je profitais du plus ou moins de jour qui restait pour soigner les malades. C'était curieux de me voir au milieu de tous ces malades qu'on m'amenait de tous côtés, pansant leurs plaies, préparant le quinine, frictionnant leurs membres endoloris et distribuant enfin à chacun les remèdes que je pensais pouvoir leur faire quelque bien; et eux, ouvrant de grands yeux, la bouche béante, sans mot dire, tout ébahis de ce qu'ils me voyaient faire; puis, quand tout était fini, ils se retiraient avec peine en me bénissant. Voilà qui me dédommageait amplement des fatigues de la journée, et me les faisait oublier bien vite...

Mais revenons un peu sur nos pas; et entrons, si vous le voulez, dans le détail des petits incidents de mon voyage, en y joignant la description des pays que j'ai parcourus, autant qu'il est possible de faire de la topographie dans un pays duquel nous n'avons encore aucune carte exacte, et sur lequel on ne peut avoir aucun renseignement de ceux qui l'habitent; car je ne crois pas qu'aucun Français ait encore passé par là, excepté nos pauvres prisonniers.

Un quart d'heure après avoir quitté le camp du khalifat, nous passâmes au milieu de ses cavaliers réguliers, couchés çà et là à côté de leurs chevaux;

ils nouc regardaient passer avec curiosité ; le nombre en était tout au plus de huit à neuf cents Une heure après, nous étions sur les bords d'une petite rivière qui se jette non loin de là dans le Schélif ; en ce moment toute une tribu qui émigrait le traversait, avec ses tentes, ses bagages, ses chameaux, ses bestiaux de toute espèce ; nous dûmes attendre qu'elle eût traversé la rivière, pour passer nous-mêmes ; elle défila donc tout entière, comme en revue, devant nous ; les hommes, les femmes, les enfants même me saluaient avec respect et me disaient : *Bono, bono, que Dieu te bénisse.* Les plus curieux s'approchèrent de moi et me demandèrent où j'allais ; je leur dis que j'allais chercher nos prisonniers français auprès d'Abd-el-Kader. « Que Dieu t'accorde bon voyage et plein succès....! Pour nous, ajoutaient-ils tristement, nous fuyons... nous quittons nos belles campagnes ; car on dit que les Français approchent. » Je me rappelais alors ce vers qui me paraissait bien leur convenir :

Nos patriæ fines, et dulcia linquimus arva!

Et j'avais pitié de ces pauvres fugitifs ; pour eux, ils étaient résignés et me disaient en levant les yeux au ciel : *Dieu le veut !....*

Pendant tout ce jour-là et le lendemain, nous rencontrâmes à chaque pas de semblables émigrations. A partir du camp du khalifat, pendant plus d'une heure et demie, nous trouvâmes le terrain encore un peu accidenté. A l'entrée de la plaine, nous aperçûmes d'anciennes ruines ; enfin nous arrivons au bord du Schélif : c'est une rivière profondément encaissée ; elle prend sa source au sud, dans la province de Titérie ; elle traverse le lac de ce nom et coule d'abord à l'est, puis, vis-à-vis de Médéah, elle tourne à l'ouest, elle serpente à travers une vaste plaine à laquelle elle donne son nom, et se jette dans la mer en tournant brusquement au nord, aux environs de Mostaganem ; ses eaux sont jaunâtres et boueuses ; elle est du reste, comme toutes les rivières de l'Algérie, peu considérable en été, et devient très-forte et même dangereuse dans la saison des pluies. La plaine du Schélif est bornée, au nord, dans toute sa longueur, par cette première chaîne de l'Atlas, que nous avions traversée, et dont les montagnes, assez élevées d'abord, s'abaissent peu à peu, en avançant vers l'ouest, jusqu'à ce qu'elles s'effacent presque entièrement à l'embouchure du Schélif. Au sud de cette même plaine, sont d'abord les montagnes peu élevées et excessivement fertiles des Beni-Zeg-Zeg ; puis d'autres montagnes aussi peu élevées qui s'avancent dans la plaine qu'elles resserrent ou élargissent plus ou moins. Cette plaine, si on la mesure depuis le point où le Schélif, sortant des montagnes, commence à couler de l'est à l'ouest, à peu près à la hauteur du méridien de Médéah, jusqu'à son embouchure à la mer; cette plaine, dis-je, peut bien avoir cinquante lieues de longueur sur une largeur qui varie de deux, quatre ou cinq lieues; elle est coupée seulement de distance en distance par quelques accidents de terrain, ou quelques petites collines, qui partent de la chaîne de montagnes du sud; de ces espèces d'interruptions viennent les différents noms qu'on lui donne. Il est inutile de vous citer les divers noms donnés également aux deux chaînes de montagnes qui la bornent au sud et au nord, quoique les Arabes me les aient à peu près tous fait connaître.

Je n'avais pas fait deux lieues dans la plaine que j'aperçus à ma droite la ville de Milianah; elle est sur le versant sud du mont Zakar, qui domine toutes les autres montagnes de cette chaîne de l'Atlas, comme aussi Milianah domine et semble commander à toute la plaine du Schélif : elle n'est séparée de cette plaine que par un mamelon assez élevé, appelé mont Ambar, sur lequel elle semble être assise; je n'ai pu m'en approcher qu'à une lieue, de sorte que je n'ai pu la connaître ni visiter notre garnison française qui l'habite. Elle m'a paru assez grande; sa position est des plus belles que j'aie vues en Algérie. Elle était, l'année dernière, avant que les Français s'en fussent rendus maîtres, la résidence d'un bey, et ce bey c'était le fameux khalifat dont je viens de vous parler; les campagnes qui l'environnent sont très-fertiles; il y a surtout des fruits en abondance;

tout près aussi, il y a de riches mines de cuivre qui étaient exploitées, depuis le traité de la Tafna, par un industriel français, M. Cases; il vient de faire un mémoire remarquable sur les avantages que procurerait aux Français l'exploitation de ces mines et de celles qui se trouvent aux environs de Tekedempt, mais il voudrait, pour cela, la paix avec les Arabes. Il paraît, au reste, qu'il n'a qu'à se féliciter de la conduite des Arabes envers lui, depuis deux ans qu'il est au milieu d'eux; il fait surtout l'éloge d'Abd-el-Kader. Je ne sais s'il aurait pu profiter de l'échange des prisonniers pour rentrer chez les Français. Son homme d'affaires, jeune déserteur français, très-intelligent, resté comme lui chez les Arabes, et que j'ai vu dans une tribu, m'a dit qu'il n'était pas aussi heureux que lorsqu'il était à la tête de l'exploitation de ces mines de cuivre. Milianah est une ville ancienne appelée Manliana par Ptolémée, et Maliana dans l'itinéraire d'Antoini : les montagnes qui l'entourent s'appelaient les monts Garaphi. Saint Augustin, dans une de ses lettres à Deutiscus, évêque de *Julia Cæsarea* (*Scherchell*), lui signale *un diacre* de *Miliana* qui était tombé dans l'erreur des manichéens, pour qu'il le réconcilie avec l'Église, si ce diacre consent à faire connaître aux évêques, non-seulement tous les manichéens de Miliana, mais encore ceux de toute la province. (Tiré de l'*Africa christiana*).

Vers le milieu du jour, nous traversâmes le Schélif pour nous arrêter sous une tente isolée qui était sur la rive gauche. Des chefs arabes, dont plusieurs étaient de riches émigrés d'Alger, vinrent nous y trouver. Ils me rendirent tout l'honneur et le respect possibles. Quelques-uns faisaient partie du dépôt de l'armée du khalifat, campé à quelques lieues de là, au bout de la plaine du Schélif, près le pont Kantara, qui sert de limite entre les provinces d'Alger et d'Oran; plusieurs nous accompagnèrent jusqu'à ce dépôt, comme gardes d'honneur. Le chef de ce camp, qui était aussi un riche Arabe d'Alger, me reçut en homme qui avait longtemps vécu avec les Français; il me parut bien regretter de n'y pas vivre encore. Il me dit qu'il avait auprès de lui quatre prisonniers français, trois colons et un soldat, pris tout récemment, et qu'il allait me les faire venir pour que je les visse et leur donnasse quelques consolations. Ces pauvres captifs se mirent à pleurer en me voyant : je demandai qu'on les envoyât au khalifat, pour qu'il les mît en liberté; on me promit de le faire sur-le-champ : c'était la meilleure consolation que je pusse leur donner; je les engageai pourtant à offrir à Dieu leurs souffrances et à prier beaucoup, puisqu'ils en avaient le temps, et que la prière est un grand adoucissement dans toutes les peines de la vie. En les quittant je leur laissai quelque argent; leurs larmes étaient alors des larmes de joie! Je vis aussi des prisonniers arabes bien plus maltraités que nos Français ; ceux-ci au moins étaient libres et allaient partout où ils voulaient, dans le camp et aux environs, tandis que les prisonniers arabes étaient tous enchaînés par le cou à une même chaîne, au nombre de vingt, et très-près les uns des autres.

Nous nous arrêtâmes peu dans ce camp, où l'on nous donna une tasse de café, la seule que j'aie prise dans mon voyage, excepté pourtant chez l'agha Ben-Aratch, dont je vous parlerai plus loin. Nous laissâmes à notre droite le Schélif et son pont célèbre, qui unit les deux provinces d'Alger et d'Oran, pour traverser une petite montagne appelée le mont Doué, derrière laquelle se retrouve encore la plaine et le Schélif. A une lieue de là, nous vîmes des ruines romaines assez considérables, c'étaient des restes d'arceaux qui avaient appartenu à quelque grand édifice, des pans de murailles assez élevées. Ces ruines pourraient être la ville de Tinice dont parle Ptolémée ; l'*Africa christiana* cite plusieurs évêques de cette ville. Nous abandonnâmes ensuite un peu la plaine, et nous tournâmes dans les montagnes appelées Abid par les Arabes ; nous nous enfonçâmes dans les bois pour aller coucher dans un pauvre douar de la tribu des Abid ; à mon arrivée on m'apporta aussitôt des enfants malades, et ces braves gens voulurent que j'allasse aussi visiter d'autres malades, sous leurs pauvres gourbis ; ils m'apportaient, pour m'y engager, des œufs et des petits poulets, c'était toute leur richesse. Des jeunes gens, des femmes et des filles vinrent aussi me tendre la main pour que je leur disse leur bonne aventure ; ils me priaient aussi de leur écrire quelques talismans pour les préserver de malheurs et pour obtenir ce qu'ils désiraient ; dans presque toutes les tribus où je m'arrêtais, on me faisait les mêmes demandes. Les Arabes ont une très-grande confiance dans ces talismans ; ce sont de petits morceaux de papier sur lesquels sont écrits, d'ordinaire, quelques mots du Koran, ou simplement ce qui vient à la tête de l'écrivain ; ils plient très-soigneusement ces écrits, et les cousent dans un petit sachet de peau qu'ils portent toujours sur eux, soit au cou, soit au bras, ou dans la calotte de leur turban. Mon guide me fit voir le fond de sa calotte qui en était garni, il m'en fit surtout remarquer un qui lui avait, disait-il, sauvé la vie, en émoussant le coup de sabre qu'un Français lui assénait sur la tête, et qui ne lui fit qu'une large entaille qu'il me montra ; il tenait tellement au merveilleux petit sachet, qu'il ne me l'aurait pas cédé, disait-il, pour mille douros, 5000 fr.

Presque tous les écrivains ou savants parmi eux spéculent sur la crédulité et la superstition de ces pauvres ignorants, et leur vendent très-cher ces talismans. J'ai trouvé même plusieurs transfuges français qui ne rougissaient pas de se livrer à cette honteuse supercherie et qui avaient gagné beaucoup d'argent en fabriquant des talismans.

Partout où nous passions j'étais un objet de curiosité et de respect... : je suis *babas* (prêtre) et Français, c'en était assez ; ma robe noire, mon rabat, ma ceinture, et surtout le Christ qui brille sur ma poitrine, tout, jusqu'à ma tonsure et la coupe de mes cheveux, fixait leur attention et provoquait mille questions de leur part ; ils veulent tout toucher et savoir comment cela s'appelle, ce que cela signifie ; il faut leur dire mon pays, ma manière de vivre, etc. En vérité, ce sont de grands enfants ; ma montre les émerveillait aussi, ils ne pouvaient comprendre d'où venaient son petit bruit et le mouvement de ses aiguilles.

Le lendemain et les jours suivants, nous parcourûmes de plus vastes plaines que celles que nous venions de quitter, en suivant presque toujours le cours du Schélif. Nous traversâmes les Beni-Atof, les Beni-Skhriz, les Ouled-Abbés, etc. A la hauteur de Ténés, je remarquai une assez grande quantité de ruines et les restes d'un pont sur le Schélif. Dans la carte de *l'Africa christiana*, c'était là l'emplacement d'une ville appelée par Antonin, dans son itinéraire, *Cartali*. Elle eut un évêque nommé *Arator*, qui fut exilé par Huneric, roi des Vandales, avec les autres évêques qu'il avait convoqués à Carthage, en l'an 484. En arrivant chez les Beni-Skhriz, tribu nombreuse et presque toute réunie au pied d'une longue colline, sur les bords du Schélif, tous les habitants couraient après nous, le marabout à leur tête, en me demandant la paix! la paix ! Ils savaient déjà que j'allais auprès d'Abd-el-Kader, et ils me conjuraient, par l'organe de leur marabouth qui me baisait les mains avec une sorte de frénésie, de demander la paix; que la guerre les rendait trop malheureux... Chez les Ouled-Abbés, la plus forte, la plus riche et la plus belliqueuse tribu de ces contrées, c'était à peu près les mêmes démonstrations. L'agha, ou ministre de la guerre, habite cette tribu; c'est le fameux Miloud-Ben-Aratch, beau-frère d'Abd-el-Kader, dont je vous ai parlé dans ma lettre précédente. Il me reçut en grand seigneur. Il me fit dresser une superbe tente et apporter de riches tapis et de beaux coussins pour nous asseoir. Il vint nous rendre visite tout à fait comme un prince français. Il ne put pas nous dire où était le sultan son beau-frère. Il me paraissait être bien fatigué de cette guerre sainte. Il venait de refuser, m'a-t-on dit, de conduire sa cavalerie à Abd-el-Kader. Il a à son service, depuis quelques années, deux Allemands transfuges de la légion étrangère, bons catholiques. Ils se sont creusé dans un rocher tendre, comme ceux de Rochecorbon, une grotte qui leur sert de logement, et au fond de laquelle ils ont sculpté une petite chapelle à colonnes avec un Christ aussi taillé dans la pierre. Ils ne craignent pas d'introduire les Musulmans dans cette espèce de sanctuaire et de prier devant eux. Ils sont très-estimés de tous, surtout de leur maître Ben-Aratch, parce qu'ils sont fidèles observateurs de leur religion. Je leur donnai des médailles de la sainte Vierge qu'ils reçurent avec des transports de joie ; ils les suspendirent de suite à leur cou, et allaient partout les montrer aux Arabes. Ces transfuges m'apprirent beaucoup de choses importantes touchant les dispositions de leur maître et d'autres chefs arabes dans cette guerre avec les Français : choses que je ne puis vous dire ici. Le fils de Ben-Aratch, beau jeune homme de vingt-un ans, ne nous quitta pas un seul instant : il vint nous accompagner le lendemain pendant plus de deux heures de chemin. Partout sur notre route nous trouvions des Kabyles qui coupaient leur orge; d'aussi loin qu'ils nous voyaient, ils accouraient avec leur grand tablier de peau devant eux et leur petite faucille à la main, et comme notre guide nous précédait toujours à une certaine distance, ils lui demandaient qui j'étais et où j'allais, et lorsqu'ils apprenaient que j'étais marabouth français, et que j'allais auprès du sultan Abd-el-Kader, ils me regardaient passer avec joie et avec un certain respect; beaucoup m'exprimèrent ces sentiments par leurs gestes et par leurs paroles.

A toutes les demi-lieues, nous trouvions des douars. Ces déserts sont bien plus peuplés qu'on ne le croit.

Il est vrai que les nombreux habitants des villes

que les Français ont prises, telles que Milianah, Médéah, Mascara, et depuis plus longtemps celles de Colléah, Blidah, Scherchell, etc., voire même une très-grande partie des habitants d'Alger et d'Oran, errent maintenant dans ces vastes solitudes, logeant sous des tentes et vivant très-misérablement. Je lisais sur le *Moniteur Algérien* du 9 août dernier, le cinquième état indicatif des propriétaires indigènes émigrés d'Alger seulement, et dont les biens ont été séquestrés. Cette liste s'élevait au nombre de deux cent sept chefs de familles, qui tous avaient des femmes, des enfants, des esclaves qui les ont suivis. Il n'est donc pas étonnant de voir cette partie de l'Algérie si bien habitée; et je ne suis plus surpris quand on parle des nombreuses troupes qu'Abd-el-Kader peut mettre sous les armes. Il n'en est pas ainsi des provinces de Constantine et de Bône, où il y a eu très-peu d'émigrations. Aussi les tribus dans ces contrées sont-elles moins multipliées, et conséquemment les solitudes plus désertes. J'ai souvent parlé à ces bannis des villes, qu'il m'était facile de distinguer à leur teint plus blanc, plus délicat, à leur costume élégant et différent de ceux des Bédouins (habitants des campagnes). Ils étaient en général profondément tristes. Ils regrettaient leurs maisons, les habitudes de la cité, leurs fêtes, leurs plaisirs, et déploraient plus que les autres les malheurs de la guerre, tout en s'y soumettant comme eux avec une parfaite résignation, en disant : Dieu l'a voulu !... Avis aux chrétiens malheureux.

J'ai remarqué aussi, dans toutes ces tribus que j'ai traversées, beaucoup d'hommes jeunes et robustes, de nombreux et superbes chevaux ; et pourtant la guerre sainte était flagrante..; deux armées françaises ravageaient leur pays : je ne puis m'expliquer cette tranquille inaction.

Le jour de la Fête-Dieu, il m'arriva de traverser un bois très-désert ; mon guide et mon interprète étaient loin devant moi. C'était au lever du soleil. J'étais transporté en France, à Tours, par ma pensée, comme il m'arrive souvent. « Dans quelques heures, me disais-je, la procession générale du Saint-Sacrement. Quelle foule de chrétiens !.... Quelle pompe !... Et je suis dans un désert, au milieu d'un peuple infidèle... » Un sentiment indéfinissable de tristesse et de joie vint m'absorber tout entier. Je fus porté naturellement à m'unir aux fidèles des Carmes, qui entendaient en ce moment la sainte messe, et surtout au prêtre qui la célébrait. Hélas ! souvent j'ai été privé du bonheur de célébrer la sainte messe, même le dimanche ; alors il y a obligation pour moi de m'unir d'esprit et de cœur aux simples fidèles qui assistent au saint sacrifice qui se célèbre dans tout le monde chrétien. Cette manière d'entendre la sainte messe a quelque chose de bien touchant, mais ce jour-là c'était une suavité de sentiment extraordinaire... Je suivis ensuite de cœur et d'âme cette procession de Saint-Gatien, et dans les transports de ma joie, je chantai *l'Ave verum*, le *Pange lingua* et ce que je pouvais savoir par cœur des autres hymnes que l'Église chante pour cette sainte solennité. Je chantai aussi plusieurs fois dans mon voyage le *Credo*, comme pour faire ma profession de foi au milieu de ces pays infidèles. Ce *Credo*, ces hymnes de notre sainte Église que seul, tout seul, je faisais entendre dans ce silence du désert, me pénétraient l'âme et la jetaient dans un saint enthousiasme.

Vous voyez que le bon Dieu sait aussi semer quelques fleurs dans l'aride sentier qu'il me fait suivre. Huit jours après, en traversant une autre solitude, j'assistais à la procession des Carmes...; pour ce qui se passa alors dans mon âme, c'est un secret que Dieu seul doit connaître.

Nous avions quitté les vastes plaines du Schélif pour tourner au sud vers Tekedempt, où on nous avait dit que nous trouverions Abd-el-Kader avec nos prisonniers occupés à reconstruire cette espèce de fort que les Français avaient détruit il y a un mois. Mais, arrivés près de là, on nous dit que le sultan n'y était pas, et qu'on n'avait pas vu nos prisonniers français. On ne sut pas nous dire non plus où était allé Abd-el-Kader. Quelques-uns nous disaient qu'il était à Tlemcen, sa ville capitale, à plus de soixante lieues de là ; d'autres, qu'il s'était retiré au grand désert. Mon guide était tout découragé; il me paraissait désespérer de trouver le sultan, et parlait déjà de me faire rebrousser chemin. Je lui dis alors avec fermeté : « J'ai ordre d'aller auprès du sultan, j'irai le chercher au fond du désert s'il le faut, et je lui dirai que tu n'as pas voulu m'accompagner. » Intimidé par ces paroles, il me dit : « Eh bien! allons à l'aventure; je ne sais plus où te mener. — Allons du côté de Mascara, lui dis-je, peut-être est-il près de l'armée française. » Et nous tournant tristement et avec inquiétude du côté de Mascara, nous suivîmes pendant quelque temps la route qu'avait parcourue l'armée française en allant de Tekedempt à Mascara. Il était facile de la reconnaître par les traces de l'incendie des moissons et des gourbis, qu'elle avait brûlés partout sur son passage; elle avait pourtant respecté les marabouths, espèces de petites chapelles musulmanes de forme ronde. Je crois vous avoir dit que ces marabouths sont très-multipliés dans ces solitudes. Nous trouvions aussi de temps à autre sur notre chemin de grands cimetières arabes abandonnés depuis longtemps; ce qui prouvait qu'une grande tribu nomade avait habité ces lieux. Nous trouvâmes aussi d'antiques ruines qui, d'après une ancienne notice sur l'Afrique et l'itinéraire d'Antonin, seraient les ruines de la ville de Mina. Elle eut aussi plusieurs évêques cités dans *l'Africa christiana*. En passant dans un endroit où le terrain est très-accidenté, par une chaleur étouffante, nous fûmes assaillis par une nuée de moustiques qui s'attachaient à nous et à nos chevaux; nous dévoraient par leurs piqûres et nous aveuglaient de manière à nous empêcher de marcher. Ce fut un véritable martyre qui dura plus de deux heures.

Nous arrivâmes à l'Oued-Mina, rivière assez semblable au Schélif. Nous couchâmes dans une forte tribu qui porte le nom de cette rivière, sur les bords de laquelle elle a dressé ses tentes.

Je pansai là plusieurs Arabes qui avaient été blessés par les Français, quinze jours auparavant, devant Mascara. Là aussi, je trouvai un Arabe qui avait passé quelque temps en France, comme prisonnier de guerre, dans les commencements de notre occupation de l'Algérie, et qu'on avait rendu en vertu du trop fameux traité de la Tafna. Comme il parlait un peu le français, et qu'il me paraissait fort bon et fort intelligent, je l'établis mon aide-major pour panser et soigner les malades de sa tribu. Je lui laissai pour cela une petite provision de remèdes avec les instructions et prescriptions que je pouvais donner.

Le jour suivant, nous traversâmes une montagne ou col assez élevé et très-difficile appelé Djbel-Ouled-Halouia; au pied de cette montagne est une jolie petite ville appelée par les Arabes Tsen-Oued-Atch, avec de beaux jardins. Elle est arrosée par un ruisseau d'eau très-fraîche et très-limpide;

c'était le seul que nous eussions trouvé jusqu'alors dans tout notre voyage.

Je m'y désaltérai avec bonheur. Cet oasis reposa agréablement ma vue, mais non pas mon cœur, car cette ville était déserte, les maisons étaient ouvertes et intactes; les habitants avaient fui dans la crainte des Français, lors de la prise de Mascara, qui est pourtant encore à plus d'une journée de marche: c'est une tactique d'Abd-el-Kader de faire émigrer, avec leurs bagages et leurs troupeaux, tous les habitants des villes et des tribus par où il présume que les Français dirigeront leur marche, ou bien il les fait fuir devant eux à huit ou dix lieues de distance. C'est ainsi que les Français ont trouvé désertes toutes les villes qu'ils occupent maintenant. Cette tactique est désastreuse pour les Français, qui poursuivent, avec de grandes dépenses et des fatigues inouïes, un ennemi insaisissable... Ce n'est jamais que par surprise qu'ils font quelques prisonniers ou qu'ils s'emparent de quelques troupeaux. Après avoir traversé ce col, notre guide ne sut plus où aller; il ne connaissait pas plus le pays que moi. Il errait çà et là sur les hauteurs pour voir s'il ne découvrirait pas quelques tribus. La nuit approchait et nous étions dans un bois fort épais. On entendait, tout près de nous, rugir des lions; le courage faillit encore manquer à mon pauvre guide. Pour moi, je priais avec confiance celle qu'on n'invoque jamais en vain dans tous les périls de la vie; et, après quelques marches et contremarches, nous entendîmes un bruit lointain, comme des voix tumultueuses d'hommes, de femmes et d'enfants, mêlées aux mugissements et aux bêlements de quelques troupeaux. Nous nous dirigeons de ce côté-là. C'étaient plusieurs tribus réunies des environs de Mascara, que l'armée française poursuivait après avoir brûlé leurs tentes et leurs moissons, tué ou fait prisonniers un certain nombre d'hommes, de femmes et d'enfants, et enlevé une partie de leurs nombreux troupeaux. A ce récit qu'un Arabe, que nous venions de rencontrer, nous avait fait d'un air courroucé, mon guide et mon interprète eurent peur que nous fussions massacrés, comme Français, par ces malheureux fugitifs exaspérés. Je fus moi-même un peu effrayé. Mais comment battre en retraite? Déjà on nous avait vus et reconnus pour des Français; les enfants, les femmes, les hommes venaient en criant au-devant de nous : il fallait subir notre sort. Au milieu de cette confusion, de ce tumulte, je demande à parler au chef de la tribu; on ne me comprit pas d'abord, ou on feignit de ne pas me comprendre. Cependant ma robe noire, mon Christ suspendu sur ma poitrine, mon air assez calme paraissaient les frapper. J'entendais murmurer autour de moi c'est un marabouth roumi (prêtre chrétien). Déjà mon guide avait jeté à cette foule quelques mots sur le but de mon voyage. Alors tout ce tumulte s'apaisa; je ne remarquai plus sur tous les visages qu'un air de curiosité et d'étonnement. Plusieurs chefs se présentèrent et me dirent : « Soyez le bien venu » ; on nous dressa une grande tente près de la tente des veuves et des orphelines, c'était la plus vaste de cette réunion ; les femmes nous préparèrent un bon repas, et nos conversations amicales avec les chefs se prolongèrent bien avant dans la nuit.

Le lendemain, avant le lever du soleil, nous étions à cheval et nous continuions notre route du côté de la tribu des Hachem, tribu d'où sort Abd-el-Kader, et où nous pensions le trouver dans sa famille ; à chaque pas nous rencontrions des bandes de cavaliers armés qui se croisaient en tout sens. Nous leur demandions où était le sultan, et ce mot *manarfch* (je ne sais pas) venait nous attrister, nous déconcerter. Après une heure de marche, un fort détachement de cavaliers nous arrêta et nous fit descendre de cheval ; jamais je ne pus savoir de mon guide pourquoi on nous avait ainsi arrêtés. Le soleil se levait radieux, j'étais assis sur un petit tertre qui dominait un douar, et je récitais monbr éviaire au milieu d'une troupe d'Arabes curieux qui étaient montés des douars pour nous voir. Mon guide, comme de coutume, les instruisit de tout. Un instant après, le cheik, ou chef des douars, nous fit apporter à manger ; enfin, après une petite heure de halte, on nous laissa remonter à cheval et continuer notre route. A peu de distance de là, deux vieux cavaliers, à barbe blanche, nous accostèrent, et sur la demande accoutumée de notre guide où était le sultan, ils nous répondirent : « Il est près de ces deux grands peupliers que vous apercevez au milieu de cette plaine (la plaine des Ghris); nous allons vous conduire auprès de lui. » A ces mots, je sentis en mon âme un bouleversement universel, je ne sais trop quel sentiment l'agitait; mais j'étais satisfait de toucher enfin au terme de ma course. Par un mouvement spontané, nous pressâmes le flanc de nos chevaux et nous galopions sans nous dire mot; déjà nous apercevons le camp d'Abd-el-Kader. C'étaient des groupes nombreux de cavaliers, répandus çà et là, couchés à terre près de leurs chevaux qui broutaient l'herbe sèche. Nous arrivons. ... Nous traversons l'Oued-Moussa. « Le sultan est là, nous dit à voix basse un des vieux cavaliers qui nous accompagnaient; là, au milieu de ce jardin d'orangers, de figuiers et de lauriers-roses. »

Nous mîmes pied à terre. Un morne silence régnait autour de nous; on ne se parlait que tout bas et par signes. De jeunes nègres nous entourent et s'emparent de nos chevaux et de notre petit bagage. D'autres Arabes, qui me paraissaient être des hommes de distinction, se présentent et nous montrent de la main, sans autre cérémonie, leur sultan Hadji-Abd-el-Kader (1) accroupi sur la terre nue,

(1) *Hadji*, veut dire *pèlerin de la Mecque*. Tous ceux qui ont fait ce

à l'ombre d'un figuier. Je fus tout surpris et demandai à me retirer un instant derrière une énorme haie d'oliviers qui était devant nous, pour me reconnaître un peu et pour prendre les lettres de Monseigneur à leur sultan. Mais déjà Abd-el-Kader nous avait aperçus. Il m'envoya sur-le-champ son secrétaire, à qui je donnai mes lettres pour qu'il les remît à son maître, et je lui dis que j'attendais les ordres du sultan pour me présenter à lui. Ses ordres ne se firent pas attendre; deux minutes après, le même secrétaire vint me dire que le sultan m'attendait. Il était à la même place où je l'avais vu en arrivant. Je me présentai à lui avec mon interprète. Il ne se leva pas; il me salua très-gracieusement et nous fit signe de nous asseoir sur un modeste tapis qu'il avait fait étendre en face de lui. Il était vêtu comme un simple cheik; il portait un haïk ordinaire, une corde en poil de chameau autour de sa tête, un burnous blanc, point d'armes, point de poignard, point de pistolets à sa ceinture, point d'appareil guerrier autour de lui, point de conseillers, ou espèce de cour comme j'en avais vu auprès de son khalifat Ben-Allal, lors du premier échange des prisonniers. Le premier aspect d'Abd-el-Kader, de ce puissant chef de la guerre sainte,

pèlerinage prennent devant leurs noms celui de *Hadji*, comme le plus honorable. Abd-el-Kader ayant été à la Mecque, tous les Arabes mettent devant son nom celui de *Hadji*. Le pèlerin de la Mecque, parmi les Arabes, a seul le droit de porter la veste verte.

me fit l'effet de celui d'un saint évêque de France. (Pardonnez-moi la comparaison). Il a à peu près trente-cinq ans ; il est d'une taille moyenne ; sans avoir une de ces figures types, il y a de la majesté dans son visage ; son teint est blanc, ou plutôt pâle, quoique un peu bruni par le soleil ; il a le visage ovale ; les traits réguliers, la barbe claire et d'un châtain foncé ; ses yeux, d'un gris bleu, sont beaux et très-expressifs ; il a le regard pensif et presque timide, mais quand il parle, ses yeux s'animent et étincellent ; en parlant religion surtout, ils s'abaissent et s'élèvent gravement vers le ciel à la manière d'un inspiré. Mais ce qui vous surprendra peut-être, c'est qu'il rit de bon cœur dans la conversation ordinaire : ses gestes et ses manières sont simples; il semble même embarrassé de son rang, de sa grandeur. Il m'a paru être capable et avoir même besoin d'abandon et d'une amitié intime.

Ma vue, mon costume parurent lui faire une vive impression. Il me regardait avec avidité et une sorte de respect; il désirait depuis longtemps voir un prêtre catholique, comme je vous l'ai dit, et j'étais le premier qu'il eût vu.

Après quelques compliments échangés, il me pria de lui faire lire les lettres de Monseigneur par mon interprète : le sien n'était pas auprès de lui. Il fut enchanté de tout ce que lui écrivait Monseigneur ; il m'en témoigna sa vive satisfaction ; il m'exprima aussi son admiration pour ses œuvres de charité qu'il connaissait, me dit-il, ainsi que tout le bien qu'il avait fait depuis qu'il est dans l'Algérie. « Je sais tout, je sais tout, ajouta-t-il avec vivacité, et j'ai une grande vénération pour sa personne. » Je lui parlai du bonheur que Monseigneur avait eu dans cet échange de prisonniers.., et j'ajoutai que ce bonheur n'était pas parfait.., parce que tous nos prisonniers français n'étaient pas rendus. « Il en reste encore cinquante-six dont les noms ont été trouvés, par notre armée, dans un des forts de Mascara, lui dis-je avec émotion, et je viens les chercher de la part de Monseigneur le babas-el-kbir (évêque). » Et je lui présentai la liste officielle de ces prisonniers. Après avoir réfléchi un instant, il me dit que les prisonniers réclamés par Monseigneur ne pouvaient être rendus que lorsque nous lui aurions, nous Français, rendu tous les prisonniers arabes, sans exception, qui étaient encore restés au pouvoir de la France. Il m'en désigna quelques-uns qui étaient écroués dans les prisons d'Oran et d'Alger, et d'autres qui avaient été envoyés en France comme forçats. Je lui répondis que telles n'étaient point les conditions de l'échange convenu entre Monseigneur et son khalifat Ben-Allal; que Monseigneur s'était engagé à lui faire rendre tous les prisonniers arabes que le gouvernement français jugerait à propos de mettre en liberté; mais qu'il n'avait pas promis de lui faire rendre ceux qui, par suite de délits passibles des lois françaises, ou par des raisons politiques, ne pouvaient pas être rendus ; que Monseigneur ne se mêlait pas de politique, qu'il n'avait suivi dans cet échange que le mouvement de la charité chrétienne qui dévore son cœur...; qu'il avait fait et qu'il ferait encore tout ce qu'il pourrait pour la délivrance des prisonniers arabes..., et que, pour preuve de ce que je lui disais, Monseigneur venait d'obtenir encore du général-gouverneur la délivrance de huit nouveaux prisonniers qui étaient restés écroués dans la prison d'Alger, et que j'avais amenés avec moi, parmi lesquels était un chef important, que son khalifat Ben-Allal avait réclamé en particulier...; que Monseigneur avait observé toutes les conditions du traité, et qu'il le priait de vouloir bien les remplir de son côté en mettant en liberté tous les prisonniers qui étaient en son pouvoir. « Mais tu me promets, reprit-il, que ton maître et seigneur fera de nouvelles démarches pour me faire rendre quatre prisonniers (dont il me donna les noms), auxquels je tiens beaucoup et qui sont renfermés dans la prison d'Oran, ainsi qu'un chef (qu'il me nomma aussi), qui est en France parmi les forçats. — Pour ce dernier, lui dis-je, Monseigneur a écrit au roi des Français pour obtenir sa grâce : pour les autres, je puis te promettre que Monseigneur fera tout ce qu'il pourra pour les faire mettre en liberté. » Enfin, après quelques plaintes contre le gouvernement français et sur les malheurs de cette guerre, il me dit, d'un ton grave : « Tes prisonniers français te seront rendus.—Et quand ? lui dis-je avec anxiété.—Dès aujourd'hui, je vais donner ordre à un de mes cheiks d'aller les conduire à Oran, d'où ils ne sont éloignés que de douze heures de marche.. »

Mon visage et surtout mon cœur étaient brûlants de joie; je remerciai Abd-el-Kader je ne sais trop comment; je lui demandai avec émotion si je serais assez heureux d'aller rejoindre nos prisonniers et de m'en retourner avec eux par Oran. — Il sourit, et me répondit que la bonne politique s'y opposait. Je pense qu'il craignait qu'ayant traversé une grande partie de ses États, vu ses forces et remarqué les dispositions des populations, j'en instruisisse les chefs de l'armée française. Il est certain pourtant que, s'il eût consenti à me laisser partir par Oran avec nos prisonniers, je lui aurais promis de ne rien dire, et j'aurais tenu parole. Mais je n'insistai pas. J'étais si heureux !.... le but de mon voyage était rempli; j'aurais, je crois, volontiers, s'il l'eût fallu, fait le tour du grand désert pour me rendre à Alger, tant ma joie était grande.

Les prisonniers furent rendus, comme Abd-el-Kader me l'avait promis. Ils s'embarquèrent de suite pour Alger, où ils arrivèrent plusieurs jours avant moi. J'eus pourtant le bonheur d'embrasser à mon arrivée M. Morissot, capitaine du 3e léger, chef de tous les prisonniers nouvellement délivrés, que Monseigneur avait invité à dîner à l'évêché.

Revenons à Abd-el-Kader. L'affaire de nos chers prisonniers étant ainsi terminée, le sultan me regardait fixement avec un air de bonté. Après un moment de silence, il me dit, en me montrant le christ qu'il voyait sur ma poitrine : « C'est là l'image de Sidnaïssa. — Oui, lui dis-je, c'est l'image de Jésus-Christ, notre Dieu. — Qu'est-ce que c'est que Jésus-Christ ? — C'est le Verbe de Dieu ; » et, après un moment de silence, j'ajoutai : « Et ce Verbe s'est fait homme pour sauver tous les hommes; car notre Dieu est le père et le Dieu de tous les hommes, des musulmans comme des chrétiens. — Mais vous n'avez pas qu'un seul Dieu comme les musulmans ? — Nous n'avons qu'un seul Dieu en trois personnes. » Là je lui donnai quelques explications sur le mystère de la sainte Trinité. « Mais par qui le monde a-t-il été créé ? — Par le Verbe de Dieu. — Ce Verbe de Dieu, est-ce sa parole ? — Oui, c'est sa parole incarnée par amour pour les hommes. — Est-ce que Jésus-Christ est mort ? — Oui, il est véritablement mort. — Mais non, reprit-il vivement, Jésus-Christ n'est pas mort. — Il est véritablement mort, c'est un fait historique; mais il est ressuscité, c'est un autre fait historique dont il est très-facile de te convaincre. — Et où est-il maintenant ? — Il est maintenant au ciel, à la droite de Dieu son Père. » Il reprit alors : « Et Jésus-Christ reviendra-t-il sur la terre ? — Oui, il reviendra à la fin du monde pour juger tous les hommes et pour donner son paradis aux bons et précipiter les méchants dans l'enfer. — Où est le paradis? — Là où est Dieu; c'est-à-dire qu'il est partout où Dieu se manifeste, tel qu'il est et sans voile, à ses élus. »

Il demeura un instant pensif; puis il continua : « Quel est le ministère des prêtres catholiques? — Tu as pu le savoir, surtout depuis qu'il y a un évêque à Alger; c'est de continuer sur la terre le ministère, la mission de Jésus-Christ, de faire du bien à tous les hommes, que nous regardons comme nos frères, quelle que soit leur religion. — Mais puisque ta religion est si belle, si bienfaisante, pourquoi les Français ne l'observent-ils pas? S'ils la suivaient, ils seraient meilleurs. — Tu vas me répondre toi-même à cette question : ta religion, tu la crois bonne aussi; eh! pourquoi tous les musulmans ne l'observent-ils pas? » Il leva les mains et les yeux au ciel, et, après un instant de silence, il me demanda à continuer ses questions sur notre sainte religion.

J'étais tout joyeux de cette demande, et je lui répondis que cela me ferait un grand plaisir. Mais aussitôt mon interprète s'excusa, et dit qu'il ne pourrait pas se faire comprendre dans toutes ces questions théologiques qu'il comprenait à peine lui-même. Ainsi se termina, à mon grand dépit, cet intéressant et si important entretien; et je suis persuadé qu'Abd-el-Kader partageait lui-même mes regrets.... Je lui fis apporter alors un petit présent que Monseigneur lui offrait comme une espèce de rançon pour nos prisonniers. « Je reçois ce présent, me dit-il, parce que c'est Monseigneur d'Alger qui me l'offre; je ne l'aurais pas reçu d'un autre. »

J'entamai alors un autre sujet qui était comme la suite de notre entretien sur la religion. « Monseigneur mon maître, lui dis-je, t'a demandé une grâce dans la lettre qu'il t'a écrite; je pense que tu la lui accorderas... Si par suite des malheurs de cette guerre, dont il ignore la fin, d'autres Français, d'autres catholiques devenaient tes prisonniers, il te demande s'il pourrait, lui évêque, lui pasteur, envoyer un prêtre pour donner à ces pauvres brebis les secours de notre sainte religion, qui les consoleraient et les soutiendraient dans leur captivité. » Il me répondit qu'il le pourrait.... Je repris: « Mais il faudrait que tu permisses à ce prêtre de recevoir de France ou d'Alger des secours en argent et en nature, pour les besoins temporels de ses coreligionnaires, et que de plus, il pût écrire à ses amis, à ses parents, ainsi qu'aux parents et amis des prisonniers et recevoir également des lettres de France et de l'Algérie; à la condition très-juste et très-naturelle de montrer à toi ou au chef de la tribu au milieu de laquelle se trouvera ce prêtre, toutes les lettres qu'il écrira ou qu'il recevra. » J'ajoutai : « Je n'ai pas besoin de te dire que ce prêtre pourra librement, et sous ta puissante protection, exercer son ministère dans toute son étendue, comme s'il était dans un pays catholique. » Il me répondit très-gracieusement qu'il accordait tout cela. « Eh bien ! lui dis-je, tu vas l'écrire de ta propre main à Monseigneur et bon maître, et tu vas par là remplir son cœur de joie. » Il me dit : « Je le ferai. » Et il l'a fait. Vous avez dû le voir dans sa lettre à Monseigneur qui a paru dans les journaux du mois de juillet dernier. Je demandai ensuite la permission de me retirer, après l'avoir remercié de nouveau.

Je ne saurais vous dire ce que j'étais, ce que je sentais, après être sorti d'auprès de l'émir. Je sais seulement qu'un sentiment dominait tous les autres, celui de la reconnaissance envers Dieu... Et je ne savais pas l'exprimer par des paroles... Je marchais à grands pas, conduit par le secrétaire de l'émir, vers les deux grands peupliers sous lesquels on nous avait étendu un tapis pour nous y faire asseoir. Revenu un peu de mon émotion, je pus prier : mon âme avait besoin de s'épancher par la prière. Je ne sais pas toutes celles que je récitai : d'abord le *Magnificat* pour m'unir à la sainte Vierge ; il semble que l'âme ne puisse supporter toute seule les grandes joies comme les grandes douleurs. Je priai aussi les anges et les saints et toutes les nations de la terre, de bénir avec moi le

Seigneur : *Laudate Dominum, omnes gentes....*; puis je priai.... Oh! comme je priais de cœur alors pour la conversion de ces pauvres musulmans ! *Illuminare his qui in tenebris et in umbrâ mortis sedent... Solve vincla reis, Profer lumen cæcis...* Pardon d'entrer dans tous ces détails; mais il me semble que mon cœur ait encore besoin de s'épancher....

Un instant après, le modzzin appela les musulmans à la prière; car ils prient publiquement dans les camps, comme dans les mosquées. Les chefs se réunissent ensemble; le marabouth ou l'iman vient au milieu d'eux pour réciter les prières tout haut et faire les saluts, les prostrations, etc., prescrites par leur culte. Tous font ces prières et ces cérémonies avec le plus grand accord et le recueillement le plus profond. J'étais là au milieu d'eux; je leur dis : « Je vais aussi prier, moi, en même temps que vous, mais non pas de la même manière; car la prière est aussi une obligation du chrétien, surtout du prêtre. » Et je priai à genoux, confondu avec eux; puis je m'assis pour réciter mon bréviaire. La prière publique des musulmans, qu'ils répètent plus ou moins souvent dans le jour, selon leurs fêtes, ne dure guère qu'un petit quart d'heure.

Ils avaient fini, que je récitais encore mon bréviaire; pour ne pas me distraire, ils gardèrent tous le plus profond silence jusqu'à ce que j'eusse fini de prier. Alors le secrétaire de l'émir, qui est lui-même marabouth, me dit : « Tu pries plus longuement que nous.—Cela convient, lui répondis-je ; les devoirs des prêtres sont difficiles et multipliés ; ils ont donc besoin de beaucoup prier pour les accomplir fidèlement. » Il me fit encore plusieurs questions sur Jésus-Christ, sur une médaille miraculeuse que je lui montrai, sur la sainte Vierge..., et il écoutait toutes mes réponses avec respect, puis tout le monde se retira.

Mon interprète était fatigué ; il s'était endormi sur le tapis. Pendant ce temps-là le secrétaire de l'émir vint m'offrir de faire un petit tour de promenade, et il me mena auprès de son maître Abd-el-Kader. L'émir parut tout joyeux de me revoir ; il me dit qu'il avait beaucoup de choses dans le cœur, qu'il aurait désiré me dire sans interprète. Je lui répondis que je serais heureux aussi de pouvoir lui communiquer tout ce que mon évêque m'avait chargé de lui dire et tout ce que j'avais moi-même dans le cœur; mais que je ne savais pas assez l'arabe. « J'ai confiance en mon secrétaire, me dit-il, il sait quelques mots français, il nous servira d'interprète.» « Le secrétaire et moi, nous mîmes aussitôt notre science en commun et nous parvînmes à nous comprendre. L'émir se mit encore à déplorer les malheurs de la guerre ; puis il me pria de répondre à différentes questions qu'il allait me faire ; qu'elles seraient courtes afin que je pusse plus facilement le comprendre. Je commençai par lui dire de nouveau que le babas-el-kbir (l'évêque) et ses prêtres ne se mêlaient pas de politique, et que ce que je lui répondrais ne serait que mon sentiment particulier. Voici notre entretien.

« Est-ce que la France ne veut pas la paix ? — Je pense qu'il est dans l'intérêt de la France de vouloir la paix. — Et les Français qu'on appelle colons, veulent-ils la paix ? — Oui, parce qu'ils désireraient commercer avec les indigènes. — Et les ministres, veulent-ils la paix ? — Je n'en sais rien ; je pense que oui. — Et le roi des Français ? — Comme la paix assurerait le bonheur des deux nations, et que le roi ne veut que le bonheur de tous ceux qui lui sont soumis, je crois qu'il désire la paix. — Et l'armée, et le général Bugeaud ? — J'ai entendu dire que le général gouverneur ferait la paix avec tes chefs de tribu, pris séparément, mais jamais avec toi. » Abd-el-Kader se tut un instant, il était pensif et soucieux ; cet entretien finissait par être fort embarrassant pour moi. Je profitai de ce moment de silence pour lui parler de choses indifférentes, de la manière dont s'était fait l'échange des prisonniers, du bonheur de tous ces pauvres captifs rendus à leur famille..... L'émir était heureux d'entendre tous ces petits détails; mais il reprit bientôt son air soucieux et se plaignit à moi d'avoir été abandonné par un Français qu'il avait aimé et qu'il avait comblé de faveurs pour se l'attacher : je lui répondis que l'amour de la patrie était si fort dans le cœur de l'homme, qu'il n'était pas étonnant qu'un Français n'eût pas pu rester avec lui dans ce pays. Enfin, après avoir encore parlé de choses et d'autres pendant quelques instants, l'émir me quitta en me disant : « Nous nous reverrons; adieu. » Son secrétaire me dit aussi en me serrant la main: « Je vais écrire à l'interprète du sultan pour qu'il vienne de suite, tu pourras alors parler plus librement avec mon maître, car il a besoin de te parler à cœur ouvert ; à demain donc. »

Dans la soirée que je passai encore avec Abd-el-Kader, il me dit de monter à cheval pour me rendre, avec des guides qu'il me donnait, à une petite heure de son camp, dans un joli vallon auprès d'une petite rivière d'eau limpide, pour y passer la nuit ; et que lui, avec son armée viendrait m'y rejoindre dans une heure. Avant de partir, je pris quelques petites branches des peupliers dont je vous ai parlé et quelques feuilles du figuier sous lequel j'avais vu d'abord Abd-el-Kader; je cueillis aussi une petite touffe de fleurs des champs, comme souvenir de ces lieux.

Arrivé auprès de cette petite rivière, ou gros ruisseau, appelé Tsernif, qui donne son nom à cette petite vallée, j'y trouvai des restes de thermes romains et quelques anciennes ruines. Une heure après, Abd-el-Kader arriva à la tête de son armée. Dieu ! quelle armée ! quinze ou dix-huit cents cavaliers, marchant en masse dans le plus grand désordre; des *chaous*, espèces d'officiers subalternes, les contenaient et les dirigeaient à coups de bâton. Le sultan s'avançait à la tête de cette horde sauvage en caracolant fièrement sur un superbe cheval noir; il était suivi immédiatement d'un cavalier qui portait son drapeau, c'est une sorte de petit guidon de couleur bleu-foncée avec une main rouge au milieu. Cette troupe défila devant moi et fit une petite fantasia (espèce d'évolution); c'était de l'ostentation, je pense, de la part d'Abd-el-Kader; franchement il n'y avait pas de quoi en tirer vanité.

Le soir arrivé, le sultan nous fait amener un gros bélier vivant, pour notre souper; on le tue, on l'écorche devant nous; on m'en offrit la peau par honneur; puis on passa un gros et fort bâton à travers son corps, et deux robustes Arabes, servant de tourne-broche, tenaient le bâton par les deux bouts et le tournaient sur un grand feu allumé, pour faire ainsi rôtir notre mouton tout entier; il était à peine rôti et encore sur le feu, que l'on m'invita à en arracher un morceau avec les doigts pour voir s'il était bon; je m'en excusai, dans la crainte de me brûler. Enfin, lorsqu'il fut cuit, un de nos robustes Arabes voulant sans doute montrer sa force et son adresse, prit le bàton au bout duquel il avait fait couler ce mouton et aprés l'avoir agité en l'air, il le fit pirouetter fort lestement et rouler à nos pieds sur la terre nue, qui nous servit de table; les Arabes n'en ont pas d'autres. Et nous d'arracher, chacun de notre côté, avec les doigts, un morceau de notre singulier rôti, car vous savez que les Arabes ne se servent jamais de couteau, ni de fourchette, ni de cuiller. Pour ne pas trop me brûler, je pris le manche d'un gigot, que je tirai fortement, et détachai ainsi un morceau du corps; il pesait au moins trois ou quatre livres. J'espère que cette fois je fis un bon souper, aussi était-ce un souper royal. Le sultan nous fit apporter encore des rayons d'un excellent miel qui nous collait les doigts et la bouche. On vint annoncer la prière du soir; après avoir prié encore avec les musulmans, nous nous couchâmes à l'endroit même où nous venions de faire notre repas.

Le lendemain, le jour commençait à peine à poindre qu'un des gens d'Abd-el-Kader vint nous éveiller à la hâte: « Vite, vite à cheval, nous disait-il tout effrayé, voilà les roumi (chrétiens). » C'était en effet l'armée du général Bugeaud qui s'était emparée, dans la nuit, du camp qu'Abd-el-Kader, inspiré par son bon ou mauvais génie, avait quitté la veille, et dont nous n'étions éloignés que d'une heure de marche. Quand je racontai plus tard ce fait au général Bugeaud, il s'écria avec surprise: « Comment! c'était le camp d'Abd-el-Kader qui était là, tout près à notre gauche, quand nous descendions la nuit dans la plaine de Ghris, et dont nous avons vu les feux? Nos douars et nos semélas (soldats arabes qui servaient de guides à la colonne du général gouverneur) nous disaient que ces feux que nous voyions sur notre gauche étaient ceux d'une misérable tribu qui habitait sur les bords du Tsernif, et que les feux que l'on apercevait bien loin devant nous étaient ceux du camp d'Abd-el-Kader qui fuyait.

— Si on vous eût bien informé, lui dis-je, vous auriez pu très-facilement prendre Abd-el-Kader avec toute sa troupe; car, à coup sûr, il ne se doutait nullement que vous seriez venu cette nuit si près de lui vous emparer du camp qu'il venait de quitter. » Aussi la frayeur de l'émir fut si grande, qu'à peine monté à cheval, il me fit venir auprès de lui, me remit précipitamment les lettres qu'il avait écrites la veille pour Monseigneur et son khalifat Ben-Allal, et me dit de fuir en toute hâte; lui-même prit aussitôt la fuite avec toute sa troupe, dans le plus grand désordre; cela ressemblait à une véritable déroute. Ce jour-là, on nous fit faire plus de vingt lieues, sans presque nous arrêter, et je ne revis plus Abd-el-Kader. Sur notre route nous trouvions des groupes de huit à dix cavaliers; c'étaient des vieillards hors de service, ou de très-jeunes gens, incapables de soutenir les fatigues de la guerre. Tous étaient montés sur des chevaux efflanqués. Ils ne me paraissaient pas très-enthousiasmés. Je leur demandai où ils allaient; ils me répondirent qu'ils allaient fournir leur contingent à Abd-el-Kader, qui avait requis un certain nombre d'hommes par tribu pour faire la guerre aux Français. Je leur souhaitai bon voyage et je continuai rapidement le mien.

Nous arrivâmes au milieu d'une vaste plaine où sont creusés un grand nombre de puits; une quantité d'hommes et de femmes y puisaient une eau boueuse; il n'y en avait pas d'autre à cinq lieues à la ronde, me dirent ces pauvres gens. Je demandai à en boire; elle était détestable; mais j'étais trop heureux encore de cette rencontre pour ne pas mourir de soif; vers le soir, nous arrivâmes auprès d'une rivière dont j'ignore le nom. Il paraît qu'au temps de la domination romaine, cette rivière arrosait et fertilisait tout ce pays, au moyen de différents canaux dont on peut encore facilement suivre les traces. Nous remarquâmes surtout une digue d'une construction gigantesque qui servait à faire refluer l'eau dans les canaux. Maintenant que ces canaux sont presque comblés, la rivière franchit cette immense digue, et forme ainsi une très-belle cascade.

Nous couchâmes encore cette nuit chez l'agha Ben-Aractch, où nous arrivâmes, harassés de fatigue, à onze heures du soir. Le lendemain nous partons à cinq heures du matin et nous nous dirigeons vers la tribu des Sbihh. En passant près d'un douar, un jeune Arabe sort de son gourbis, et, courant après nous, il nous criait en bon français : « Bonjour, Messieurs ! » Je le regarde fixément ; il rougit... Je lui dis alors : « Vous n'êtes pas Arabe ; (sa tournure me paraissait toute française). — Non, je ne suis point Arabe, me répondit-il, je suis Français et Lyonnais. — Quoi ! vous êtes mon compatriote... » Je descendis alors de cheval et l'embrassai ; il me raconta par quelle aventure il se trouvait chez les Arabes depuis plus de deux ans, comme déserteur transfuge. Il était dans un bataillon français de zouaves en garnison à Colléah, lorsque, par dépit de ce que ses parents ne lui envoyaient pas d'argent, il déserta et passa à l'ennemi... Il y a peine de mort contre lui, s'il retombe au pouvoir des Français ; il est donc en quelque sorte forcé de rester avec les Arabes.

Il pleurait, le pauvre jeune homme, en me racontant son histoire ; mais ses larmes coulèrent bien plus abondamment quand mon regard, interrogeant ses yeux pour lire dans son âme, il crut que j'y avais vu son apostasie : « Oh ! me dit-il en sanglotant, vous avez deviné ce que j'ai fait.... J'ai renié ma religion.... je suis musulman. — Non, mon ami, lui dis-je, vous ne l'êtes plus; votre repentir et vos larmes ont déjà obtenu votre pardon devant Dieu. « Il s'agit maintenant de renoncer à cette erreur et de pratiquer publiquement notre sainte religion. Je sais que vous le pouvez ; les Arabes avec qui vous vivez ne peuvent pas vous forcer de rester musulman. Faites-moi parler au cheik de votre tribu. » Il me dit : « Mais je demeure chez lui, il est pour moi comme un père : il ne trouvera pas mauvais que je redevienne chrétien. »

Après lui avoir dit en secret ce que je devais lui dire, il se déclara chrétien devant moi et devant tous les musulmans de sa tribu. Je lui donnai une médaille miraculeuse, qu'il attacha à son bras au-dessus du poignet, afin que tout le monde vît ce signe de sa catholicité, et qu'il le vît lui-même à chaque instant, pour déplorer sans cesse le crime de son apostasie et en demander pardon à Dieu par l'entremise de Marie.

C'est ce jeune homme dont je vous ai parlé plus haut, qui était contre-maître de M. Cases dans l'exploitation des mines de Miliarah ; il fabrique maintenant du salpêtre. Comme il ne peut plus rentrer en France, je lui ai conseillé de se réfugier, dès qu'il pourra, en Espagne ou en Italie, afin qu'il puisse pratiquer plus facilement sa religion. Il m'a fait d'importantes révélations sur la situation du pays, la disposition d'esprit des Arabes, l'état de la puissance d'Abd-el-Kader et sur beaucoup d'autres choses que je ne peux pas dire.

C'est un jeune homme de beaucoup de moyens, parlant fort bien arabe et très-aimé de tous dans sa tribu. Il appartient à une famille respectable de Lyon, dont il m'a donné l'adresse ; je compte écrire au premier jour à ses parents. Il eut un grand chagrin de me voir partir; nous avions déjeuné avec lui. En le quittant, nous trouvâmes de vastes ruines d'une ville ancienne. D'après une carte antique de *l'Africa Christiana*, que j'ai consultée, cette ville pourrait bien être celle de *Quiza Xenitana* (*peregrinorum oppidum*), et que Ptolémée appelle une colonie (*colonia*). Elle eut aussi plusieurs évêques, dont un, nommé Priscus, est cité par saint Augustin dans une de ses lettres au pape Célestin contre les Donatistes. Nous cheminâmes ainsi trois jours encore, par monts et par vaux, sans incidents particuliers. Nous arrivâmes au mont Doui; à nos pieds coule le Schélif, nous voilà à ce pont unique jeté sur cette rivière, et qui sert de limite, comme je vous l'ai dit, entre la province d'Alger et celle d'Oran. Il a été bâti, il n'y a pas longtemps, sur des fondations romaines; on a conservé ses trois arches de forme antique. De là nous apercevions au loin, à l'ouest, le mont Zakar et Milianah, occupé par nos Français. Il me semblait alors rentrer dans un pays civilisé, être dans une autre atmosphère, je respirai plus librement; nous n'étions plus qu'à une quarantaine de lieues d'Alger. Nous passâmes la nuit tout près de là, dans un douar de la tribu des Beni-Zeg-Zeg. J'y trouvai plusieurs des femmes prisonnières que Monseigneur avait confiées à mes soins pendant leur séjour à Alger, et qui avaient été rendues au premier échange. Elles me reconnurent; elles étaient toutes surprises et contentes de me revoir. L'une d'elles ne se possédait pas de joie; elle m'apporta ses deux petites filles encore en bas âge, et me dit : « Tiens, le babas-el-kbir (l'évêque), en me rendant à la liberté, a sauvé la vie à mes deux pauvres enfants.... Tu vois, elles ne peuvent pas se passer de leur mère. » Elle rassembla tous les hommes et toutes les commères du douar pour leur faire partager sa joie, et leur raconta ce que Monseigneur avait fait pour les prisonniers, et elle leur disait en me montrant : « Celui-là était avec le babas-el-kbir; c'est son khalifat (son vicaire). » Alors toutes ces femmes se mirent en devoir de nous apprêter un bon repas. Il fallait voir leur mouvement pour trouver de la farine, de l'huile, de la viande! On tua un agneau, que l'une d'elles dépeça avec le yatagan de son mari, pour en faire cuire les morceaux avec l'inévitable couscous. On me fit des crêpes, on m'apporta du lait, et tout cela sur les minuit, au moment où je tombais de sommeil. Elles m'avaient cru d'abord prisonnier, et elles m'avaient dit : « Sois tranquille, ne te chagrine pas, tu as eu soin de nous, nous aurons soin de toi, tu seras ici comme dans ta famille. » On me vit partir avec peine le lendemain; on me bénissait et on faisait des vœux pour que je revinsse bientôt. Partout, sur notre route, les champs avaient été incendiés par la colonne du général Baraguay-d'Hilliers, qui avait poussé sa marche jusque-là. Nous trouvions des monceaux de cendre là où nous avions vu en allant de nombreux gourbis et des meules d'orge et de blé. Nous arrivâmes de bonne heure à Mahhala, premier camp ou dépôt de l'armée arabe, placé dans un champ tout fumant encore de l'incendie allumé par les Français. Nous y fûmes très-bien accueillis des chefs, qui étaient presque tous de notables Algériens émigrés. Ils nous firent dresser la tente même du khalifat.... On nous fit un repas presque à la française. Nous couchâmes dans ce camp : la chaleur était excessive; nous ne pûmes pas rester sous notre tente, et nous allâmes nous coucher dehors. Il faisait un beau clair de lune. Pendant la nuit, une énorme hyène vint nous flairer les uns après les autres. Je ne savais pas d'abord ce que c'était; mais quand elle s'approcha de moi, elle me fit une telle frayeur, que je poussai un cri qui la mit en fuite et réveilla mes compagnons. Je leur dis le danger que nous avions couru. Nous rentrâmes bien vite sous notre tente, que nous fermâmes à triples liens, au risque d'y étouffer. Notre guide nous avait quitté pour aller à la recherche du khalifat : j'avais à lui remettre des lettres d'Abd-el-Kader; il devait aussi me donner les dernières instructions du sultan et me faire conduire jusque dans nos lignes françaises. Le lendemain, notre guide revint sans l'avoir trouvé et sans savoir où il était; on savait seulement qu'il suivait les mouvements de l'armée française, en harcelant ses derrières, comme font les Arabes dans cette guerre désastreuse, mais on ignorait où était notre armée. Nous partîmes néanmoins en nous dirigeant du côté de Médéah. Nous suivîmes la route qu'avait parcourue notre armée, toujours à la trace des ravages qu'elle avait faits. Il nous était facile même de remarquer la place de ses différents campements ; nous trouvâmes dans un endroit, près du Schélif, une quantité énorme de coquilles de tortues et la marque des feux du bivouac. « Là, disions-nous, nos soldats ont fait un bon repas de tortues. » Et nous avons appelé ce camp *le Camp des Tortues*. En parlant de tortues, les rivières que nous avons trouvées dans notre route en sont pleines ; c'est comme les grenouilles dans nos marais de France.

Nous arrivâmes au camp désert de *l'Harba ;* nous nous enfonçâmes de nouveau sans suivre aucune route, dans les gorges et les défilés des montagnes de l'Atlas, demandant à tous ceux que nous rencontrions si on avait vu le khalifat.

Nous le trouvâmes enfin vers le soir, campé avec ses réguliers dans la belle vallée de Mansoura. Il était assis sous d'énormes trembles ; c'est là qu'il nous reçut avec son urbanité ordinaire ; mais il ne me paraissait pas content, il me fit les mêmes instances qu'Abd-el-Kader, pour la délivrance des prisonniers restés encore au pouvoir des Français ; je lui fis les mêmes réponses qu'au sultan ; je lui dis ensuite que je désirais me rendre le plus tôt possible dans nos lignes françaises, en passant par le fameux Téniah-Mouzaïa (alde-mouzaïa) afin d'arriver plus tôt. Il me répondit que le guide qui m'avait conduit chez le sultan m'accompagnerait jusqu'à Blidah, et que nous pouvions partir dès le lendemain.

Et le lendemain, à quatre heures du matin, nous étions à cheval et nous continuiions notre route à travers les rochers et les précipices de ces montagnes sauvages. Après trois heures de marche, nous approchions de Médéah; nous entendons tout à coup des cris affreux qui partaient d'au-dessus de nos têtes. C'était un arabe en védette sur une montagne, qui criait *roumi*, *roumi djaou* (les chrétiens, les chrétiens arrivent). Mon guide prit peur et s'enfuit en gravissant la montagne opposée. Et moi, de le suivre, sans dire mot, car à lui était attaché notre salut; mais voilà que, par un trait de la Providence, nous tombons dans un avant-poste de l'armée française dont nous n'avions aperçu que l'arrière-garde qui descendait de Médéah. (D'où nous étions, on distinguait fort bien cette ville placée sur le haut d'une montagne). Il n'y avait plus moyen de fuir. Les gendarmes maures (cavalerie indigène au service des Français), qui étaient en éclaireurs, nous avaient aperçus et signalés à l'armée française.

Notre guide était stupéfait; nous nous arrêtâmes

pour délibérer sur ce qu'il y avait à faire; je dis d'abord qu'il fallait un peu nous éparpiller de peur que l'on ne dirigeât sur nous quelques pièces de campagne chargées à mitraille; puis je dis que le plus sûr moyen d'éviter le danger était de nous rendre. Mon guide, dans la crainte d'être fusillé par les Français, ne le voulait pas. Je cherchai à le rassurer en lui disant que je répondais de sa vie; je ne pus pas le persuader. Le temps pressait; je distinguais quelques officiers français avec leurs lunettes d'approche braquées sur nous.... Alors j'attachai mon mouchoir blanc au bout d'une petite baguette de laurier rose que j'avais à la main et je l'agitai en l'air, en courant au galop du côté des Français.

On eut bientôt compris mon signe, et l'on me fit également signe d'avancer sans crainte, et me voilà arrivé auprès de la première sentinelle. Le général Baraguay-d'Hilliers à qui on m'avait déjà signalé, s'avança avec son état-major. J'étais une curiosité pour tous : ils ne pouvaient en croire leurs yeux..... Un prêtre au milieu de l'Atlas, venant du côté des Arabes ! c'était pour eux un mystère. Ils ne connaissaient pas mon entreprise. « D'où diable venez-vous ? me dit d'abord militairement le général. — De chez Abd-el-Kader. — Et tout seul ? —Tout seul, général. « Il reprit encore : » Tout seul! —Oui, seul, avec mon interprète. » La surprise de tous était à son comble. L'un de ces officiers dit alors:

« Général, quel est celui de vos aides-de-camp qui aurait pu faire seul un semblable voyage ? »

Le général continua ses interrogations : il me demanda si j'avais vu l'émir pendant longtemps ? où il était ? quelles étaient ses forces ? si j'avais vu le Khalifat-ben-Allah qui ne devait pas être loin avec ses réguliers ? Il m'interrogea encore sur mon genre de vie, sur les dangers que j'avais courus dans ce singulier voyage, et me fit mille autres questions auxquelles il me fut facile de répondre. Les soldats avides de m'entendre, formaient un cercle épais autour de nous. J'étais mort de faim et de soif. « Général, dis-je, depuis vingt jours je n'ai pas mangé de pain, ni bu une goutte de vin. — Pauvre abbé, s'écria-t-il, que je vous donne à déjeuner !» Nous étions tous restés à cheval, il me fit apporter de son pain de munition et un morceau de viande. Les officiers qui m'entouraient s'empressèrent de me donner à boire d'une excellente boisson faite avec du café et d'autres ingrédients. Parmi ces officiers, celui qui me serra la main avec le plus d'émotion, et qui aurait voulu me donner tout ce qu'il avait, était un capitaine d'artillerie nommé de Chabor, grand ami d'enfance de l'archevêque de Bordeaux. Je m'étais lié d'amitié à Alger avec cet officier par l'entremise de cet excellent prélat, notre ami commun.

Pendant ce temps-là, j'avais prié le général d'envoyer chercher mon pauvre guide qui se mourait de peur dans l'endroit où je l'avais laissé et de le faire venir auprès de moi, pour manger aussi un morceau. Mon interprète avait été retenu dans un cercle d'amis qui lui avaient déjà offert à déjeuner. Le bon père Rigaud, aumônier de cette colonne, et que j'avais laissé, comme vous savez, à Bouffarick, ne fut pas le dernier à venir me serrer la main ; il était étonné, comme tout le monde, de mon voyage aventureux, et tous deux nous bénissions, en secret, le bon Dieu de m'avoir gardé et accordé un si heureux succès.

J'étais à peine reconnaissable ; ma barbe était longue ; mon visage et mes mains, brûlés par le soleil ; ma soutane, déchirée depuis le haut jusqu'au bas : je ressemblais à un sauvage, à un véritable Bédouin. Après ce déjeuner pris à cheval, je dis au général que j'étais son prisonnier, mais que je désirais me rendre ce jour-là à *Blidah*, s'il était possible ; que s'il voulait me rendre ma liberté, je passerais de nouveau sans crainte à l'ennemi, et que j'arriverais plus sûrement à *Blidah* que si j'étais escorté par nos Français..... Il n'eut pas de peine à me croire et me laissa partir.

Un quart d'heure après, j'étais tombé dans une embuscade d'Arabes qui me reçurent avec joie et m'offrirent à manger. Je refusai ; je leur demandai seulement à boire. Ils me conduisirent auprès d'une fontaine très-ombragée où je me désaltérai avec délices, et auprès de laquelle je me reposai avec eux. J'allai visiter et vénérer, non loin de là, une croix gravée sur le rocher au-dessus d'une grotte, que l'armée avait découverte à son premier passage. C'était sans doute la retraite de quelque ermite dans le temps où le christianisme florissait dans ces contrées, devenues si désertes et si malheureuses. — Près de là se trouvent quelques mines de cuivre qu'on n'exploite plus depuis longtemps.

Nous gravîmes ensuite le Téniah-Mouzaia, si fameux par les faits d'armes de notre intrépide armée dans ce dangereux passage. C'est une montagne escarpée et sauvage du côté du sud où nous étions alors. Arrivé à son sommet, je coupai une petite branche d'olivier comme souvenir de mon passage pacifique, et je pris un peu de l'écorce d'un chêne-liége, sous lequel on me dit qu'un jeune officier français avait succombé dès son début dans la campagne d'Afrique. Je priai pour lui et pour tous nos braves, morts sur cette montagne trop célèbre. Je récitai pour eux les prières des morts. J'aurais bien voulu planter une croix sur ce sol arrosé de leur sang, et où repose leurs cendres solitaires; mais j'ai craint qu'elle ne fût profanée par les Arabes qui sont toujours maîtres de ce passage.

Du haut de cette montagne, on jouit d'un très-beau point de vue. A ses pieds se déroule la vaste plaine de la Mitidja, sillonnée par plusieurs rivières: Loued-Ger, Loued-el-Kbir, la Chiffa qui prend à son embouchure dans la mer le nom de Massafran; puis le Sahel, ou cette suite de petites collines qui s'étendent depuis Alger jusqu'au mont Chénouan. Vis-à-vis, sur le versant de ces collines, on voit Colléah avec ses blancs minarets : Au milieu de la plaine déserte, Bouffarik, qui ressemble à un bel oasis : sur la gauche, Blidah avec ses bois d'orangers, ses forts, ses blokaus et le fossé de sa vaste enceinte, et, tout à fait à l'horizon, au nord-est, on aperçoit à peine le fort de l'empereur et quelques maisons de campagnes qui avoisinent Alger; enfin la vue se perd dans la vaste mer.

Le versant nord du col de Mouzaïa n'est pas aussi rapide : pour arriver à la plaine on descend plus de deux heures. A mi-côte, on trouve une source très-abondante d'eau excessivement fraîche qui jaillit avec force à travers d'énormes rochers. De là encore on jouit d'un point de vue magnifique. Enfin nous touchons à la plaine : nous arrivons à la Houche-Mouzaïa, jolie ferme arabe, où devait se faire notre premier échange de prisonniers, et vous savez ce qui l'a empêché. Mon cheval ne veut plus marcher; je suis obligé d'aller à pied, et nous sommes encore à trois heures de Blidah.

En passant près d'un champ d'orge que les Kabiles récoltaient, l'un d'eux court après nous en criant et s'agitant.... Nous nous arrêtons; ce brave homme venait nous avertir que nous allions tomber dans une embuscade de brigands arabes, qui désolaient la contrée : il nous dit qu'il fallait tourner à gauche pour les éviter ; il nous accompagna lui-même très-loin jusqu'à ce que nous fussions hors de danger. Nous approchions de Blidah ; nous en étions à peine à un quart d'heure ; j'étais seul avec mon guide ; mon interprète venait de prendre le galop pour arriver avant nous et prévenir de notre arrivée le général Bedeau qui commande cette place. J'étais tout joyeux de toucher ainsi au terme de mon voyage.... Tout à coup six brigands arabes, armés jusqu'aux dents, sortent d'un profond ravin, creusé par la rivière que nous suivions. Ils se rangent en bataille devant nous; arment leurs fusils, et sont sur le point de faire feu. Mon guide perd la tête et reste immobile.... Pour moi, me voyant perdu (je regrettais pourtant de mourir en vue d'un camp français, et justement au terme de mon voyage, jusque-là si heureux).... je me recommandai à Marie, le puissant secours des chrétiens, puis je m'avançai hardiment vers le chef de cette bande, en lui criant en arabe : « Dieu te garde d'une mauvaise action ! qu'il te bénisse plutôt. » Ce peu de mots les surprend; ils me regardent tous avec étonnement ; mon costume surtout paraît les frapper : ils remettent leurs armes sous leurs bras et se retirent.... J'avoue que j'eus en ce moment une terrible peur... C'est bien le plus grand danger réel que j'aie couru pendant tout mon voyage.

Enfin j'arrivai à Blidah dont les portes me furent

ouvertes à deux battants...; on m'attendait. J'allai de suite à l'église pour remercier Dieu de toutes les grâces qu'il m'avait faites pendant cette singulière mission; j'embrassai ensuite le bon curé de Blidah, je restai avec lui un jour pour me remettre un peu de mes fatigues. Ce jour-là, le général Bedeau que j'avais beaucoup connu colonel, commandant la place de Bougie, voulut m'offrir à dîner. Je lui racontai succinctement mon voyage; il parut y prendre un très-vif intérêt. Le lendemain, il me fit donner une voiture et une escorte pour me conduire à Alger, où j'arrivai le samedi 28 juin.

Ce voyage dans les provinces de *l'ouest* a complété mes connaissances de l'Algérie. J'avais vu les provinces de *l'est*; j'ai parcouru à peu près maintenant tout ce pays, au moins pour la partie arabe, qui était la plus intéressante pour moi.

Vous avez dû remarquer que j'ai trouvé dans les Arabes de la *Mauritanie*, les mêmes dispositions que dans ceux qui habitent cette *Numidie* que j'aime tant.

Priez donc bien et faites prier pour que Dieu ne permette pas que ces bonnes dispositions restent plus longtemps stériles, et surtout pour qu'il envoie de bons ouvriers pour les cultiver.

Votre affectionné et bien honoré ami,

SUCHET.

Vic. Gén.

FIN.

TABLE

DES

LETTRES DE M. L'ABBÉ SUCHET.

Tours, Imp. de Mame.

www.ingramcontent.com/pod-product-compliance
Lightning Source LLC
Chambersburg PA
CBHW071956270326
41928CB00009B/1451

* 9 7 8 2 0 1 2 6 9 9 9 9 1 *